HELMUTH PELZER

WEGE DURCH DIE WOLKEN

ERLEBNISSE IN BULGARIENS BERGEN

VEB F. A. Brockhaus Verlag Leipzig

ISBN 3-325-00292-7

1. Auflage
© VEB F. A. Brockhaus Verlag Leipzig, DDR, 1990
Lizenz-Nr. 455/150/35/90 · LSV 5319
Lektorat und Bildauswahl: Christa Kunze
Buchgestaltung: Rolf Kunze
Gesamtherstellung: Karl-Marx-Werk Pößneck V 15/30
Printed in the German Democratic Republic
Redaktionsschluß: 30. 11. 1988
Bestell-Nr. 587 337 4
01390

INHALTS-
VERZEICHNIS

ERSTE TOUR
NORDWESTLICHES WITOSCHA-GEBIRGE

Wo man die Berge wachsen hört

Der felsengezackte Kamm und die himmelritzenden Gipfel des Witoscha sind das Barometer für Sofia. Zeigen sie sich der Stadt unverhüllt von drückendem Dunst oder lastenden Wolken, steht Sofias Barometer auf „Schön". Wie am Morgen dieses Tages, der ein Mittwoch ist. Nur hier und da bauscht der Wind weiße Wolkensegel im Himmelsblau ...

Der zweibahnige, breite Boulevard „Bâlgarija", der vom Stadtzentrum herkommt, nimmt zwischen ebenen Neubauvierteln kräftigen Anlauf, taucht unter einer Brücke des Stadtautorings hindurch, schwingt sich danach im weit ausholenden Bogen zur ersten Anhöhe hinauf — nach Bojana. Der Villenort, gelegen im Südwesten der Haupt- und Millionenstadt, die sich zu Füßen des Gebirges durch die Hochebene dehnt und reckt, steht sozusagen auf einer der vom Witoscha vorgestreckten Berg-„Zehen".

Dort, inmitten des Vorortes, verebbt der Verkehrsstrom, verteilt sich, und einige hundert Meter weiter — in Richtung nach Knjashewo — zweigt von der Hauptstraße im spitzen Winkel die Bergstraße ab, steigt jäh am Hang hinauf, windet sich in engen Kurven höhenwärts. Verschiedene Laub- und Nadelbäume — anfangs vorwiegend Birken, Buchen und Eichen, später Lärchen und Tannen, Kiefern und Fichten — säumen zu beiden Seiten die Straße, sind ihr mit ihren hohen, fülligen Kronen und Wipfeln sowie ihren dichten, ausladenden Zweigen ein schattenspendendes Dach ...

Es ist ein Tag, früh im Mai — also genau die Zeit, in der die Natur in grünend-blühender Üppigkeit schwelgt. Die Erde der Täler wie der Berghänge hat sich sattgetrunken an Schmelzwasser und Frühlingsregen, und die Bäume, Büsche, Stauden, Gräser saugen mit ihren Wurzeln aus dem frühjahrsfeuchten Boden die Kraft zu neuem Gedeihen. Frisch und saftig ist alles Grün, hell und leuchtend sind seine Farben.

Doch die alpinen Gipfel-Oberen der bulgarischen Hochgebirge haben ihre weißen Winterschapkas noch nicht abgelegt. Ebenfalls gefallen sich die Wito-scha-Bergbrüste, oben an den Gipfelmassiven, weiterhin in ihren glänzenden, obschon von der Sonne zunehmend verschlissener werdenden Schneepelzen. Und auch aus schattigen Felsspalten, bis herab zu den Hochwäldern auf dieser Nordseite des Gebirges, lugt nach wie vor Gevatter Winter mit firntrübem Blick. Der Sommer kommt, kündigt sich in den Ebenen schon an; der Winter aber ver-harrt, verflüchtigt sich aus den Hochgebirgen vorerst noch nicht. Beide gesellen sich zu solcher Jahreszeit gleichfalls im Witoscha gern (hartnäckige Skifahrer zieht es zu den Pisten überm Aleko-Plateau bis zum allerletzten Schnee, der sich in den Höhenlagen um 2 000 Meter meistens schon im Oktober einstellt und das Wintervergnügen oft bis in den Mai hinein erlaubt).

Ins Witoscha-Gebirge, Sofias „Hausgebirge", fahren die Sofioter, ob Berg-wanderer oder Skiausflügler, entweder direkt mit einem Stadt-Linienbus, oder sie schweben, bequem in Liftsessel oder Liftkabine sitzend, hinauf zu Gebirgs-kamm und Gipfelmassiv. Zwei Lifts sowie zwei Straßen führen bis in die Kammlagen des Gebirges. Auf einer von beiden, der westlichen Bergstraße, keucht das „Wolga"-Taxi, das uns ans Ziel bringt, gebirgsauf ... Sofias Fernseh-turm, der sich auf dem 1 350 Meter hohen Kopitoto-(Huf-)Gipfel erhebt — und diesen mit seinem konischen Betonschaft noch um 160 Meter überragt —, blickt wiederholt von der Höhe zu uns herab. Bloß eine Weile vergeht, schon fahren wir nah an seinem Fuß vorbei, und nach weiteren zwei, drei Minuten — die Straße ist in Kurven und Serpentinen noch höher geklettert — können wir uns seinen Turmumbauten und seiner Antennennadel bereits an Höhe ebenbürtig fühlen ...

Bevor sich die Bergstraße in eine neue, diesmal extrem spitze Haarnadel-kurve nach rechts krümmt, zeigt sich uns, noch teilweise verdeckt hinter Bäu-men und Büschen, das Witoscha-Steinwunder: Slatni mostowe, die Goldenen Brücken ... Der Wagen stoppt. Wir steigen aus, gehen dorthin, wo eine kleine, steingefügte Brücke die Goldenen Brücken überspannt. Im Blick zu Tal wie zur Höhe: ein steinerstarrter Urstrom, eine gigantische Steinlawine, die sich nach unten im Walddickicht verliert, oben hingegen im blauen Himmel endet, der, so scheint es, von Götterkraft aufgestoßen worden war, um die kilometer-lange Steinschüttung herabzustürzen. Unter den Steinen gluckst und plätschert Wasser. Ehe der Wladaja-Bach die Ebene zu Füßen des Gebirges erreicht, wird er ein strudelnd-schäumender Bergfluß sein; hier jedoch murmelt er, trotz noch anhaltender Schneeschmelze in den Kammhöhen, nur mit verhaltener Stimme.

In einem kleinen, natürlichen Aufstau, der sich vor dem „Goldenen-Brükken"-Brücklein zwischen den Steinen gebildet hat, schwimmen quicklebendig fingerlange Forellen. Es ist kaum vorstellbar, wie die Elternfische den beschwerlichen „Bergaufstieg" bewältigt haben, um so weit oben im Gebirge — immerhin in einer Höhe von beinahe 1 500 Metern — ihrem Urtrieb folgend zu laichen, damit ihre Brut schlüpfen kann. Die possierlichen Jungfische sind vor allem den kleinen Rangen, die am Rande des Aufstaus mit bloßen Händen im eiskalten Wasser auf „Fischjagd" aus sind, eine helle Freude. Deren Eltern halten währenddessen auf dem Picknickplatz, oberhalb des steingefaßten Quellbrunnens bei der Brücke, ihre Frühstücksrast, lassen dabei, so sehen wir, eine Flasche Rotwein in der Runde kreisen ...

Blauer Rauch von Holzkohlenfeuer wabert über der Straße, verfängt sich im Geäst der Bäume, und der Duft von gebratenen Kebaptscheta oder Kjufteta — länglichen oder runden Fleischbuletten — hängt in der Luft, kitzelt verlockend die Nase. Aber noch sind wir nicht hungrig, nicht durstig, heben uns das Vergnügen für später auf. Überdies fesselt der Steinfluß unsere ganze Aufmerksamkeit (obwohl ich das Witoscha-Naturwunder keineswegs zum ersten Mal sehe, beeindruckt mich sein Anblick stets aufs neue). Zu solch früher Vormittagsstunde wie heute bin ich allerdings noch nie vorher bei den Goldenen Brücken gewesen: Die Sonne, über Hochwald, Kamm und Gipfeln aufsteigend, streift mit ihren Strahlen hauptsächlich die „Köpfe" der von urzeitlichen Wassern geschliffenen Steine, und wo das schräge Gegenlicht ihre „Scheitel" erhellt, schillern und funkeln sie. Vielleicht deshalb: Slatni mostowe, Goldene Brücken?

„Ihre Baumeister waren die Stürme und die Regengüsse des Witoscha: Sie hatten Millionen Felsbrocken von den umliegenden Höhen hinab auf den Bach gerollt und so glatt und symmetrisch zusammengefügt, daß sie wie von Menschenhand angeordnet schienen ... Ein wildes, großartiges Spiel der Natur." So hat Iwan Wasow, der bulgarische Volksaufklärer, Nationalschriftsteller und -dichter, der, ein Jahrhundert vor uns, erstmals herauf ins Gebirge gekommen war, sein Erleben der Goldenen Brücken beschrieben. Als Wasow am 13. Juni 1891 ins Witoscha-Gebirge aufbrach, hatte er zuvor, unten in Knjashewo, einen ortskundigen Bergbauern als Führer gedingt, ließ sich bei der Bergtour von einem unerschrockenen Weggefährten begleiten, und beide trugen Pistolen im

Halfter — aus Furcht vor Räubern wie vor Bären oder Wölfen. Nun ja, das ist lange her! Oder nein? Sagt es nicht, daß es noch vor der kurzen Zeitspanne eines Jahrhunderts nachgerade einem Wagnis gleichkam, hinauf in die schwarzen Bergwälder und die zerklüftete Felseneinöde des Witoscha zu steigen? Näherkommendes Gedröhn eines großen Dieselmotors, das in den Bergen noch lauter hallt als im Tal, ist von der Bergstraße her zu hören. Der Lärm schwillt an, und gleich danach sehen wir, wie ein rot-gelber „Tschawdar"-Bus unterhalb der Brücke einbiegt. Es ist ein 61er Linienbus, der von Owtscha Kupel, dem Sofioter Wohngebiet beim „Slawija"-Stadion, stündlich zu den Goldenen Brücken fährt. Er bringt weitere Ausflügler herauf ins Gebirge, gleichfalls noch andere Fahrgäste, und alle gehen nach verschiedenen Seiten ihrer Wege (in unmittelbarer Nachbarschaft von Slatni mostowe gibt es ein gutes Dutzend Ferienheime und Bergbauden).

Während sich der Menschenschwarm verläuft, kehren wir dem Steinwunder fürs erste den Rücken, steuern den Pavillon beim BALKANTOURIST-Restaurant „Slatni mostowe" an, haben indessen nicht den Wunsch, etwas Eß- oder Trinkbares zu kaufen, sondern möchten uns lediglich bei der Verkäuferin danach erkundigen, wie wir am besten zur nahegelegenen Waldgegend „Beli bresi" („Weiße Birken") kommen. Das hat, wie uns die freundliche Frau bedeutet, mittlerweile auch schon der Taxifahrer bei ihr erfragt. Doch nichtsdestotrotz erklärt sie es uns wort- und gestenreich noch einmal. „Sie können auch fahren, aber es lohnt sich nicht, denn es sind nur einige Schritte", sagt sie. Ich begleiche beim Taxichauffeur, der seinen Wagen in der Nähe parkt, die Rechnung, wir gehen weiter zu Fuß.

Unmittelbar hinter Restaurant und Pavillon, wo die Straße leicht ansteigt, sind an einem Wegweiser allerlei Ziele markiert. Direkt daneben führt eine schmale, asphaltierte Fahrspur in den Wald. Wir folgen ihr, schreiten dabei unter dichtbewachsenen Zweigen hoher Nadelbäume, die den Weg beschatten, ja regelrecht verdunkeln, sanft bergab. Nach der zweiten oder dritten Wegbiegung gewahren wir eine kleine Lichtung hinterm Tann. Als wir sie erreichen, sehen wir, daß tatsächlich noch einige schief- und krummgewachsene alte Birken dort stehen, die von Säge und Axt verschont geblieben sind, als vor Jahren das Gebäude auf der Lichtung erbaut wurde. Es ist ein zweistöckiges Haus im Baudenstil, rundum über dem Steinsockel holzbeplankt, mit hohen, schrägen Schneedächern. Wer das Haus sieht, ohne seine Bestimmung zu kennen, kann es für ein kleines, romantisches, an verschwiegenem Platz im Wald errichtetes Ferienheim halten.

Über eine kurze Treppe gelangen wir zum Eingang. Die Haustür ist verschlossen, doch es gibt eine Klingel neben ihr; ich drücke behutsam den Knopf, was im Hausinnern ein unvermutet heftiges Schrillen auslöst. Weil sich im Haus dennoch nichts zu rühren scheint, wiederholt mein Wodatsch, der für mich Prewodatsch (Dolmetscher) und Wodatsch (Wegführer) in einer Person ist, das Läuten. Eine junge schlanke brünette Frau mit langem Haar, das ihr um die Schultern wallt, und mit ovalem sonnengebräuntem Gesicht und großen dunklen Augen öffnet uns, bleibt jedoch abwartend im Türrahmen stehen, offensichtlich nicht gewillt, uns so ohne weiteres Einlaß zu gewähren. Doch nachdem ihr mein Begleiter unser Begehr erläutert, ihr dabei das fein beschriebene, ordentlich gestempelte Papierchen vorgewiesen hat, wechselt ihre skeptische Zurückhaltung augenblicks zu einladender Freundlichkeit. „Verzeihen Sie, ich bin erst kurz vor Ihnen angekommen, der Bus verspätete sich ein wenig ... Wir sind gerade bei der Dienstübergabe. Und niemand hat uns Ihren Besuch angekündigt", sagt die junge Frau entschuldigend, fügt noch erklärend hinzu: „Wir bekommen hier oben nur selten Gäste. Aber öfter klingeln irgendwelche Leute, die vorbeikommen und fragen, ob sie unsere Station besichtigen könnten. Das geht natürlich nicht!" Zugleich stellt die „Hausherrin" des Tages sich vor: Zenka Christowa, und dann führt sie uns über die Innentreppe zum Obergeschoß hinauf. Dort erwartet uns Petâr Lultschew, der Stationsleiter, ein schmächtiger Mann mittleren Alters, der uns mit einem „Dobro doschli" („Herzlich Willkommen") begrüßt. Frau Christowa zeigt ihm das Papier, das sie vorhin von meinem Begleiter entgegengenommen hat: Es ist die Erlaubnis der Direktion des Geophysikalischen Instituts der Bulgarischen Akademie der Wissenschaften, dessen seismologische Forschungs- und Überwachungsstation zu besichtigen. Der Nachtrag darauf, der besagt, „Aufenthalt und Fotoaufnahmen für die Dauer von 15 Minuten", hat uns freilich gelinde irritiert; aber Stationschef Lultschew beruhigt uns nun: Das beziehe sich allein auf die Instrumentensäle, das „Allerheiligste" der Station. Ansonsten hätten wir ausgiebig Zeit, um alles im Haus sehen und über die Arbeit der Seismologen erfahren zu können, hier: Wo man der Erde den Puls fühlt ...

Wie es ist, wenn sich tiefliegende Schollen der Erdkruste „seufzend" entspannen und die Erde bebt, habe ich, der ich mit schöner Regelmäßigkeit nach Bulgarien reise, im zeitlichen Abstand von mehr als anderthalb Jahrzehnten bereits zweimal erlebt. Beim ersten Mal, frühmorgens an einem Junitag, im 10. Stockwerk des Hotels „Haemus", stand ich gerade unter der Dusche. Jenem Morgen war ein ausgedehnter, „feuchtfröhlicher" Abend vorausgegangen. Durch wiederholten heißkalten Wechsel des aus der Dusche sprühenden Wassers wollte ich mich rascher „auf die Beine" bringen. Plötzlich erfaßte mich ein zittriger Schauer; ich begann zu schwanken, zu wanken, alles drehte sich mir im Kopf, mein ganzer Körper bibberte — aber letzteres war schon von dem Schreck, der mich heftig durchfuhr. Mit einem Satz sprang ich aus dem Bad, gejagt von dem einzigen Gedanken: augenblicklich ans Telefon zu kommen, um nach einem Arzt zu rufen. Da prallte ich im Zimmer mit meinem Reisegefährten zusammen, der, ähnlich erschrocken wie ich (und haargenau die gleichen „Symptome" erlebend), aus dem Bett gesprungen war. Doch im Nu wurde uns bewußt, daß keineswegs eine vermeintliche „Kreislaufrebellion" die Ursache für unser Zittern und Schwanken war, sondern … ein Erdbeben. Alles dauerte Sekunden nur; die Gläser auf dem Tisch hörten auf zu klirren; absolute Stille kehrte ein — ausgenommen die Unruhe, die andere erschreckte Hotelgäste draußen auf dem Etagenflur eine Weile noch verursachten …

Ein zweites Mal erlebte ich, wie sich die Erde mit heftigen Stößen „Luft" verschaffte, an einem Augusttag, kurz nach Mitternacht, im 14. Stockwerk des Hotels „Rodina". Ich war von einem Besuch bei Freunden spät nach Hause gekommen, hatte mich geduscht, rasch noch einige Hemden gewaschen, war aber zu müde gewesen, um sie auch noch zu spülen und zum Trocknen aufzuhängen. Deshalb hatte ich sie in der mit Wasser gefüllten Badewanne liegengelassen, war zu Bett gegangen, wohl ohne Verzug eingeschlafen und … begann zu träumen: An die Bordwand eines Bootes, in dem ich sitze, klatschen kräftige Wellen (ich kannte das von etlichen Segelfahrten auf dem Meer). Da wurde ich auf einmal wach. Doch das Geräusch blieb — mal von Steuerbord, mal von Backbord: Das Wasser schlug in hochspringenden Fontänen gegen die Fliesenwände des Bades, wechselnd zur einen und zur anderen Seite, schwappte über den Badewannenrand, sprang über die Schwelle, begann bereits den Teppich im Flur kräftig zu durchnässen.

Das alles erfaßte ich, nachdem ich aus dem Bett gesprungen war, im Handumdrehen, konnte mir zwar nicht erklären, wodurch das Übel verursacht sein könnte, riß bloß mit einem Ruck den Stöpsel aus dem Badewannenabfluß. Endlich begriff ich, was vor sich ging … wiederum ein Erdbeben. Ich lief ans Fenster, schaute hinab zur Hauptstraße (die am Hotel vorbeiführt) und zu der angrenzenden Wohnsiedlung: Autos fuhren ohne Unterlaß, in vielen Fenstern der Häuser brannte Licht. Doch kein Dach, keine Mauer, kein Haus stürzte ein … Also zündete ich mir eine Zigarette an, goß mir ein Glas Bier ein — und wartete ab. Das Telefon klingelte, und ein besorgter Freund erkundigte sich nach meinem Befinden. „Ich denke, der ‚große Stoß' ist vorbei", sagte er. „Wir haben uns natürlich erschrocken, aber auch bei uns ist nichts weiter geschehen …" Ich legte den Hörer auf, kroch wieder ins Bett und schlief durch bis zum Morgen. Neuerlich hatte ich ein Beben der Stärke vier bis fünf miterlebt; beim ersten Mal hatte das Epizentrum in den Belasiza-Bergen gelegen, diesmal lag es im mittleren Balkangebirge. So las ich es früh in der Tageszeitung …

Nunmehr, in der Witoscha-Erdbebenwarte, erhellt uns Stationsleiter Lultschew einige Hintergründe der seismischen Aktivität in Bulgarien, dem Land der 16 Gebirge: Die gesamte Balkanhalbinsel liege, so sagt er, an einem Abzweig des großen, weltumspannenden „Feuerbogens" der Erde, die alljährlich wenigstens 100 000mal bebt, was jedoch in 99 980 Fällen lediglich die Geräte der Seismologen wahrnehmen würden.

15- bis 20mal wirkten sich die Erderschütterungen, die von den ständigen tektonischen Bewegungen im Erdenschoß stammen, an der Erdoberfläche zerstörerisch, ein- bis zweimal mit katastrophalen Folgen aus. Obwohl hierzulande eine gewisse seismische Unruhe zum Alltag der Geophysiker gehöre, seien die Erdbeben doch vergleichsweise schwach; sie rührten von geologischen Verschiebungen in der oberen Erdkruste her, woran Tiefenschichten mit einer Mächtigkeit von 10 bis 20 Kilometern beteiligt sind. Diese Beben hätten aber keine verheerende Kraft und verursachten keine katastrophalen Vernichtungen vom Charakter eines „Weltbebens", obschon auch sie Schäden an Gebäuden, Zerstörung von Häusern bewirken und Opfer an Menschen fordern können …

Um Bulgariens „akute Erdbebenlage" mit solcher Bestimmtheit zu prognostizieren, ungeachtet, daß in naher geographischer Nachbarschaft folgenschwere Bebenkatastrophen (Skopje/Jugoslawien 1963; Bukarest/Rumänien 1977) schwere Verwüstungen verursacht hatten und dabei jeweils mehr als 1 000 Opfer zu beklagen gewesen waren, haben die bulgarischen Geophysiker seit den 50er, 60er Jahren eine immense Arbeit geleistet. Sie registrierten systematisch die Erderschütterungen, erforschten Ursache, Verteilung und Wirkung der Beben — auch anhand historischer Nachweise. Im Verlauf der Zeit schufen sich die „Beben-wächter", regional nach seismologischen Schwerpunkten verteilt, zehn Erdbe-benwarten, darunter das Zentralobservatorium im Witoscha, rund 1 000 Meter hoch über Sofia, der Hauptstadt …

Männer mit schwerer Bautechnik waren in der „Beli-bresi"-Gegend angerückt; hatten begonnen, einen Stollen in den Fels vorzutreiben. In der Stadt wurde als-bald gemunkelt, daß bei den Goldenen Brücken eine Erzader aufgespürt worden sei, man Alarm schlagen müsse, bevor dort ein Schacht entstünde, der das Natur-wunder der Slatni mostowe verschandele und den Naturpark Witoscha verun-stalte. (Analogen Erfahrungen dürfte es entsprungen sein, daß Jordan Raditschkow, der Schriftsteller, über seine Landsleute einmal sarkastisch meinte: „Der Bulgare ist der König der Panik.") Doch die Minjori, die einen Stollen samt zwei dahin-ter liegenden „Galerien" in den Berg bohrten und sprengten, suchten mitnichten zu einem Schatz vorzudringen, sondern für die Seismographen der Geophysiker einen idealen Platz zu schaffen.

„Es hatte gute Gründe, daß wir hier herauf in die Berge gegangen sind. Denn die relative ,Stille' des Gebirges ermöglicht den Geräten einen nahezu störungs-freien Empfang. Die Mikrogeräusche sind fast unmerkbar. Es sei denn, daß ein Zubringerbus oder ein Versorgungsfahrzeug zu einem der benachbarten Erho-lungsheime fährt. Verglichen mit dem ,Verkehrslärm' unten in der Stadt, sind unsere Arbeitsbedingungen aber geradezu vollkommen", sagt Petâr Lultschew. Er hat soeben seinen Dienst-Tag beendet: 24 Stunden Bebenwacht in Bergeshöh'n. Morgen früh wird dann ein anderer Seismologe des Teams Zenka Christowa ab-lösen. Nunmehr schlägt der Stationschef vor, daß wir gemeinsam „in den Keller" gehen …

Ein kurzer Gang mit betoniertem Fußboden und verputzten Wänden, dem Zugang zu einem großen Weinkeller ähnlich, führt am Ende des betongestütz-ten, mörtelverkleideten Viereckstollens zu zwei Räumen — den Instrumentensä-len. Schwere, schalldichte Stahltüren trennen sie vom Gang. Zenka Christowa schließt die Türen auf. Ich werfe einen Blick in den linken, dann in den rechten Raum — und bin enttäuscht: kahle Betonsockel, auf denen unterschiedlich große, verschieden geformte Boxen zu sehen sind; die Geräte darin verbergen sich un-ter den blechernen Hauben, alldies kühle Sachlichkeit. Dabei war ich eigentlich auf einen ungewöhnlichen Anblick gefaßt: zuckende Zeiger, flimmernde Licht-punkte, spinnenfußdünne Fühler … — doch nein, nichts von alledem. Es bleibt mir folglich bloß, meine Phantasie zu bemühen, um mir vorzustellen, wie die Geräte aussehen, arbeiten und wozu sie fähig sind. Ihre empfindsamen „Sensoren", so hören wir von den beiden Diplom-Geophysikern, vermögen einerseits tief in der Erde, andererseits weit über den Globus hinweg jedes Rumoren, Grollen und Beben wahrzunehmen. Sogar die tapsenden Schritte eines Menschen, das knallende Zuschlagen einer Tür, ja selbst schon ein lautes Husten im Raum, würden, so wird uns gesagt, genügend Unruhe erzeugen, um die hochsensiblen „Ohren" der Bebenforscher — mit denen sie in die Erde „hineinhorchen" — reagieren zu lassen ...

Kaum ausgesprochen, scheint sowas schon geschehen zu sein: Im Keller, im ganzen Haus beginnen mit einemmal Sirenen-Lautsprecher durchdringend-heiser zu röhren — Alarm! Der Stationschef drängt besorgt: „Kommen Sie, schnell!" Könnten wir womöglich durch irgendeine Unbedachtsamkeit das Sirenengeheul ausgelöst haben? Zenka Christowa, die rasch — aber behutsam — die Tür zum Instrumentenraum schließt, beruhigt uns indes: „Nein, seien Sie unbesorgt, doch da ist was im Gange ..."

Ob es ein kleines oder großes, ein nahes oder fernes Beben ist, das die Alarmtöne der Sirene ausgelöst hat, wissen die beiden Seismologen momentan noch nicht. Der Stationschef eilt uns mit wehenden Rockschößen ins Obergeschoß voraus. Als wir, einige Augenblicke nach ihm, in der „Nervenzentrale" der Station eintreffen, lenkt er sogleich unsere Blicke auf die Digitaluhr im Gerätekomplex; sie hat den Zeitpunkt des Beginns der Erderschütterung ausgedrückt: 9.14,53 Uhr (Ortszeit), und auf den Papierrollen des Diagrammschreibers ist, in zwei verschieden dimensionierten Flackerkurven, das Maß der irdischen Unruhe verzeichnet. Messen, Schreiben, Rechnen. Binnen einiger Minuten sind die beiden Geophysiker — dank des Seismogramms — im Bilde, was sich ereignet hat: „Nichts Besonderes. Eine unbedeutende Erderschütterung in der Gegend des Iskâr, ungefähr 40 Kilometer von Sofia entfernt." Wie unbedeutsam, gemessen an der berühmten Richterskala? „Etwa 0,20 bis 0,25 der ersten Stufe!" Für uns bemerkenswert: Selbst dieses minimale Vibrieren im Schoß der Stara Planina, des Balkangebirges, ist den Seismologen nicht entgangen ...

Als ich danach frage, welcher praktische Nutzen aus der intensiven Überwachungs- und Forschungsarbeit der bulgarischen Erdbeben-Experten erwachse, sagt Petâr Lultschew: „Wir wissen inzwischen, daß sich durch unser Land, vom Nordwesten nach Südosten, eine Zone verstärkter seismischer Aktivität zieht. Es ist unsere Aufgabe, die Prozesse, die sich im Erdinnern abspielen, immer besser zu erkennen. Wenn es eines Tages gelingt, bevorstehende Beben und deren zu erwartende Stärke sicher vorauszusagen, wird die Bedrohung, die aus der Erde kommt, kalkulierbarer werden, was für die Menschen die Risiken vermindert. Ein Vorteil ergibt sich aus unserer Arbeit aber schon heute — durch den ‚tektonischen Atlas‘, den wir geschaffen haben. Zum Beispiel gewinnen Architekten und Bauleute unseres Landes umfassende Kenntnisse darüber, wo und in welchem Maße es in Bulgarien erforderlich ist, erdbebensicher zu bauen, und wo man sich mit einer geringeren Verstärkung der Bauten begnügen kann. Das verringert einerseits die Erdbebenfolgen, andererseits erspart es Investitionen.“

Noch eins, sozusagen als Nebeneffekt, habe die Forschung erbracht: den Beweis, daß Bulgariens Gebirge weiterhin im „Wachstumsalter“ sind. Das Witoscha-Gebirge beispielsweise erhebe sich jährlich um rund einen Millimeter, während sich die Sofioter Ebene gleichzeitig um etwa 0,7 Millimeter absenke. Im Erdenschoß halte Mutter Natur ihre „heißen Kessel“ unentwegt am Kochen; die Hunderte von Thermalquellen im Lande seien ein deutlicher Ausdruck dafür. „Ganz Sofia ‚schwimmt‘ gewissermaßen auf einem unterirdischen Heißwassersee. Sogar mitten in der Stadt tritt das Thermalwasser, das übrigens Heilkraft besitzt, an verschiedenen Sellen zutage“, sagt Petâr Lultschew und gibt mir als Rat mit auf den Weg: „Sie sollten's mal versuchen, es wirkt von innen wie von außen ...“

Weil ich morgens — wie immer, wenn ich auf Reisen bin — sowohl herzhaft als auch reichlich gefrühstückt habe, ebenfalls mein Begleiter noch keinen rechten Hunger verspürt, verzichten wir auf ein ausgedehntes Mittagessen, begnügen uns am Grillstand beim „Slatni-mostowe“-Bergrestaurant mit je einer Dreier-Portion saftiger Kjufteta, ermuntern uns danach auf der Restaurant-Terrasse durch einen starken Instant-Espresso, bevor wir entlang dem Steinfluß der Goldenen Brücken weiter nach oben steigen, bis zu dessen „Quelle“ (es gibt, südöstlich von Slatni mostowe, noch eine ähnlich große, jedoch nicht gleichermaßen imposante Schüttung solcher kolossalen Steine).

Der Wanderpfad, der am linken „Ufer“ des Naturwunders zur Höhe führt, ist trotz seines steilen Anstiegs bequem zu gehen, denn ein Geländer, das den Händen Hilfe gibt, säumt ihn. Er bietet den Augen immer neue, andere Ausblicke auf den ungewöhnlichen Massensturz von Steinen unterm Witoscha-Kamm:

Steine, groß wie Bären, Büffel, Elefanten, Mammute, die kleinsten von ihnen um zwei, die größten über sechs Meter im Durchmesser. Von elementarer Urgewalt neben- und übereinandergeschichtet, füllen sie die Rinne, den Bergspalt an diesem nordwestlichen Abhang des Gebirges, das schon seit der frühen Antike mehrfach erwähnt, aber jedesmal anders benannt worden war: Skomnios, Skombros, Skopius (die Namensgeber waren keine Geringeren als Thukidides, Aristoteles und Plinius d. Ä.). Im Mittelalter tauchte erstmals sein heutiger Name auf. Sprachforscher sind der Überzeugung, daß er im thrakischen „wi" („zwei") sowie im altbulgarischen „tosch" („schneiden", „zerschnitten") wurzelt: zweigeteiltes Gebirge also: Witoscha. Seine von zwei Gipfelmassiven gekrönte „doppelköpfige" Silhouette bestätigt diesen Eindruck.

Es verwundert hingegen, daß die Phantasie der Altvorderen, die sogar das Entstehen ganzer Gebirgszüge in diesem Erdenstrich mit einer ergreifenden Legende zu deuten wußte — jener von Haimos und Rhodope —, für den wundersamen Steinfluß der Goldenen Brücken keinerlei sagenhafte Deutung fand. Weder Thraker, Kelten noch Makedonier oder Römer, nicht Byzantiner, Goten, Slawen, Protobulgaren, Tataren oder Türken — heimatliche Erde den einen, erobertes Land den anderen — erwähnten das Steinwunder, unter den zehn „Moränen" des Witoscha das größte und eindrucksvollste, auch nur mit einem einzigen Wort. Lag es womöglich daran, daß sie es allesamt nicht wagten, in die Abgeschiedenheit der rauhen, abweisenden Bergwelt vorzudringen, von deren Gipfeln, nach ihrem Weltverständnis, grimmige Götter feurige Blitze schleuderten, mit krachenden Donnern grollten? Was macht's? Der phantasievolle Name für die gigantische Agglomeration der Riesensteine, irgendwann in aller Munde gekommen (Iwan Wasow jedenfalls kannte ihn schon), vielleicht von einem Schäfer erdacht, der seine Herde hoch in den Bergen weidete, oder vielleicht einst auf die Goldwäscher gemünzt, die in früherer Zeit goldene Erzflocken und -körnchen vor allem auch aus dem Wladaja-Flußsand siebten, verleiht den starren Gesteinsmassen einen verklärenden Glanz. Einer versonnenen Legende bedürfen sie längst nicht mehr; sie sind ohnehin tagtäglich Ziel für Hunderte, Tausende ...

Und die Menschen „bevölkern" das Steinwunder, sonnen sich auf den Syenit-Kolossen, klettern über sie hinweg, steigen über die Goldenen Brücken hinauf zur Höhe oder hinab zu Tal. Wollen die Leute, so klein und verloren sie zwischen den Steinen auch wirken, sich selbst beweisen — und es anderen zeigen —, daß sie solch „Gigantismus" der Natur keineswegs schreckt, sie sich leicht und stolz über ihn erheben können? Die Steine lassen es ungerührt mit sich geschehen. Nur dieser oder jener straft zuweilen Übermut mit verknackstem Knöchel, geprelltem Schienbein, verstauchtem Fuß — oder auch Schlimmerem …

Es wird Zeit, in die Stadt zurückzukehren. Wir wenden uns talwärts, wandern über breite, gut angelegte Bergwege hinab zum Kopitoto-Plateau, schauen, dabei Eis löffelnd und Kaffee trinkend, von der Terrasse des Hotel-Restaurants „Kopitoto" auf die Stadt, deren Häusermeer durch die Ebene bis zum Horizont wogt. An der Kopitoto-Bergstation steigen wir in eine Liftkabine, worin wir binnen einer Viertelstunde hinab nach Knjashewo schweben. Von dort ist es mit der Straßenbahn bis zum Zentrum Sofias lediglich ein „Katzensprung". Die Sofioter haben es, um die verschiedenen Ausgangspunkte zum Witoscha-Gebirge zu erreichen, überall und jedesmal so nah.

ZWEITE TOUR
NORDÖSTLICHES SREDNA-GORA-GEBIRGE

Ein Sonntag in Kopriwschtiza

Die kleine Stadt träumt in den Tag, träumt heute ein Stündchen länger in den neuen Morgen als an anderen Tagen, weil Sonntag ist: Sonntag in Kopriwschtiza ...

Der raunende Bjala-Bach und die rauschende Topolka sangen der kleinen Stadt durch die Nacht das Schlummerlied. Die sanften, grünen Berghänge, die sie gleich schirmenden Armen einer Mutter umgeben, beschützten ihren Schlaf, und die Sterne hoch am tiefdunklen, samtenen Nachthimmel über den ewigragenden Gipfeln und den eiligziehenden Wolken irrlichterten in ihren Träumen. Die Stadt hat sich, nach dem unvermeidbar späteren Zubettgehen am Samstagabend, den längeren Schlaf verdient, und sie braucht ihn auch, braucht ihn als ein zusätzliches Kraftschöpfen für den heutigen Tag, der, anders als anderswo in kleinen und großen Städten, noch unruhiger, lärmender, lebhafter sein wird als all die übrigen Wochentage. Sonntag in Kopriwschtiza — das ist für die kleine Stadt der lauteste und quirligste Tag in der Woche ...

Wir waren schon gestern, spätnachmittags, nach Kopriwschtiza gekommen: über die „Rosenstraße", die Sofia auf dem kürzesten Weg mit Burgas und der Schwarzmeerküste südlich des Balkangebirges verbindet. Wo sich die Berge von Stara Planina — des von den Bulgaren Altes Gebirge genannten Balkans — und der Sredna-Gora, des Mittleren Gebirges, das die Brücke zum Losen-Witoscha-Gebirgsmassiv schlägt, mit felsigem Griff die Hand reichen, einen Steinwurf hinterm Dorf Anton, bogen wir von der breiten, in weiten Schwüngen bergan steigenden Fernstraße ab — zu der kurvenreichen, von Flußgrund und Steilhängen eingeengten Berg-und-Tal-Straße, die nach Süden führt. Wiederholt kamen uns Busse und Personenautos entgegen; waghalsige PKW-Fahrer überholten uns. Dort, wo die Straße in einer ausholenden Schleife jäh talwärts fällt, der Wald hinter bucklige Wiesen zurücktritt, die Enge des Flußtals sich öffnet, zeigte sich uns wieder das vertraute Bild: ein Gewoge ziegelroter, ineinander verschachtelter

Dächer, die nach allen Seiten hin zu den grünen Ufern der terrassenartig ansteigenden Bergwiesen und -weiden drängt.

Das einzige Touristenhotel, ein Neubau im altbulgarischen Baustil, unweit vom „Platz des 20. April", war — wie üblich — bis zum letzten Bettgestell ausgebucht. Doch nach einigem Herumfragen und Herumhorchen fanden wir Herberge für die Nacht bei Bai Wâltscho, einem verschmitzten, gutmütigen Alten, der seinem Haus, das sich zwischen den letzten Häusern oberhalb der Stadt an den Hang lehnt, einen seitlichen Anbau hinzugefügt hat, gleichfalls aus Mauerwerk und Stützbalken gebaut wie das übrige Obergeschoß. Das geräumige Gastzimmer im Innern gewinnt durch allerlei Blenden aus gefugten, rohgebeizten Hölzern anheimelnde Wärme und Behaglichkeit.

Eigentlich hatten wir nochmals in die Stadt hinuntergehen wollen: zu einem kurzen Imbiß und einem raschen Schluck in der Kneipe „Zum ersten Schuß". Aber dann kam die Wâltschowiza, Wâltschos Frau, zu uns ins Zimmer, wies uns geschäftig, wo wir alles Nötige vorfänden, erkundigte sich, ob uns die Bleibe auch gefiele, und als wir es bejahten, erzählte sie uns, daß schon viele Gäste bei ihnen geherbergt hätten, bisher noch ein jeder zufrieden von hier geschieden sei. Und, was Wunder in bulgarischen Häusern — noch dazu bei einer so regsamen, gesprächigen Alten: Das Schwätzchen zog sich hin. Als die Wâltschowiza vermeinte, daß es genug des Sagens und Fragens wäre — und das ohnehin nur, damit sie mit Augen und Ohren herausfände, welcherart Leute wir sind —, schien die Hausherrin zu einem für uns günstigen Urteil gekommen zu sein. Denn sie sagte, begleitet von einer weitausholenden, einladenden Geste: „Unser ganzes Haus steht Ihnen offen. Fühlen Sie sich wohl bei uns. Seien Sie uns liebe Gäste!"

Das war allerdings nur der Auftakt. Sicher wären wir müde von der anstrengenden Reise, meinte sie. Womöglich hätten wir gar keine Lust, nochmal auszugehen, und das sei doch auch überhaupt nicht nötig. Wir sollten, sobald wir uns erfrischt und ein wenig ausgeruht hätten, hinüber zum Tschardak, der überdachten, hölzernen, einer offenen Veranda ähnelnden Terrasse des Hauses kommen. Dort sähen wir die ganze Stadt zu unseren Füßen, und wir hätten obendrein noch die schönen Berge vor Augen. Da wurde uns klar, daß wir die Einladung keinesfalls ausschlagen konnten, und erst recht nicht, als die Gastgeberin noch hinzufügte: „Ich habe schon ein Schälchen gezuckerte Erdbeeren vorbereitet. Es sind selbstgeerntete, und sie sind heuer besonders saftig, weil es vor der Reife viel warmen Regen gegeben hat ..."

Als wir uns nach einer Weile drüben auf der Terrasse einfanden, saßen die beiden Alten bereits dort, und der runde Tisch vor ihnen war gedeckt: Inmitten von Tellern und Bestecks erblickten wir die Schale voll reifroter Erdbeeren, daneben einen Teller mit sternförmig ausgelegten jungen Lauchzwiebeln, jungem, noch milchigem Knoblauch; sie garnierten einige Scheiben Sirene, weißen Hartkäse, entweder aus Schafs- oder Kuhmilch. Ein Holznäpfchen mit Tschubriza — staubfein gerebeltem Basilikum, vermischt mit Paprika und Salz — fehlte gleichfalls nicht. Übereinander geschichtete Weißbrotscheiben standen bereit und ein großer, gläserner Krug voll Wasser, der Krugbauch beschlagen, und wir vermuteten richtig, daß es sich um kühles, quellfrisches Wasser handelte. Auch irdene Becher, obgleich nur wenig größer als Fingerhüte, hatte die Wâltschowiza nicht vergessen hinzustellen ... Wir waren verblüfft, nein — wir waren gerührt. Das gute Herz des alten, gastfreundlichen Bulgariens zeigte uns hier einen Spalt. Hat der ins Land gekommene, in Gewohnheit und Sitten fortwährend einbrechende Massentourismus andere, Jüngere, Begehrlichere vielleicht verdorben, diese beiden Alten aus Kopriwschtiza sind davon unberührt geblieben; sie halten fest am Brauch: den Gästen Brot und Salz zum Empfang, und, weil's dazugehört, unbedingt noch etwas Süßes, und Käse, der unverzichtbar zum bulgarischen Tisch gehört — und ein Gläschen zum Beginn, damit der Sliwowa oder Grosdowa, Pflaumen- oder Traubenschnaps, Gästen und Gastgebern die Zunge löst ...

Der Abend stimmte uns ein für die Stadt, bereitete uns innerlich auf das Wiedersehen mit ihr am kommenden Tag vor: dem Sonntag in Kopriwschtiza.

Wir holten eine Flasche Rotwein aus dem Reisegepäck, um auch das Unsrige hinzuzugeben; die beiden Alten nippten aber lediglich davon, und wir plauderten mit ihnen — oder schwiegen. Beim Reden erfuhren sie einiges über uns, wir manches von ihnen. Wâltscho war ein Forstmensch gewesen, und noch immer ziehe es ihn in den Wald, obwohl die Beine, leider, nicht mehr so recht wollten, erzählte der Hausherr. Und von ihren Kindern, Enkeln sprachen Wâltscho und die Wâltschowiza: Ingenieur sei der Sohn, arbeite bei der Eisenbahn, lebe in Sofia. Die Tochter jedoch wäre in der Nähe geblieben, habe einen Zootechniker aus dem benachbarten Rosental geheiratet, die Eltern mit zwei Enkeln beglückt, zwei Mädchen, und weil die eine Enkelin vor kurzem auch schon geheiratet habe, hofften sie bald Urgroßeltern zu sein. Selbstverständlich arbeite auch die Tochter — als Buchhalterin auf einer Geflügelfarm. Und das Gespräch plätscherte so dahin, zwischendurch mit Pausen, kürzeren oder längeren. Doch nicht nur, wenn der Redefluß stockte, glitten meine Blicke über das Bild vor unseren Augen: Die Stadt beginnt sichtlich auszuufern und klettert hinauf an den Hügeln des Kleinen und Großen Bogdan, wovon letzterer mit seiner Höhe von 1 604 Metern der höchste Berg in der Sredna Gora ist. Auf Bai Wâltschos Terrasse saßen wir reichlich 200 Meter höher noch als die Gäste im Restaurant des Panorama-Hotels auf der Oberhofer Höh'. In dieser Stunde vorm Abend trieben die Schäfer Herden von Schafen und Ziegen, vereinzelt auch von Rindern zu Tale. Das Geläut der Weideglocken und -schellen war jedoch bis hierher nicht zu vernehmen. Die sinkende Sonne begann Schatten über die wiesengrünen Gründe der Berge auszubreiten. Gleichzeitig erglühten die Kämme des Balkans im gelbroten Abendlicht. Die Schatten erhoben sich aus dem Tal, stiegen Hang für Hang am Großen Bogdan hinauf ...

Als am Himmel die ersten Sterne zum allnächtlichen Funkelspiel aufblitzten und hoch über Topolko-Tal und Bergen der Große Wagen seine Nachtreise durchs Universum begann, das heißt, als es Zeit gewesen wäre, die Lichter anzuzünden, zogen sich unsere Wirtsleute stillschweigend zurück, hießen uns zwar, nach Belieben noch zu verweilen, doch auch wir beendeten den Tag und gingen zu Bett.

Beim ersten Hahnenschrei wurde ich wach. Ich bemühte mich, wieder einzuschlafen, aber es glückte mir nicht. Ich drehte mich auf den Rücken, und meine Augen starrten aus halbgeöffneten Lidern ins Nichts. Der hinter den Bergen heraufziehende Morgen tauchte das Zimmer in blaßblauen Schimmer; ich lag da und begann nachzusinnen. Wie lange mag es wohl her sein, seit mich, Mensch in der Großstadt, morgendliches Krähen von Hähnen geweckt hat? Ich grübelte nach, und mir schien, daß es vor einer Ewigkeit gewesen war, damals, zur Rosenernte im Dorf Rosino, unweit von hier im Rosental ...

Kopriwschtiza, die kleine Stadt, behält sich — bis auf weiteres — von der ländlichen Idylle soviel, wie es ihr nötig und wünschenswert erscheint. Das frühmorgendliche Hähnekrähn gehört dazu und das Geschrei der Esel, das Wiehern der Pferde, die auf der Hauskoppel nächtigen und ihren Herren stimmgewaltig anzeigen, daß sie sich zu neuer Tagarbeit frisch genug fühlen. Der Esel eines nahen Nachbarn von Bai Wâltscho gab sich darin besonders eifrig, und ich glaube, daß sich derjenige gründlich geirrt hat, der den Eseln ihre angeblichen I-A-Laute zuschrieb. Mir klang es eher, als wenn ein verrosteter Pumpenkolben im Rohr hin und her gestoßen würde und ohrenquälend quietschte.

Ich vermag nicht zu sagen, wie lange ich so, grübelnd und lauschend, wachlag. Es war jedenfalls schon hell im Zimmer geworden, als ich aufstand, behutsam, um meinen Reisegefährten nicht vorzeitig zu wecken, in die Sachen schlüpfte und nach draußen ging. Taukühler Atem der Berghänge empfing mich. Ein leichter Wind strich über die Höhe. Ich ging durch die Küche zum Tschardak, und obwohl ich zaghaft auftrat, konnte ich es nicht vermeiden, daß die ausgetrockneten Holzdielen laut knarrten. Am Geländer blieb ich stehen, zündete mir eine Zigarette an und schaute, während der Wind den Tabakrauch zerpflückte, auf die noch schlafende Stadt, blickte in Höfe, die mir nichts verbargen, obwohl alle Häuser und Höfe Kopriwschtizas von gewaltigen, hohen, steinernen Mauern oder sichtverwehrenden Bretterzäunen umfriedet sind: „My home is my castle." Im alten Bulgarien glich jedes Haus eines Besitzenden einer befestigten, wehrhaften Burg. Die übermannshohen, zumeist aus Felssteinen und Mörtel gefügten Untergeschosse und die wehrturmartig vorragenden Eckerker mit schießschartenschmalen, holz- oder eisenvergitterten Fensterluken sowie eisenbeschlagenen Fensterläden aus dickwandigem Holz lassen die Gründe ahnen. Denn es wollten nicht nur Wölfe in die Schaf-, Füchse und Marder in die Hühnerställe. Auch Haus, Herd und Familie waren in den wirren Zeiten, die Jahrhunderte währten, immer wieder von räuberischen Feinden bedroht. Obgleich sich heutigentags solcherart Wehrelemente beim Häuserbau erübrigen, verzichtet keiner, der sich der Tradition verpflichtet fühlt — und sich's leisten kann —, auf diese bautypischen Relikte, zumindest deutet er das Überkommene irgendwo am Haus stilvoll an, unbedingt aber, wenn er in Kopriwschtiza baut, der kleinen Stadt, die bis zum letzten alten Stein unter Denkmalschutz steht — mit nahezu 400 Bauten. Damit vor allem bewahrt sich Kopriwschtiza seine Unverwechselbarkeit, und das Erhaltene wie das Entstehende machen die 6 000-Einwohner-Stadt jahrein, jahraus anziehend für Hunderttausende.

Als wir gerade beim Frühstück saßen — in frischer Luft und wärmender Sonne —, rief Glockenläuten vom kuppelüberdachten Glockenturm der Sweta-Bogorodiza-(Heilige Gottesmutter-)Kirche die Gläubigen zur Morgenandacht. Ich fragte die Wâltschowiza, die für uns Tee gebraut hatte und ihn heraus auf den Tschardak brachte, ob es wohl dieselbe Glocke wäre, mit derem alarmierenden Läuten Todor Kableschkow an jenem 20. April seine Mitverschworenen vor den in die Stadt eingerückten osmanischen Häschern gewarnt und die Männer zu den Waffen gerufen hatte. Unsere Gastgeberin zuckte bedauernd die Schultern. Es könnte sein, meinte sie, aber genau wisse sie es nicht, und sie riet mir, dieserhalb besser beim Popen oder bei der Museumsleitung im Haus am „Platz des 20. April" nachzufragen. Wir brachen auf, gingen durch abschüssige, vom Regen ausgewaschene, kopfsteingepflasterte Gassen hinunter zur Stadt ...

Schon seit dem frühen Morgen parken unzählige Autos und Busse in Nähe des „Ploschtad 20. Aprilji", und Hunderte, bald Tausende von Stadtbesuchern — Landsleute oder Touristen — sorgen für das Gewimmel auf dem Platz sowie in den angrenzenden Gassen und Straßen. Bis zum frühen Abend halten die Gäste Kopriwschtiza fest in der Hand. Erst kurz vor Einbruch der Dämmerung nehmen die Eingesessenen ihre Stadt, die Gassen, Straßen und den Hauptplatz, wieder in ihren uneingeschränkten Besitz.

Wen das Gesagte jedoch zu dem Schluß verleiten sollte, die Leute von Kopriwschtiza würden die sowohl alltags, insbesondere aber sonn- und feiertags in die Stadt einfallenden Fremdscharen nun zum Teufel wünschen, der irrte sich gewaltig. Just umgekehrt ist's der Fall: Mit offenen Armen werden die Herkommenden — die durch ihren Besuch der Stadt ja ihre Reverenz erweisen — von den Kopriwschtizaern empfangen. Und keiner hielte sich da etwa abseits. Zu ausgeprägt, zu stark ist der Lokalstolz und, na gewiß doch, auch der Geschäftssinn, den man seit jeher den rührigen Kopriwschtizaern nachsagt. Souvenirgeschäfte und Handwerkerläden haben geöffnet, wo man Gewebtes, Gewirktes, Geknüpftes, Gesticktes, Gestricktes, Gedrechseltes, Geschmiedetes, Getöpfertes, Gegerbtes und Gegossenes wohlfeil (zuweilen allerdings auch zu gepfefferten Preisen) erstehen kann. Und alle, die daherkommen, sie schauen, betrachten, kramen, wühlen, und die meisten kaufen auch. Das bringt Geld nach Kopriwschtiza — und unter die Leute. Die vielen neuen oder großzügig erweiterten Häuser zeigen jedermann, wo das Verdiente bleibt. Denn hier ist man es seit alters gewohnt, aller Welt selbstbewußt vorzuweisen, was man sich erworben hat.

Diejenigen, die in Kopriwschtiza zu Hause sind, haben sich darauf eingerichtet, ihr Lebtag hier zu bleiben, sind verwurzelt mit der Muttererde, der Vaterstadt. Muß sich aber jemand von seiner Stadt trennen, weil Berufspflicht ihn zwingt oder Herzensbande ihn fortziehen, so geht er nur ungern. Bei jeder sich nur irgendwie bietenden Gelegenheit wird er heimkehren zum Haus der Eltern, seiner Kindheit, Jugend. Vorzugsweise sonntags und feiertags strömen sie aus allen Richtungen der Windrose herbei, umarmt von den Eltern, der Familie. Wer es weiß, wie unlösbar und innig sich der Bulgare mit seiner Familie verbunden fühlt — und wen alles er zum engen Kreis der Familie zählt —, der gewinnt eine ungefähre Vorstellung davon, wie viele im Haus, in der Nachbarschaft, in der Stadt die Ankommenden erwarten: Großeltern, Eltern, Schwiegereltern, Geschwister, Schwägerinnen und Schwäger, Tanten und Onkel väterlicher- und mütterlicherseits, Patinnen und Paten. Und in diesem Familienverband hat jeder noch seine eigene Rang- und Wichtigkeitsstufe, aus Tradition beginnend beim Vater, Großvater, Schwiegervater; gleichauf mit ihnen stehen Mütter, Großmütter, Schwiegermütter; dann kommen der älteste Bruder bzw. die älteste Schwester … Nein, es ist einfach unmöglich, noch weiter ins Detail zu gehen. Denn welcher Außenstehende wäre imstande, den verzweigten bulgarischen „Familienbaum" mit allen seinen unzählbaren Verästelungen wirklich präzise zu beschreiben, obendrein so, daß ihn auch jeder Nichtbulgare versteht?

Das tiefinnere Verbundensein mit der Familie erklärt die bleibend-feste Bindung zu dem Ort, wo man geboren wurde, Kindheit und Jugend erlebt hat. Immer zieht es den Bulgaren dorthin. Auch in vielen Häusern Kopriwschtizas erwartet, empfängt man daher an Wochenenden und Feiertagen liebe Angehörige, die nahebei oder fernab leben, und ganz besonders für Kopriwschtiza ist noch zu sagen: Wer auch nur die Faser einer Wurzel in dieser Stadt hat, wird, wenn irgend möglich, im reizvoll-romantischen Kopriwschtiza heiraten. Und wenn er dereinst zu den Alten gehört, wird er sich wünschen, sofern eines Tages seine Zeit sich erfüllt, in der heimatlichen Erde begraben zu sein.

„Willst Du uns Bulgaren in die Seele schauen, dann fahre nach Kopriwschtiza!" hatte Christo, obgleich er nicht aus der Stadt stammt, vor langem einmal zu mir gesagt. Und ich war in die Sredna-Gora-Bergstadt gefahren. Damals zum ersten Mal und seither noch oft. Öffnet die Stadt dem flüchtigen, notgedrungen eilenden Gast auch keineswegs ihr ganzes Herz: Er wird in ihr Schönes sehen, ihre Regsamkeit spüren, das von meisterlichen Händen Gebaute, Gestaltete bewundern, und er wird gewiß den Satz seines Reiseleiters oder irgendeines Museumsführers nicht vergessen, der ihm sagte, weil's mit Recht hier zu sagen ist, daß in jedem der ehrwürdigen alten Häuser von Kopriwschtiza ein Freiheitskämpfer geboren wurde …

Sucht jemand in Kopriwschtiza den Ursprüngen der Stadt nachzuspüren, gerät er unweigerlich zu dieser Geschichte: Im Jahre des Unheils 1393, nachdem die räuberischen Horden des Osmanenherrschers Murad I. sowie seines Sprosses und Nachfolgers Bajasid I. über das bulgarische Land hergefallen waren, Stück für Stück der heißumkämpften Erde an sich gerissen und schließlich die Bulgarenhauptstadt Târnowo erobert, den Zarewez (Zarenhügel) erstürmt hatten, Tod, Mord und Brand durch alle Länder des Balkans trugen, retteten sich Einwohner von Târnowo (man erzählt, es seien Bojaren mit ihren Familien und ihrem Gesinde gewesen) über die Balkanpässe in die Wälder des Sredna-Gora-Gebirges. Im Flußtal der Topolka — vergessen von den Eindringlingen und verloren zwischen Bergen und Wäldern — fanden die Schutzsuchenden verborgene Zuflucht, bauten sie Hütten zur neuen Heimstatt. Im Wechsel von Werden und Vergehen lösten die Generationen einander ab ...

Und es kamen neue Flüchtlinge, als islamische Bekehrungseiferer den Krummsäbel über den Köpfen der Christgläubigen schwangen, um sie zu zwingen, dem Kreuz und ihrem alten Glauben abzuschwören ... Die Bulgarensiedlung in den Bergen nahm an Menschen, Hütten und Häusern zu. Und zu ihrer Geschichte gehören durch alle diese Zeit: Hinsterben und Überleben, Darben und Sattsein, Anpassung und Aufbegehren, Unterwürfigkeit und Würde, Dulden, Leiden — und Kämpfen. 12 000 Bewohner zählte Kopriwschtiza um die Wende vom 18. zum 19. Jahrhundert. Und obwohl die Stadt gerade in jenen Jahren dreimal kurz nacheinander (1793, 1804 und 1810) durch verheerende Feuer schwere Schäden erlitt, erholte sie sich jedesmal rasch, weil Lebenswille, Beharrlichkeit und Schaffensdrang der Kopriwschtizaer stärker waren als das schicksalhafte Walten — und es überwanden. Auf den Brandstätten erstanden neue, noch schönere Häuser; Kaufleute aus der Stadt handelten mit ihren Waren im ganzen Orient — bis nach Alexandria, Kairo, Bagdad und Addis Abeba und gar bis zum Indus. Woll- und Ledererzeugnisse waren es vor allem, Stoffe, Borten und Teppiche, Rauchfleisch, Würste und Milchprodukte — alles von den eigenen Herden, von heimischen, fleißigen Händen. Die Soldaten der türkischen Armee marschierten jahrzehntelang durch sämtliche ihrer Scharmützel und Schlachten, verlust- oder siegreich, auf Wollsocken aus Kopriwschtiza.

Aber wenn's auch so gewesen ist, sage niemand voreilig: Verrat! Dieselben Tschorbadshi (sinngemäß: Suppen-, Brotgeber), die von Beamten der Hohen Pforte oder von Händlern in fernen Ländern prallvolle Geldkatzen empfingen und die klingende Münze einstrichen, behielten mitnichten alles allein für sich. Von ihren Gold-Liras und Silber-Piastern gaben sie auch zum Gemeinnutz. Sie spendeten der Kirche, ließen Schulen, Tschitalischta (Lese-, Bildungshallen) bauen, Zeitschriften, Bücher in bulgarischer Sprache drucken. Weil sie mit dem Geld auch Macht und Einfluß erlangten — und das Reich der Hohen Pforte in seinen morsch gewordenen Mauern bereits wankte —, erwirkten sie steuerbegünstigende Fermane des Sultans für ihre Geschäfte, für den Heimatort; sie legten sich streithaft mit der verhaßten griechischen Amtskirchen-Hierarchie an, förderten glaubensrechte bulgarische Klöster, stifteten beispielsweise ansehnliche Summen zum Ausbau des Rila-Klosters. Und so bestärkten sie — mit dem Geld aus fremdländischer, auch verachteter Quelle — den nationalen Geist ihrer Glaubensbrüder, ihrer bulgarischen Landsleute. Und unter den Augen der osmanischen Obrigkeit, die mißgünstig war und gefährlich blieb, demonstrierten sie selbstbewußt, zuweilen geradezu herausfordernd ihre Wohlhabenheit, ihren Besitz, bauten sie Häuser, prächtig zur damaligen Zeit, von denen sich in Kopriwschtiza so manches bis ins Heute erhielt ...

Wir gehen durch enge, gewundene Gassen hinüber zum rechten Ufer der Topolka. In dieser Stunde des frühen Sonntagvormittags gewahren wir hinter geöffneten Hoftoren, offenstehenden Fenstern der Häuser betriebsame Geschäftigkeit. Hier und da umwehen uns aus den Küchen verlockende Bratendüfte, kitzelt unsere Nasen der Geruch schwelender Holzkohlenfeuer, und mir kommt in den Sinn, daß auf eben diesem Weg, durch die Krümmung derselben Gasse, einst Hadshi Gentscho zu seinem Gönner Djado Liben geeilt war — aus der Verlockung ebendieser Düfte und in der Gewißheit, daß am Tisch in Libens Haus zur guten Speise ein alter Wein oder feuriger Schnaps, meistens aber beides, nicht fehlen werden.

„Nun, Hadshi, ich denke, es wär' jetzt gerade recht, wenn wir beide, weißt du, erst mal ein Schnäpschen und ein paar Happen vor dem Mittagessen nehmen würden", sagte Djado Liben — an jenem Tag, der auch ein Sonntag war — zu seinem Gast. „Ich denke", sprach er weiter, „daß es immer gut ist, wenn man dem Bauch schon im voraus etwas zu tun gibt. Von welchem Schnaps möchtest du trinken, Hadshi? Sedefliewer, griechischen oder bulgarischen? Magst du Schnaps, in dem Kornelkirschen lagen? ... Sag nur, von welchem du möchtest! Du bist einer von den Gästen, die jedem Gastgeber Freude machen."

Am Karawelow-Haus angekommen, warten wir einen Moment vor der überdachten Hofpforte, weil gerade eine vielköpfige Reisegruppe — es sind Franzosen, wir wir an ihren Gesprächen hören können — das Memorialhaus verläßt. Erst dann gehen wir in den Hof. Er ist — ähnlich wie draußen die Gassen und genauso wie alle Höfe der alten Häuser von Kopriwschtiza — mit unterschiedlich geformten, verschieden großen Kopfsteinen gepflastert, wobei unter den überhängenden Dächern leiche Vertiefungen dem ablaufenden Regen als Rinnen dienen. Das Hauptgebäude, an das ein niedriger, hölzerner Anbau grenzt — oder vielleicht war jener das ursprüngliche Haus, das einen schöneren Erweiterungsbau erhielt —, ist rosarot getüncht. Es hat ein vorgebautes Obergeschoß, dessen vielgestaltige, von Erkern geprägte Hauptfront nicht der Gasse, sondern — wie zumeist bei den altbulgarischen Häusern — dem Innenhof zugewandt ist. Es gibt zweifellos prächtigere Häuser in Kopriwschtiza. Doch dieses ist das Haus der Karawelows, in dem Djado Libens Enkel, Ljuben Karawelow, Bulgariens großer Schriftsteller und Revolutionär, geboren wurde. Er bewahrte seinem Volk die Erinnerung an die „Bulgaren der alten Zeit", und er machte mit seiner Feder die beiden Freunde, Trink- und Streitpartner, unsterblich: den schrullig-dreisten, eitel-listigen Lehrer Hadshi Gentscho und den haudegenhaft-hagestolzen, sorgendherrschenden Hausvater Djado Liben. Der Enkel erzählt über den Großvater: „Djado Liben ging eines Tages zum Popen Gentscho, um zu beichten, und gestand ihm einige seiner Sünden. Aber Pope Gentscho, der ein treuer und beflissener Diener Gottes war, sagte zu dem Sünder, daß ihm Gottes Gesetz verbiete, so einem Räuber das Heilige Abendmahl zu geben. Djado Liben überlegte nicht lange, zog aus dem Leibgurt eine seiner Arnautenpistolen und schrie: ,Gib mir die Hostie, oder ich schick dich zum Teufel!'

Pope Gentscho erfüllte Djado Libens Verlangen, und er kam dabei nicht zu kurz, weil er von dem Sünder zwei blanke Goldstücke erhielt.

Djado Liben heiratete, als für ihn schon zum vierzigsten Mal Weihnachten heraufzog. Und so eine Hochzeit wie seine hatte noch keiner in Bulgarien erlebt, geschweige in Kopriwschtiza. Als Djado Liben nun Familienoberhaupt geworden war und sich einen Haremlak [das sind die Frauengemächer in türkischen Häusern — H. P.] bauen ließ, glaubten alle Kopriwschtizaer, daß er sein Herumtreiberleben aufgeben und als rechter Hausvater leben werde. Aber daraus wurde nichts: Djado Liben trieb es auch weiterhin auf die alte Art, und erst das Alter und seine zunehmende Fettleibigkeit bewogen ihn, seinen Platz am Herd des Hauses zu nehmen ..."

Und da stehen wir nun in einem der Räume neben dem häuslichen Herd. Die

Wand mit der Tür zur Milch-, Butter- und Käsekammer, worin allerlei Holzgefäße und Tonkrüge aufbewahrt werden, wird von einem einfachen, allerdings wandfüllenden Holzregal beherrscht. Unser Blick erfaßt die verschiedenen Gerätschaften: große und mittlere verzinkte Metall- sowie kleine glasierte bemalte Keramikteller. Ein kupferner Kessel, gleichgut geeignet zum Wasserholen vom Brunnen wie zum Suppekochen über offenem Feuer, hängt am hölzernen Haken, neben ihm eine dickbauchig-dünnhalsige Schnabelkanne, eine Teigschüssel, eine Wasserflasche fürs Feld, und alle diese Gegenstände sind aus Metall, ebenso wie das riesige runde, mit reicher Treibarbeit verzierte Backblech. In der Mitte des Raumes liegen zwei prallgefüllte, rote Sitzkissen auf dem buntgestreiften Teppich, und zwar beiderseits eines niedrigen, runden Tisches, der auf dünnen Metallbeinen steht. Die Keramikschüssel auf ihm mag dazu gedient haben, Kisselo mljako, eingedickte Sauermilch aus Schafs- oder Kuhmilch, verrührt mit Konfitüre, den Gästen anzubieten. Ein flaches Fladenbrot liegt gleichfalls auf dem Tisch. Es ist unberührt, und man versteht, weshalb das so ist: weil die Menschen aus diesem Haus fortgegangen sind — wie Djado Liben, der Alte, wie die drei Söhne und wie Ljuben, der Enkel.

An solchem Tisch haben Djado Liben und Hadshi Gentscho ein um das andere Mal gesessen, mit Reden und Trinken, Räsonieren und Streiten manche Stunde, oft halbe Nächte verbracht. Überall im Haus fühlt man geradezu körperlich die Nähe von Liben und der Libeniza, der Söhne und Schwiegertöchter, der herumtollenden, lärmenden Enkel, von denen Ljuben einer war, und von Gentscho, dem Lehrer und Pilger zum Heiligen Grab, weshalb man ihn Hadshi hieß, den Liben mal wie einen Bruder ans Herz drückte, mal wie einen Schnorrer im hohen Bogen hinauswarf. Von der blaugestrichenen Wand im geräumigen Familienzimmer blicken — Porträts in vergoldeten Rahmen — Ljuben, sein Vater Todor, ein stattlicher Mann mit gezwirbeltem Schnurrbart und Türkenfes auf dem Kopf, wohlhabend geworden durch Korn- und Viehhandel, sowie Ljubens Mutter Maria aus prüfenden, guten Augen zu uns herab. Ljuben ist recht stämmig gewesen und breitschultrig. Ein dichter schwarzer Vollbart verdeckt ihm Wangen und Kinn; seine hohe Stirn wirkt noch höher durch das zurückgekämmte Haar, das sich an den Ecken des Haaransatzes schon verloren hat. So kennt ihn sein Volk: kraftvoll, klug, energisch.

Er war aus der räumlichen und geistigen Enge des Vaterhauses aufgebrochen, zunächst nach Odessa, dann nach Moskau. Dort hatte er zu schreiben begonnen, bemüht, mit Artikeln und Erzählungen die Öffentlichkeit Rußlands, das in der Zeit schlimmster Leiden für die Bulgaren einzige Hoffnung war, für das bulgarische Volk und dessen hartes Schicksal zu interessieren. Das mißfiel den russischen Amts- und Polizeigewaltigen. Der unbequeme Mahner wurde ausgewiesen, ging nach Belgrad, stellte sich engagiert an die Seite revolutionärer junger Demokraten. Die serbische Regierung zwang ihn, Belgrad zu verlassen; über Novi Sad kam er 1869 nach Bukarest. Doch schon drei Jahre zuvor, in Serbien, hatte er die Erzählung über die „Bulgaren der alten Zeit" geschrieben, die unter allen seinen Werken wohl das bedeutendste ist und bleibt. Im Mittelpunkt stehen die beiden lebensprallen Gestalten Hadshi Gentscho und Djado Liben, und Karawelow beschrieb sie, damit wir sie kennenlernen: bei ihrem Trinken, Reden, Tuscheln, Klatschen, Renommieren, geschäftlichen Mauscheln, familiären Einfädeln, ihren gegenseitigen Lobsprüchen und heftigen Miteinanderstreiten. Sie sprachen über alte Weine und junge Pferde, pralle Weiber und anmutige Mädchen, über Türken und Engländer, Griechen und Franzosen, Serben, Rumänen und Russen, über Gott und die Welt. Und im Gespräch über rumänischen Wein und russischen Schnaps waren sie an jenem Sonntag — von dem vorhin schon die Rede war — ins Streiten geraten. Gentscho hatte dabei Liben mit seiner „Gaumenweisheit" und seinem angelesenen Wissen übertrumpft ...

„‚Wenn du so ein Schlaukopf bist, Hadshi, dann sag mir doch mal, wer hat die besseren Gewehre, die Russen oder Türken?' bereitete Djado Liben den unvermeidlichen Gegenstoß vor.

‚Ich denke, die russischen Gewehre und Säbel sind besser, denn die Russen sind wie wir, Christen, und die Türken sind Türken, Mohammedaner', sagte Djado Libens Gegner und kniff das linke Auge zu.

Djado Liben brach in schallendes Gelächter aus und streckte seinem Gegenüber die Zunge heraus.

‚Nein, das stimmt nicht, Hadshi!' sprach Djado Liben. ‚Das stimmt nicht! Ich sag dir tausendmal, das stimmt nicht.

Nun seh ich, daß du von diesen Dingen überhaupt keine Ahnung hast ... Als die Russen da waren [während eines der vorangegangenen russisch-türkischen Kriege — H. P.], hab ich mit eigenen Augen gesehen, wie sie türkische Säbel kauften, auch Gewehre haben sie gekauft. Sie nahmen die türkischen Gewehre in die Hand, drehten sie hin und her und sagten: ‚Charascho!' Und in dieser Sprache heißt dieses Wort ‚Gut'.'

‚Und ich will dir sagen, daß das nicht stimmt. Es ist wahr, daß die Russen türkische Gewehre und Säbel kauften, aber sie kauften sie nicht, weil sie besser sind, sondern, um daheim vor ihren Verwandten und Freunden zu prahlen: ‚Seht, ich habe einen Türken getötet und ihm sein Gewehr abgenommen.' So liegen die Dinge!'

Und weil keiner von beiden aufhörte und jeder noch etwas draufgab, gerieten sie sich in die Wolle und sparten zuletzt sogar nicht mit Schimpfwörtern, vor allem deswegen, weil die beiden Streithähne schon kräftig dem alten Wein zugesprochen hatten und ihre Zungen aus dem Zaum gerieten.

‚Du bist ein zänkischer Mensch, Hadshi Gentscho!'

‚Und deine Flinte ist einen Dreck wert ...'

‚Du bist ein Höllenhund, Hadshi Gentscho!'

‚Die russischen Gewehre sind besser als die türkischen, und dein Gaul ist kein Pferd, sondern eine dürre Sau!'

‚Trottel!' schrie Djado Liben und zitterte wie Laub, in das der Wind gefahren ist.

‚Was? Ich ein Trottel? Ich, Hadshi Gentscho, ein Trottel?' schrie auch Hadshi Gentscho seinerseits, ergriff seinen Stock und rannte aus dem Haus.

Djado Liben aber hat ein weiches und gutes Herz, und als er sah, daß Hadshi Gentscho ernsthaft beleidigt war, lief er hinter ihm her und rief so laut er konnte:

‚Hadshi, he Hadshi! Weißt du nicht, daß der Allmächtige zürnt, wenn sich Gottes Kinder streiten? Du hast mir selbst schon tausendmal von den göttlichen Dingen erzählt, und jetzt benimmst du dich wie ein gesengter Eber! Komm zurück, Hadshi, komm zurück ...' "

Ich werde mich freilich hüten, den Ausgang der Geschichte zu erzählen, bei der es schließlich noch um die Heirat von Libens Sohn, Pawlin, und Gentschos Tochter, Lila, geht, um Mädchenraub, Liebe, Richter, Gott — und Geld. Literaturkenner geben sich überzeugt, Karawelow hätte sich durch Gogols „Geschichte des Streitfalls Iwan Iwanowitsch gegen Iwan Nikiforowitsch" gedanklich inspirieren lassen, und das könnte durchaus sein. Aber so grotesk-humorig, aggressiv-sarkastisch, gleichzeitig jedoch so liebevoll-nachsichtig hat, davon bin ich überzeugt, noch niemals vorher, niemals nachher, einer den eigenen Großvater aufs Korn genommen. Karawelow personifizierte in dessen Gestalt, was er den Alten vorwarf: Festhalten am Überlebten, gefährlichen Aberglauben, familiären Despotismus, Unwissenheit, Unterwürfigkeit, Geltungsdrang und Raffsucht, Ohnmächtigkeit vor der Türkenmacht und Selbstlähmung für das unvermeidbar Kommende. All das geißelte er, um den Söhnen dieser Tschorbadshi deutlich zu sagen: Nur du, nur wir können die Hoffnung des Volkes erfüllen. Und wirklich, sie waren es vor allem, die am Ende opferbereit in der ersten Reihe des Kampfes standen.

Ein Pulk neuer Besucher drängt durch die Räume, schiebt uns vor sich her; wir gehen über Treppenstufen abwärts — und aus dem Haus.

Auf dem Weg zur Sweta-Bogorodiza-Kirche liegt das Todor-Kableschkow-Haus. Es ist, wie ich finde, von all den Museums- und Memorialhäusern, deren Architektur und Ausstattung Reichtum, Geltungsdrang und Geschmack der wohlhabenden, weitgereisten Tschorbadshi aus Kopriwschtiza widerspiegeln, dasjenige, das die charakteristischen Merkmale bulgarischen Häuserbaus am auffälligsten zeigt. Den oberen Rand des hohen, aus Feldsteinen gemauerten Grundsockels — der in altbulgarischen Häusern stets Keller, Ställe, Futter- und Wirtschaftsräume umschloß — könnten selbst zwei ausgewachsene Männer, übereinanderstehend, nicht erreichen. Dieser Unterbau trägt das eigentliche Haus, stützt zugleich mächtige, ausladende Erker, beschattet von weit überhängenden Dächern. Die Dachziegel, auch am vorspringenden Überbau der Hofpforte, haben eine gewölbte, fast halbrunde Form, was für das bulgarische Hausdach typisch ist und den Eindruck vermittelt, als würden rote, tönerne Wellen über die Dächer hinwegströmen …

Die Türen zu Kableschkows Geburts- und Vaterhaus stehen offen. Mit anderen Besuchern gehen wir hinein; auch einige Bulgaren sind darunter, und überall, wo es im Haus was zu sehen gibt, verweilen sie länger. Ihnen ist zutiefst bewußt, in welches Haus sie gekommen sind: Diese Dielen trugen einst die Schritte Todor Kableschkows. Unter dem ornamental verzierten, mit Sternen bestückten Schnitzwerk des Plafonds, das der Decke des Altans seine Zierde gibt, hatte Todor auf den flauschigen Wolldecken und Teppichen gesessen, vertieft in Gedanken oder im Gespräch mit seinen Getreuen, die so dachten, fühlten, gleiches wollten wie er, verschworen der Sache: das Volk aufzurütteln, dessen Widerstand zu stärken, ihm voranzugehen, es zu führen, damit es die schmerzenden, peinigenden Ketten des osmanischen Jochs brechen kann … In diesem Haus irgendwo hatte Todor die Fahne mit dem bulgarischen Löwen, das Befrei-

Die Goldenen Brücken im Witoscha-Gebirge

Vom Lift der Blick auf Sofia

In der Erdbebenwarte · Mittelstation des Kabinen-Lifts

Kopriwschtiza im Sredna-Gora-Gebirge

Denkmal des April-Aufstandes

Kopriwschtiza, Kableschkow-Haus
Die „Brücke des ersten Schusses" · Denkmal „Wartende Mutter"

Kirche in Kopriwschtiza

Kamm des Balkan beim Weshen

Gabrowo im Tal der Jantra
Autobahnbau im Balkan

Gedächtniskirche beim Dorf Schipka
Denkmal von Hadshi Dimitâr · Kongreßsaal des Busludsha-Monumentes

Auf dem Schipka-Paß
Stoletow-Gipfel mit Monument

Iskâr-Defilée

ungssymbol der Aufständischen, versteckt, und im selben Haus, in diesen Zimmern, hatten ihn die Häscher gesucht, am Tag, der für die Bulgaren der Anfang ihrer Erlösung war, auch wenn sie noch durch das Tal der Niederlage, durch ein Meer von Tränen und Blut gehen mußten ...

Die schicksalhafte Entscheidung, den Sturm des Aufstands zu entfachen, war im Sredna-Gora-Gebirge gefallen: Auf der Waldlichtung Oborischte, nahe dem benachbarten Panagjurischte, faßten — beim nächtlichen Treff im Schutze des Bergwaldes — 57 Beauftragte der Komitees aus den Revolutionsbezirken den historischen Entschluß, die Erhebung zeitgleich im ganzen Land am 1.Mai 1876 zu beginnen. „Lieber sterben, als auf den Knien leben!", war ihr gemeinsamer Kampfruf. Aber einer der 57 „Jünger der Freiheit", wie das Volk sie nannte, war wie Judas, fürchtete um seinen Kopf, übte aus Feigheit oder für Geld — oder wegen beidem — Verrat: Die Türken waren gewarnt. Als sie in Kopriwschtiza Todor Kableschkows habhaft werden wollten, gelang es ihm zu entweichen und sich zu verstecken. Auf Schleichwegen erreichte er den Kirchturm, und mit Glockengeläut und Flintenschüssen gab er das Zeichen zum Aufstand. Das geschah am 20. April. Kableschkow ist somit in die Erinnerung seines Volkes als derjenige Revolutionär eingegangen, der den bulgarischen Aprilaufstand ausgelöst hat: Zwei bewaffnete Gruppen von Aufständischen erstürmten den Kopriwschtizaer Konak, das Amts-, Gerichts- und Polizeigebäude, töteten oder verjagten die osmanischen Schergen, erklärten Kopriwschtiza zur „ersten befreiten Stadt Bulgariens". In der Apotheke, am heutigen „Platz des 20.April", verfaßte Kableschkow in fliegender Hast seinen Aufruf an die Revolutionäre von Panagjurischte: „Jetzt, da ich diesen Brief schreibe, weht die Fahne über dem türkischen Konak, die Büchsen knallen, begleitet vom Läuten der Kirchenglocken, und die Freiheitskämpfer umarmen sich in den Straßen ... Wenn Ihr, Brüder im Freiheitskampf, in der Tat wahre Patrioten und Freiheitsapostel seid, dann folgt unserem Beispiel ..."

Und die Flamme des Aufstands schlug auf Panagjurischte über, fegte wie ein Feuersturm durchs Land. Doch zu schwach war die Kraft, getragen von Verzweiflung, Haß und Mut, gegen die starke brutale Macht des Feindes. Mancherorts trotzten die Aufständischen, die mit alten Steinschloß- und Schnapphahnflinten sowie selbstgefertigten Kanonen aus Kirschbaumstämmen gegen Kruppkanonen und Winchestergewehre kämpften, zehn Tage und Nächte hindurch verbissen der Übermacht. Erst ihr Tod beendete den Widerstand: Etwa 30 000 Bulgaren opferten für die Freiheit ihr Leben, unter ihnen 300 Männer und Frauen aus Kopriwschtiza. Todor Kableschkow gab sich im Gabrower Gefängnis selbst den Tod, um die unerträglichen Torturen zu beenden. Georgi Benkowski — gleichfalls ein Heldensohn der Stadt — fiel an der Spitze seiner „Fliegenden Schar", der ersten bulgarischen Reiterschwadron, in den Schluchten des Balkans.

Den Weg vom Kableschkow-Haus — es liegt auf der Anhöhe oberhalb der Stadt — weiter hinweg über den Hügel bis zur engen, abschüssigen Gasse, die hinunterführt zum „Platz des 20. April", kann man abkürzen, wenn man quer über den alten Kirchhof geht: vorbei an der Bogorodiza-Kirche. Der Gottesacker, in dessen Mitte die Kirche steht, grenzt unmittelbar an das einstige Anwesen der Kableschkows. Deshalb liegt die Vorstellung nahe, daß auf ebendiesem Pfad, dessen Kies bei jedem unserer Schritte unter den Schuhen knirscht, Todor Kableschkow — geschützt von den hohen Grabsteinen und -kreuzen sowie den dichten Büschen zwischen den Gräbern — an jenem denkwürdigen Tag, der zum ersten Tag des Aprilaufstandes wurde, zur Gottesmutter-Kirche und deren Glockenturm gelangte. Unbedingt aber hat er, als er hoch vom Turm die Alarmschüsse abfeuerte und die Glocken zum Aufstandssturm läutete, hinabgeblickt: auf Vaterhaus und Heimatort — ein letztes Mal. Wohl wissend, was ihm — und all den Mitverschworenen — bevorstehen kann, teilte er unerschütterlich Benkowskis Überzeugung: „Und wenn wir auch untergehen, so hat das Volk doch gesiegt!" Jedem der Aufständischen war vollauf bewußt, daß er das Totenhemd unter dem Kampfrock trug; sie haben es dennoch gewagt: stolze, unerschrockene Geburtshelfer einer „zehntägigen Republik" …

„Weine nicht und klag nicht, Mutter, / daß ich ein Heiduck geworden, / ein Heiduck und Rebell … Weine nicht, verfluch die Türken, die uns junge Burschen trieben / in die Finsternis der Fremde", schrieb Christo Botew, ein Sohn aus dem nahegelegenen Rosental, in seinem Gedicht „An meine Mutter". Auch er war fortgegangen, ohne wiederzukehren: gefallen beim Okoltschiza-Gipfel des Balkans, an der Spitze seiner dezimierten, ursprünglich 200köpfigen Freischar, die durch das Fanal ihrer todesmutigen Selbstaufopferung das Zeichen gab, daß die Flamme des Aufstandes und die Glut des Freiheitssehnens nicht ausgetreten waren. Wie Tausende und aber Tausende bulgarischer Mütter, hat auch seine Mutter gewartet auf den Sohn, hat gebangt, gehofft, gelitten, hat ihn beweint, betrauert nach dem Tod.

Eine solche Mutter, gleichsam vom vergeblichen Warten zu Stein erstarrt, bewacht — am Rande des Kirchhofs — das Grab ihres Sohnes; sie sitzt auf granitener Schwelle, so, wie wartende Alte oft sitzen auf den steinernen Stufen vorm Haus, das einsam und leer ist ohne die Kinder, die fortgegangen sind, begleitet von väterlicher, mütterlicher Hoffnung auf eine glückliche Wiederkehr. Das Gesicht der Muttergestalt, die ihren linken Ellbogen aufs Knie und ihr Kinn in die Handfläche der halbgeöffneten Faust stützt, drückt nicht Trauer aus, trotz der weitgeöffneten, in unbestimmte Ferne blickenden Augen, eher Erwartung, begleitet vom glimmenden Funken ungebrochenen Hoffens. Ich kenne viele Denkmäler Bulgariens, kleine und große, alte und neue, bescheidene und monumentale, doch noch jedesmal, wenn ich vor dieser Skulptur am Grab Dimtscho Debeljanows stand, war ich von dem Bildnis, der Wirkung, die von dieser „wartenden Mutter" ausgeht, zutiefst berührt. Und ich verhehle nicht, daß es mir als das eindrucksvollste erscheint, weil es in schlichter Form all das Mütterliche zum Ausdruck bringt, das uns, wo immer wir ihm begegnen, im Innern des Herzens ergreift. Schlicht sind auch die im Grabstein gemeißelten Worte über dem Namen und dem Todesjahr des Begrabenen: „I W KROTAK UNES TSCHAKA TJA / DA DOJDE NEJNOTO DETE." („Und stillversunken wartet sie / aufs Kommen ihres Kindes"). Dimtscho, ein klug in die Welt blickender Junge — so kennen wir ihn von einem Foto in seinem Geburts- und Vaterhaus —, war aufgewachsen in den kopfsteingepflasterten Gassen und zwischen den Mauern der Höfe und Häuser von Kopriwschtiza, die, benetzt vom Blut der Gefallenen und Ermordeten, das Kämpfen und Sterben gesehen hatten. Durch all die Jahre der Kindheit und Jugend war er umgeben von der „steinernen Szenerie" seines geschichtsträchtigen Heimatortes. Von Männern wie Karawelow, Kableschkow oder Benkowski — einstigen nahen Nachbarn seiner Eltern —, gleichfalls von Georgi Rakowski, Wassil Lewski und Christo Botew, den geistigen Wegbereitern und Organisatoren des Volkswiderstandes, Stefan Karadsha oder Hadshi Dimitâr, den gefallenen Freischar-Führern, deren Namen allesamt ehrenvoll im Schulgeschichtsbuch aufgeführt werden, konnte Dimtscho noch durch Zeugen sowie überlebende Kämpfer des Aprilaufstandes hören. Einer davon, Zeitgenosse der historischen Ereignisse und engagierter, scharfsinniger Beobachter der dramatischen Geschehnisse, war Pentscho Slawejkow; er, Absolvent der Universität von Leipzig, wurde durch seine bewegenden Balladen und Poeme — wie auf gleiche, nachhaltige Weise Christo Botew mit seinen aufrüttelnden Gedichten — zum Vorbild, zum Lehrer des jungen Dichters Debeljanow. „Man kann die

Söhne unseres Landes, deren Schaffen und Leben jede neue Generation gleich stark bewegt, an den Fingern beider Hände abzählen. Einer dieser Söhne war Dimtscho Debeljanow", urteilt Stefan Michalkow, Novellist, Literaturwissen- schaftler und exzellenter Kenner der Werke bulgarischer Dichter.

„Ins Vaterhaus zurückzukehren, / wenn Abendlichter sanft verlöschen", hatte Dimtscho, der Dichter, sich tiefinnigst gewünscht und seinem Volk jenes dichterische Bild von der auf der Schwelle des Hauses wartenden Mutter gegeben („Geh hin zu ihr, der Alten auf der Schwelle, / und leg die Stirn auf ihre müden Schultern"), das den Bildhauer Iwan Lasarow dazu inspirierte, es mit bezwingender Ausdruckskraft ins Bildnis der Grabskulptur-Mutter umzusetzen ... Debeljanow war, im Irrglauben, eine patriotische Pflicht zu erfüllen, in den Krieg gegangen, ohne zu verstehen, daß dieser erste Weltkrieg nicht seinem Volk, sondern einzig fremdem Großmachtstreben diente. Die Kugel aus dem Gewehr eines Gegners, der sein Feind nicht war, streckte ihn an einem Frühherbsttag des Jahres 1916 auf makedonischer Erde nieder und beendete das junge Leben des Dichters Debeljanow. Er wurde beerdigt, dort, wo er gefallen war: bei der kleinen Kirche von Demir Chissar (heute Griechenland). Doch 18 Jahre später ermöglichte es eine Geldsammlung seiner Freunde, die Gebeine in die Heimaterde von Kopriwschtiza zu überführen. Und hier liegt er begraben: auf halbem Wege zwischen seinem Vaterhaus und der Bogoritiza-Kirche, der, solange er im Haus mit den weißblühenden Sauerkirschbäumen gelebt hatte, allsonntags sein Kirchweg gewesen war ...

Wie viele Menschen mögen seither wohl schon an Dimtschos Grab gestanden haben, gedenkend des Toten, der eigenen Mutter und aller Mütter, die warteten, warten? ... Es war an einem Frühlingstag, im März 1944, als Kämpfer der Partisanenbrigade „Georgi Benkowski" von den Sredna-Gora-Bergen herabstiegen und im kühnen Handstreich den Gebirgsort und Geschichtshort Kopriwschtiza vorübergehend eroberten. Obwohl sie ihn nur kurzzeitig halten konnten, bis feindliche Übermacht sie zwang, sich wieder ins Gebirge zurückzuziehen, war ihr überraschendes, machtvoll-bewaffnetes Erscheinen schon wie die Vorankündigung der nahen, bald kommenden Befreiung. Mit Waffen in Händen traten sie auch ans Grab Dimtscho Debeljanows, legten grüne Zweige der heimatlichen Wälder darauf nieder, und einer der Kämpfer sprach die Worte des Dichters, die sie alle als eigenen, hoffnungsvollen Wunsch empfanden: „Ins Vaterhaus zurückzukehren ..."

Die Busse, die Autos der Besucher, waren mit aufheulenden Motoren davongefahren; sie pafften, als sie nordwärts oder südwärts die Bergstraße hinaufkeuchten, noch einige dicke Diesel- oder Benzin-Auspuffwolken auf die Stadt im Tal — und verschwanden. Sonntagabend in Kopriwschtiza. Nun gehört die Stadt wieder ganz sich selber. Sie wird früh zu Bett gehen, um ausgiebig Schlaf für den neuen Tag, die neue Woche zu finden. Nur im Chan „Bai Liben", der BALKAN-TOURIST-Nationalgaststätte im Traditionsstil, aus rohbehauenen Steinen gebaut, wehrhaft-trutzig anmutend wie solche Nachtbleibe einst in früherer Zeit, halten noch mehrere Auswärtige vereinzelte Tische besetzt. In einer Nische des Obergeschosses sitzen einige Kellner am Tisch bei der Kasse, strecken die Beine von sich, sind sichtlich müde vom ununterbrochenen Gästeansturm, der ihnen seit dem Vormittag ins Haus geweht war; zwei der Kellner zählen Geld, und es läßt sich denken, daß dabei das Verhältnis von Soll und Haben ziemlich günstig für sie ausfallen wird.

Uns ist danach, unten im Hof, unter freiem Himmel zu sitzen, einen Happen zu essen und einen Schluck zu trinken. „Aber bitte sehr! Wie Sie wünschen!" Es wird uns in Deutsch gesagt. Die Kellner vom „Bai Liben" zeigen sich, weil's die Verständigung mit den Gästen, die aus allen Richtungen der Windrose hierherkommen, vorteilhaft empfiehlt, ziemlich polyglott. Obschon das jeweilige Repertoire zumeist nur einige Sprachbrocken und wiederkehrende Redewendungen umfaßt, der Gast ist's zufrieden; er findet's freundlich, gastfreundlich und wird, sofern er Lebensart hat, dieserhalb nachher beim Trinkgeld sicherlich nicht geizen … Über uns, im viereckigen, von den hohen Hofmauern des Chans eingerahmten Himmelsausschnitt, blinken die ersten Sterne auf, und aus den Schatten der Bergwälder sinkt blaues Dämmern auf die Stadt.

Wir essen rasch, trinken wenig, zahlen und begeben uns auf den Weg, steigen durch krumme, gewundene Gassen hinauf zur eigenen Herberge: bei Wâltscho und der Wâltschowiza. Der Alte sitzt auf dem Tschardak; die Alte kommt rasch aus dem Haus, als sie unser Reden hört, und da frage ich Bai Wâltscho, den Forstmensch, grad eben, wie es bloß möglich wäre, daß wir den lieben langen Tag auch nicht einen einzigen Adler — die noch jedesmal, wenn ich hier gewesen war, majestätisch über Tal und Stadt kreisten — haben schweben sehn. Der Alte seufzt hörbar, und dann beginnt er, obgleich nicht kummervoll, eher weise, die Geschichte von den Adlern zu erzählen: „Seht ihr, so ist das Leben!", hebt Bai Wâltscho an zu berichten, setzt im gleichen Atemzug fort: „Uns war zuletzt nur noch ein Adlerpaar geblieben ... Die Adlerin hatte gebrütet, und man erzählte, zwei Junge seien im Nest. Da kam ein schweres Gewitter. Ein Blitz schlug in den Horstbaum, zerklüftete ihn, und der Sturm brach ihn nieder. Die Adlerjungen fand man tot auf der Erde. Schon bald danach ereilte das Schicksal die Adlerin — sie flog in der Morgendämmerung gegen ein Lastauto; die Scheinwerfer hatten sie wahrscheinlich geblendet, und das war ihr Ende. Den Adler sahen wir noch eine Weile; er kreiste unentwegt, schrie immerzu, daß es einem das Herz zerreißen mochte. Eines Tages zeigte er sich nicht mehr; er blieb verschwunden, wird wohl fortgezogen sein. Seitdem hoffen wir alle darauf, daß einmal wieder Adler bei uns horsten werden. Ich wünsche mir, es noch zu erleben, die neuen Adler unterm Bogdan kreisen zu sehen ..."

DRITTE TOUR
WESTLICHES STARA-PLANINA-GEBIRGE

Die „harte Nuß" des Balkans

Zum Mittagessen kehren wir, obwohl es eher schon Vesperzeit ist, im „Praweschko Chantsche" ein ...

Der Chan, vorzeiten im alten Bulgarien Ausspanne, Wirtshaus, Herberge in einem, lag stets am Weg, den entlang Lastkarawanen, Reisekaleschen, Reiter zogen. Er bot Futter, Tränke, Stallplatz für Gespann- und Reittiere, kräftige Magenstärkung, bequemes Nachtlager den Fuhrleuten, Troßführern, Händlern, Kurieren oder Reisenden. Chantsche ist das Diminutiv, die Verkleinerungsform von Chan — „Praweschko Chantsche" demnach: das Prawezer Ausspännchen, Wirtshäuschen, Herbergchen.

Der Name untertreibt indes beträchtlich: „Praweschko Chantsche" zeigt sich als stattlicher Bau, ist auch größeren „Reisekarawanen" der touristischen Neuzeit ohne weiteres gewachsen. Die Berg-Rast- und Gaststätte mit Architekturelementen altbulgarischer Häuser wurde vor einigen Jahren errichtet — unmittelbar neben der Straße, die im Nahbereich die drei benachbarten Balkanstädtchen Botewgrad, Prawez und Jablaniza, im Fernverkehr Sofia mit Russe an der Donau und Warna am Schwarzen Meer sowie als Transitstraße die griechische Hafenstadt Saloniki mit der rumänischen Hauptstadt Bukarest verbindet. Und man kann sich diese Transbalkan-, Transeuroparoute gedanklich ohne weiteres im Süden über Athen noch hinweg, im Nordosten getrost über Bukarest hinaus bis Kiew oder Moskau verlängern.

Der Platz für „Praweschko Chantsche" war daher durchaus überlegt gewählt: Die Reisenden, die von der Sofioter Hochebene kamen, hatten hier die knapp zweistündige, strapaziöse Fahrt durchs Gebirge — und über den gefährlich kurvenreichen Witinja-Paß — gut hinter sich gebracht; sie konnten ein wenig verschnaufen. Den Reisenden wiederum, die nach Süden über den Balkan wollten, stand die schwierige Bergfahrt unmittelbar bevor; sie konnten sich mit einer kurzen Ruhepause dafür rüsten. Wieso aber mit einemmal Präteritum statt Präsens,

Vergangenheit anstelle von Gegenwart? Weil „Praweschko Chantsche" fortan ein wenig abseits vom Wege liegt, abseits des großen Verkehrsstroms, der unablässig über die neue „Haemus"-Autobahn-Magistrale fließt. Die Witinja-Paß-Serpentinen wie die fahrzeugstrapazierende, nervenquälende Gebirgsfahrt sind nämlich schon seit geraumer Weile Präteritum.

Wir kommen vom Bauplatz, sind bei den Bauleuten gewesen, die sich mit massierter Technik den Weg ins nördliche Balkan-Vorgebirge bahnen — durch Tunnel im Berg, über Bachgründe und Flußtäler, Hügelketten und Bergschultern hinweg. Und die „Front" des Baus wird eine bewegliche bleiben, wird (je nachdem, wie Gelände oder Investmittel es erlauben) mal schneller, mal langsamer vorrücken, bis sich eines Tages die (Bau-) Verbände der Westflanke mit denen der Ostflanke vereinen und sie auf dem Nordabschnitt — der „Haemus"-Magistrale — den rund 1 000 Kilometer langen bulgarischen Autobahnring schließen werden. Um die Wende des Jahrhunderts soll ihr Werk vollendet sein: „Jahrhundertbau" der 35 000 Straßen- und Autobahnbauer Bulgariens!

Darüber vergeht freilich noch Zeit, und im Moment sind wir recht zufrieden, daß die Rückfahrt vom vorgeschobensten Punkt der Autobahn-Trasse, wo wir unter glühender Sonne das Vorankommen der Bauleute verfolgt, mit ihnen gesprochen haben, weniger als eine halbe Stunde gedauert hat. Doch wir fühlen uns, als hätten wir nicht bloß einen kurzen Abschnitt „Bauwüste", sondern ein Wegstück richtiger Wüste durchquert: Die Kehlen sind ausgedörrt; auf Körper, Haut und Haaren hat rinnender Schweiß sich mit wehendem Staub vermischt; die Schuhe starren vor Dreck — Mergel und Lehm sind unsere „Mitbringsel" vom Bauplatz —, und der Magen knurrt vor wölfischem Hunger. Endlich: „Praweschko Chantsche", die Oase, und was die kombinierte Speise- und Getränkekarte anbietet, ist, trotz der längst überschrittenen Mittagszeit, keine Fata Morgana. Überdies: Alle Gerichte entstammen der bulgarischen Küche, sämtliche Getränke kommen aus bulgarischen Kellern. Wir bestellen dennoch als erstes Mineralna woda, Mineralwasser, zwei Flaschen pro Mann.

Nachdem das kühle, perlende Naß die Kehlen benetzt hat, sind die Augen willens, sich ein wenig umzuschauen. „Praweschko Chantsche" legt — wie beim Äußeren — offenkundig auch im Inneren Wert aufs Traditionelle: Die Gaststuben sind mit Holzmöbeln rustikal ausgestattet, die Wände mit buntglasierten Keramiktellern und handgeknüpften Schafwollteppichen dekoriert. Grobgewebte, rotfarbene Deckchen liegen auf den Tischen, und die — mit kalten weißen Bohnen, Gurken- und Tomatenscheiben garnierte — Nadeniza-Grillwurst (im dünnen Darm, geringelt, vom Geschmack her unserer Thüringer Rostbratwurst ähnlich) wird auf Tellern mit altüberliefertem Pfauenaugenmuster serviert. Gleiches Muster zeigen auch die Trinkbecher, wobei die kleinen umgestülpt vor uns stehen, also leer und trocken sind, wobei ihr kahles unglasiertes Unterteil irgendwie ganz traurig anmutet. Das geht mir ans Herz, doch als ich die Hand hebe, um den Kellner herbeizuwinken, damit er durch einen Schluck Sliwowa oder Grosdowa Abhilfe schaffe, faßt Dena Palankowa, die neben mir sitzt, mich am Arm, sagt mit hörbarer Bestimmtheit in der Stimme: „Nein, lassen Sie's! Ich schlage vor, daß wir woanders ein Gläschen trinken!" Sagt es, wie alles, was sie sagt, auf Deutsch, sagt noch, sie wüßte dafür ein schönes Plätzchen, es wäre ganz in der Nähe, man säße unter freiem Himmel, dabei behaglich im Schatten. Dena Palankowa, Diplomingenieurin, Leiterin des Projektierungs- und Baustabs der „Haemus"-Autobahn-Magistrale, kennt sich in der Gegend natürlich vortrefflich aus, denke ich, also befolgen wir den Rat und folgen ihr.

Zunächst fährt der Wagen ein, zwei Kilometer auf der alten Chaussee Richtung Botewgrad. Bald nähern wir uns einem Dorf, das sich mit seinen Häusern im hügeligen Gelände ausbreitet — Rasliwa. Wir zweigen ab, durchfahren die Ortsmitte, unterqueren eine Brücke der Autobahn; das schmaler gewordene Asphaltband mündet auf einen Schotterweg. Hofmauern, Zäune, und zuletzt verengt sich der Weg zu einer bloßen Wagenspur, die zur Höhe hinaufführt. Hier, vorm letzten Anwesen am südöstlichen Dorfrand, stoppt unser Gefährt ... Umgeben von mehreren struppigen Pflaumenbäumen, inmitten schütteren Wiesengrüns, steht einsam ein Haus. Es trägt frischen Putz, frische Farbe, neue Ziegel auf dem Dach, hat neue Fenster, neue Türen und im Obergeschoß eine neue Balustrade aus rohem Holz.

Wir sind aus dem Wagen gestiegen, sehen aber das Zauntor mit einer Kette verschlossen. Der entlegene Dorfkrug, für den wir das Haus halten, wird offenbar gerade rekonstruiert, und schon lassen wir enttäuscht die Hoffnung auf das uns Versprochene fahren. Da hält Dena Palankowa den Schlüssel für das Grundstück in Händen, schließt das Schloß auf, öffnet das Tor (damit der Fahrer den Wagen hinterm Zaun parken kann), sagt mit einladender Geste und verschmitztem Lächeln: „Dobre doschli, skâpi gosti! — Herzlich willkommen, liebe Gäste!"

Das Haus am Dorfrand von Rasliwa ist Denas Haus: eine Bleibe fürs Wochenende, für kurze, erholsame Stunden der knappen Freizeit nach langen, anstrengenden Tagen am großen Bau, für den Urlaub, fürs Ausruhen. Ja gewiß, das wissen wir schon: Die bulgarischen Städter, in Mehrheit Städter noch der ersten, höchstens der zweiten Generation, sind verwurzelt mit dem Heimatdorf. Aber nein, meint Dena Palankowa, sie stamme keineswegs aus Rasliwa, wäre auch nicht auf dem Lande geboren, sondern in einer Stadt — in Gabrowo (deren Einwohner wegen ihrer Regsamkeit, Sparsamkeit, Tüchtigkeit einen nachgerade legendären Ruf genießen). Aber wie ist sie dann zu diesem Haus gekommen? „Es war schon seit vielen Jahren verwaist", erzählt die Hausherrin. „Die Besitzer, zwei alte Leute, waren gestorben, seitdem stand das Haus leer und verfiel. Es machte einen trostlosen Eindruck, als wir es zum ersten Mal sahen ... Und bisher haben wir hier noch keine ruhige Stunde gefunden, immer nur gebaut, alles gebaut mit den eigenen Händen."

Als ich unsere Gastgeberin frage, wie sie das abgeschiedene Haus entdeckt habe, strahlt sie übers ganze Gesicht und erzählt: „Als wir vor Jahren durchs Gebirge zogen, um die ideale Streckenführung für die Autobahntrasse zu suchen, kamen wir zufällig hier vorbei. Vielleicht werden Sie mich belächeln, doch es ist wahr: Mich schmerzte es, dieses alte, typisch bulgarische Haus in solchem Zustand zu sehen. Ich hatte einfach Mitleid mit ihm, und deshalb haben wir es eben gekauft. Es hat, wie es damals so stand, nur wenig gekostet. Aber danach wurde es zum Moloch: Es raubt unser Geld, unsere Nerven, unsere Freizeit. Aber sehen Sie nur, wie schön es geworden ist! ‚Du mußt einen Brunnen graben, ein Haus bauen, einen Sohn zeugen, einen Baum pflanzen!' verlangt eine Volksweisheit von uns Bulgaren. Wir haben einen Sohn — und er wird Bauingenieur wie Vater und Mutter —, haben einen neuen Brunnen für das Haus gegraben, das Haus neu gebaut. Als nächstes werden wir einige neue Bäume setzen, denn die alten haben wohl bald ausgedient ... Doch, bitte, kosten Sie!" fordert uns die Hausherrin auf, nachdem sie aus einem irdenen Krug die Gläser mit goldfarbenem Sliwowa gefüllt hat. „Kosten Sie und sagen Sie, wie Ihnen unser ‚Dshankawiza' schmeckt!" — „Dshankawiza, nicht Sliwowa?" — Dena Palankowa zeigt zu den struppigen, wie wildwuchernd aussehenden Bäumchen am Hang, die übersät sind mit kleinen, kugeligen, grünen Früchten. „Das sind Dshanka [blaue Mirabellen — H. P.], wir ernten sie im Sommer zentnerweise. Solche Bäume wachsen halbwild, auch oben auf den Hängen der Berge, und jeder, der will, kann von ihnen ernten. Deshalb nennt man den Dshankawiza Arme-Leute-Schnaps. Einer unserer Nachbarn versteht es, ihn nach einem alten

Rezept zu brennen. Also probieren Sie und sagen Sie, ob es ein Tröpfchen ist …
Na sdrawe! Zum Wohl!"

Wir trinken, spüren, daß der Dshankawiza mild durch die Kehle geht; aber er hat den Teufel im Leib, fährt höllisch in die Beine, steigt teuflisch zu Kopf, denn er ist ein Hochprozentiger: ein Umreißer, ein Bretterknaller. Darum legen wir fürs erste mal eine Pause ein.

Die Pause nutzt unsere Gastgeberin, ins Haus zu gehen, um rasch ein Mese, eine Zukost — damit der Dshanka-Teufel im Magen auf eine vitamin-, kohlehydrat-, fett- und eiweißreiche Abwehr stößt —„auf den Tisch zu bringen. Wir bleiben im Garten, am Tisch unterm schattenspendenden Birnbaum, und ich empfinde ein weiteres Mal das wohltuende Gefühl, in einem bulgarischen Haus, an einem bulgarischen Tisch, nach gutbulgarischer Art empfangen zu werden. Denn die Chefprojektantin und Verantwortliche für den Bau der „Haemus"-Autobahn-Magistrale, der sich — weniger wegen der Trassenlänge von rund 425 Kilometern, sondern vielmehr wegen des „dramatischen Terrains", in dem gebaut wird — über die Zeit von mehr als zwei Jahrzehnten ausdehnt, ist zuerst, ist ganz und gar Hausherrin, hat sie Gäste in ihrem Haus. Dabei kennen wir uns erst seit ein paar Stunden. Als Dena Palankowa heute früh in ihr Büro gekommen war (und zu ihrem Generaldirektor gerufen wurde, bei dem wir saßen), hatte sie von unserer Existenz auch nicht die geringste Ahnung gehabt …

Es hatte geraume Weile gedauert, bis wir aus dem verhedderten Knäuel des Stadtverkehrs herausfanden; erst nahe beim Stadtrand entwirrte es sich. Zur Rechten kamen Landebahnen und Hangars von Sofias Aerogara, des Flughafens, in Sicht; eine schneeweiße TU-154 der „Balkan-Airlines" schwebte im Landeanflug heran. Zur Linken wurde der Blick frei zu den Bergen: Hoch über dem Dunst, der von der frühjahrsfeuchten Erde aufstieg, ragte in der Ferne das dunkle Massiv des Balkans auf — Himmel und Berge verschmolzen in eins, und die schwarze Silhouette des Gebirges bot den Anblick einer aufziehenden, drohenden Wolkenwand.

Einige Fahrtminuten hinter Sofias Stadtautobahnring, der die ständig anschwellende Woge des Fern- und Transitverkehrs von der Millionen- und Hauptstadt ableitet, teilt sich das schwarze Asphaltband der Straße, die ost- und nordostwärts ins Land führt: via Rosental nach Burgas und zur südlichen Schwarzmeerküste bzw. über den Kamm des Balkangebirges zur Donau sowie nach Warna und der nördlichen Küste. Der Fahrer lenkte den Wagen zum linken Abzweig: in Richtung des Gebirges.

Den Blicken zeigten sich die Silhouetten der Hochöfen und Essen des Hüttenkombinates Kremikowzi; weißer und grauer Rauch stieg von ihnen auf, verwehte in der Höhe. Über die Straße spannen sich dicke Drähte einer Energie-Fernleitung; ihre mächtigen stählernen Masten verlieren sich hinter Feldern und Hügeln. Die zweibahnige Straße gleitet auseinander — ein Bogen nach rechts entfernt sich vom Dorf, vereinigt sich dann wieder mit der anderen Fahrbahn, aber schirmt die Häuser und ihre Bewohner zumindest ein wenig vom Verkehr ab. Das Dorf heißt Dolni Bogrow. Nördlich von ihm, so glaubten wir zu wissen, liege die Auffahrt zur Autobahn. „Nein, das ist noch nicht die Autobahn-Magistrale, sondern erst ihr Zubringer", korrigierte Dena Palankowa, als wir — angesichts der landebahnbreiten, sechsspurigen Doppelpiste — meinten, bereits auf der Autobahn zu fahren. Der kräftige Druck des Fahrers aufs Gaspedal ließ den Pferdestärken des Motors freien Lauf.

Ein großer, hellgrauer, rohbehauener Sandsteinquader auf dem Mittelstreifen huschte am Auge vorüber. Er markiert den Kilometer Null der „Haemus"-Magistrale, symbolisiert den Punkt, an dem am 4. Oktober 1974 der „erste Spatenstich" vollzogen wurde, ließ Dena Palankowa uns wissen (und erst später wird sie es uns sagen, daß sie an jenem Tag mit in der Runde der Ehren- und Festgäste gestanden hatte; die Diplomingenieurin war kurz vordem damit betraut worden, Projektierung und Bau der „Haemus"-Trasse zu leiten).

Der Wagen rollte über eine Brücke, die sich — zweifach gekrümmt — über einen weiten Hügeleinschnitt schwingt. „Dieser Viadukt, noch auf dem ersten Kilometer, war unser Gesellenstück gewesen", erzählte die Projekt- und Bauchefin. Die Brücke wäre mehr als 500 Meter lang, rund 50 Meter hoch, erfuhren wir, und dann erklärte uns Dena Palankowa, worin für Projektanten und Bauleute die Herausforderung bestanden habe: „Sehen Sie, zuerst geht es in eine Rechtskurve, danach in eine Linkskurve. Das Baugelände und die Bebauung im Tal hatten uns gezwungen, der Brücke diese Form zu geben. Sonst hätten wir dort unten im Tal viele Häuser des Dorfes abreißen müssen." Das Dorf im Flußgrund ist Jordankino. Von der Höhe der Brücke wirken seine weißgeputzten, rotgedeckten Häuser spielzeugklein.

Die Piste der Autobahn neigt sich hinter dem Jordankino-Viadukt im weitausholenden Bogen talwärts; zu beiden Seiten schräge Bergwälder auf steilen

Hängen — das Gebirge öffnet sich. Der Anblick erweckt in uns den Eindruck, als hätte Vater Balkan für die Bauleute weit seine Arme ausgebreitet. Aber darin irrten wir offenbar. „Nein", widersprach unsere Begleiterin, „das Gebirge hat uns nirgendwo mit offenen Armen empfangen. Je weiter, je höher wir kamen, um so schwerer machten es uns die Berge." Der Balkan habe sich erbittert gewehrt — mit Steinschlag und Bergrutschen an den Hängen, mit Wasseradern, verborgenen Wasserkavernen und Geröll-Linsen in den Felsen. „Wir hatten uns erstmals der Kosmos- und Luftbildfotografie bedient, um die ideale Trasse durchs Gebirge zu finden, hatten mehrere hundert Kontrollbohrungen niedergebracht, um das Bauterrain zu sondieren. Aber solche ‚Überraschungen' waren nicht vorauszusehen." Von dem, was Dena Palankowa uns weiter erzählte, ergab sich als erstes Resümee: Sechzehn Brücken, zwei längere Überführungen sowie drei Tunnel, insgesamt 6,2 Kilometer Ingenieurbauten, mußten die Bauleute auf der 45,5 Kilometer langen Strecke errichten, überdies den Eleschniza-Bergfluß teilweise in ein neues (Beton-) Bett umleiten. Zwischen den Autobahn-Kilometern 26 und 31 — beim 1 000 Meter hohen Witinja-Paß — hatten ihnen die Berge das Allerhöchste abverlangt.

Immer mal wieder zeigte sich, wechselnd neben-, ober- und unterhalb der neuen Autobahn, die alte, vielgekrümmte Paßstraße. Wir kennen sie, sind in der Vergangenheit oft über sie gefahren, mal von Norden kommend, mal von Süden. Und jedesmal ging's dabei über den Witinja-Paß: steile Anstiege, abschüssige Gefälle, atemberaubend. Unmittelbar am Paß Serpentine um Serpentine. Mehr als hundert enge, mitunter recht gefährliche Kurven über schroffen Abgründen. Vor allem für die Männer am Lenkrad der Schwerlast-Ferntransporter ein wahrer „Golgathaweg" durch den Balkan. Vor allem aber, wenn die Paßhöhen — wie an vielen Tagen im Jahr und zu allen Jahreszeiten — mitten in oder über den Wolken liegen; wenn der Himmel zu bersten scheint und es stundenlang wie aus Kannen schüttet; wenn dicker Nebel auf Gipfeln und Tälern lastet, der Wind tagelang außerstande ist, sie fortzuwehen; wenn Schnee- und Eisstürme durchs Gebirge fegen, selbst die stärksten Schneefräsen vor den Schneemassen kapitulieren oder wenn Regen und Frost sich mit naß-eisigen Händen vereinen und die Fahrbahn in eine spiegelnde Eisfläche verwandeln ... Rund 20 000 Fahrzeuge, davon jedes dritte ein „schwerer Brummer", quälten sich Tag für Tag über den Paß. Würde an jeder Pannen- und Unfallstelle ein Stein stehen, wären die Straßenränder mit Steinen besät ...

Dena Palankowa sagte daher mit Genugtuung, daß auf der neuen Magistrale kein Anstieg, kein Gefälle 4,6 Prozent übersteigt. Also überaus wenig (auf der alten Paßstraße waren 14 Prozent das Extrem) angesichts der tiefen Täler und Schluchten zwischen Hängen und Bergvorsprüngen. Dabei ist von den höchsten Gipfeln, die dahinter beiderseits des Passes aufragen, dem 1687 Meter hohen Murgasch im Westen und der 1787 Meter hohen Baba (Großmutter), von der Autobahn aus noch nicht mal was zu sehen. Sanft schwingt sie sich in einen neuen, ausholenden Bogen, und dann, als wir höher und höher kamen, schien sich uns unversehens eine kahle, himmelhohe Felswand quer in den Weg zu stellen. Doch indem wir uns ihr mehr und mehr näherten, tauchten über dem Oberrand der Piste zwei halbrunde Öffnungen im Berg auf — die beiden Röhren des Witinja-Tunnels. Der Fahrer verlangsamte das Tempo. Schroff war der Wechsel aus dem grellen Sonnenlicht ins Dunkle des Tunnels — einen Lidschlag lang die reinste Finsternis. Erst danach gewahrten wir die Batterien von Neonstäben an Tunnelwänden und -decken. Reichlich eine Minute dauerte die Bergdurchfahrt. Auf der alten Straße hätten wir wenigstens zwanzigmal soviel an Zeit gebraucht, um über den Scheitelpunkt des Passes zu kommen. Doch wie gesagt: Präteritum, nicht Präsens ...

Ende des Tunnels — wieder ein sanfter Bogen, noch ein Viadukt ... Wo sich die Autobahnbauer mit Dynamit und Sprengsalven ihren Weg durchs Gebirge erzwungen hatten, zeigen sich nackte Felsen; sie schimmern in wechselnden Farben — von Kalkgrau über Gelbbraun bis Schwarz. Das Gestein ist geradezu konfus, zumeist in gegenläufigen Schichten gelagert. Es muß schwer gewesen sein, auf solch brüchigem Fels zu bauen, dachte ich bei mir, als wir eben an einem weiteren dynamitzernarbten Felsvorsprung vorüberfuhren, und ich sprach meinen Gedanken aus. „Ja, es war schwer, sehr schwer", sagte Dena Palankowa und meinte: „Darüber könnte man Geschichten erzählen — noch und noch."

In diesem Moment rollte der Wagen auf eine Parkfläche rechts neben der Fahrbahn. Eine langgestreckte, reichlich zweimannhohe Stahlbetonkonstruktion, an derem vorderen Ende eine Treppe zu einer geländeumsäumten Plattform hinaufführt, verdeckte uns zunächst jede Sicht. Gleich beim ersten Hinschauen hatte ich den Eindruck, daß der Betonkoloß einem gigantischen Brückenträger ähnlich sieht. „Es ist tatsächlich einer der Doppel-T-Träger, mit denen die Viadukte am Bebresch-Tal gebaut wurden", bejahte die Trassenchefin und erzählte: „Dieser hier war bei der Vorbereitung zur Montage beschädigt worden, genügte danach nicht mehr den strengen Qualitätsnormen. Deshalb rückten wir ihn beiseite. Um ihn zu zerlegen und seine Trümmer wegzuschaffen, gab es während des Baus keine Zeit. Später wollten wir das nachholen ... Doch dann, nachdem die Brücken fertig waren, kam jemand auf die Idee, ihn zu lassen, wo er ist — als Anschauungsmodell für alle, die vorbeifahren", erzählte Dena Palankowa. Da stiegen wir mit ihr die Treppen zur Aussichtsplattform hoch, lasen auf einer Bronzetafel, daß jeder dieser Träger 58 Meter lang und 220 Tonnen schwer ist. Und als wir oben standen, hatten wir alles im Blick: die Piste, die Viadukte und die hohen Berge ringsum. Im Brücken-Dreisprung haben die Bauleute die Schluchten und den Kessel des Bebresch-Tals überwunden. Der längste Viadukt in dem Drei-Brücken-System ist zugleich die höchste Straßenbrücke auf der Balkanhalbinsel: 749 Meter lang, führt sie die Autobahn in 125 Meter Höhe über das Tal.

Für einige Augenblicke standen wir still, waren von dem imposanten Anblick bezwungen — auch die Frau, die hier das eigene Werk vor Augen sah. In solchen Momenten fühlt man nur — und schweigt.

Daran nochmals zu denken, ist ein Grund, uns von Dena Palankowa, der Hausherrin, nun den zweiten Dshankawiza einschenken zu lassen: „Na sdrawe!"
Die Liebe zum Bau, der Wunsch zu bauen, so meint sie, lägen ihr wahrscheinlich im Blut. Der Vater sei auch Baumensch gewesen, Architekt. „Er hat hauptsächlich Fabrikbauten projektiert — sie stehen an vielen Orten im Land", erzählt Dena Palankowa. „Alles, was er entwarf, das ist zu sehen. Es ragt in die Höhe. Von dem, was ich bisher projektierte, steckt das meiste in der Erde — unsichtbar. Aber so ist's beim Straßenbau: Man sieht die Fahrbahn, und ist sie breit, glatt, möglichst schnurgerade, ohne schwierige Kurven, dann sagen die Autofahrer: ‚Bravo, so muß es sein!' Und das ist für sie wie selbstverständlich. Doch die Fahrbahn — und all das, was man von der Straße sieht —, ist bloß die Spitze des Eisberges. Das Teuerste, Aufwendigste, das, was die meiste Arbeit verlangt, die größten Sorgen bereitet hat, ist zugedeckt — dem Auge verborgen ... Ich hatte damals, gegen Ende des Studiums, innerlich ziemlich gemurrt, als es hieß: Dena, spezialisiere dich für den Straßenbau! Der Straßenbau hat Zukunft! Straßenbauer werden bald sehr gefragt sein! Danke für die schönen Reden, dachte ich. Aber was sollte ich machen? Ich war jung, war glücklich, daß ich überhaupt Bauwesen studieren konnte. Da blieb mir nur eins: diszipliniert zu sein ... Mittlerweile seh ich's anders. Heute bin ich froh, daß ich mich seinerzeit habe ‚zwingen' lassen.

Das war eben meine Chance. Ich habe seitdem an vielen Straßen mitgebaut, im Rosental, in den Rhodopen, im Pirin-Gebirge, auch an einem Abschnitt der Straße zwischen Jablaniza und Prawez, über die wir vorhin gefahren sind. Als wir sie in den sechziger Jahren bauten, waren wir stolz: Solche gute, breite Straße durch den Balkan, empfanden wir, das ist wirklich eine Errungenschaft. Denn es war schon eine Straße der ‚dritten Generation‘ …"

„Dritte Generation?" hake ich fragend ein, weil ich den Begriff zum erstenmal höre. „Ist das ein terminus technicus?"

Verdutzt schaut mich Dena Palankowa an. Dann lacht sie hell auf, bevor sie sagt: „Nein, nein, kein Fachbegriff! Nur so eine Redensart, die uns mit der Zeit geläufig wurde: ‚erste Generation‘, ‚zweite‘, ‚dritte‘ … Als wir nach dem 9. September begannen [Tag des siegreichen Volksaufstands von 1944 — H. P.], neue Straßen zu bauen, vor allem in den Gebirgen, waren es anfangs bloß gewalzte Straßen, also ‚schwarze Straßen‘ — wie fast alle Straßen vorher. Der nächste Schritt war, diese Straßen auszubauen, zu verbreitern, anstatt hölzerne Brücken gemauerte oder stählerne Brücken zu errichten, die Straßen zu pflastern, möglichst zu asphaltieren. Oh, das war viel zur damaligen Zeit! Aber es genügte nicht lange. Der Verkehr nahm zu, unser Land wurde auch reicher, und wir konnten endlich beginnen, Straßen von ‚europäischem Format‘ zu schaffen — eben: die Straßen der ‚dritten Generation‘. Überall in Bulgarien fahren Sie heute auf diesen Straßen …"

Unschwer kommt jeder gleich darauf, daß für Bulgariens Straßenbauer die neuen Autobahn-Magistralen die „vierte Generation" repräsentieren: „Es sind auf unserer Trasse bisher noch so wenige Kilometer — und es hat so viel Kraft gekostet!" resümiert Dena Palankowa Mühen und Ringen, Anstrengungen und Strapazen, Niederlagen und Triumphe der Hunderte von Bauleuten durch ein volles Jahrzehnt — vom Kilometer Null bis zum Kilometer 45,5. Um die Autobahnpiste voranzubringen, brachen die Minjori vom Schachtbau einen weiteren Tunnel durch den Berg, den Prawez-Hügel, und dem Tunnel schließen sich neuerlich zwei Großbrücken an, 880 Meter lang die erste, 840 Meter die zweite. Lediglich ein kurzer Felsbuckel von rund 100 Metern Länge trennt sie voneinander. „Wir werden auf der ‚Haemus‘-Trasse noch einige Zeit im Gebirge bauen, aber schon wird es leichter. Erstens, weil uns hinter Prawez niedrigere Berge erwarten, zweitens, weil wir inzwischen mehr Erfahrungen haben. Alles, was wir vom Herbst '74 an begannen, bauten wir in solchen Maßstäben zum erstenmal: die erste Autobahn-Trasse durchs Gebirge, die ersten langen Doppelröhren-Tunnel, die ersten Autobahnbrücken inmitten der Berge. Gut, könnte man meinen, in Österreich oder der Schweiz gibt es noch höhere Berge, noch längere Tunnel, noch größere Brücken. Wir waren hingefahren, konnten sehen, konnten studieren, wie sie gebaut worden sind. Aber nach allem Sehen, allem Hören kam für jeden von uns die Stunde der Wahrheit: Wir mußten unsere Trasse, unsere Tunnel, unsere Brücken allein projektieren, allein bauen. Anfangs mußten wir Lehrgeld zahlen. Und nicht wenig. Doch mit jedem Schritt weiter voran wurden wir klüger und klüger. Ähnliche Sorgen hatten auch unsere Kollegen an der ,Thrakia'-Magistrale. Wir haben gegenseitig aus den Problemen, die aufgetaucht waren, gelernt. Dort wie hier ist das Schwerste vollbracht. Aber eines steht fest: Die rund 75 Kilometer zwischen Jana und Jablaniza waren und bleiben der schwierigste Abschnitt auf dem gesamten Autobahnring. Wir werden unser ganzes Leben daran denken."

Dena Palankowa unterbricht ihren Gedankengang, denn als aufmerksame Gastgeberin kann sie es nicht dulden, daß wir beim Mese nicht zugreifen und sie übers Reden versäumt hat, uns den dritten Dshankawiza einzugießen. Sie ist ein Baumensch. Darum stößt sie nicht bloß mit uns an, sondern trinkt auch von ihrem Dshankawiza einen halben Schluck. „Das Balkangebirge war in erdgeschichtlicher Zeit zweimal der Boden eines Urmeeres", erläutert sie uns. „Im Verlauf von Jahrmillionen hob und senkte es sich, wurden die Berge gepreßt und gefaltet. Darum ist das ganze Gebirge — wie die Geologen sagen — sehr ,instabil'. Aus dieser natürlichen Begebenheit resultieren die größten Schwierigkeiten. Denn die Kosmos- und Luftbilderaufnahmen konnten uns zwar bestimmte äußere Strukturen zeigen, globale Übersichten. Und sie bestätigten uns auch, daß schon die ersten Straßenbauer im Balkan, die Thraker und Römer, den günstigsten Weg durchs Gebirge gefunden hatten. Aber tief in die Felsen hinein konnten die Kameraaugen nicht blicken. Ähnlich war's mit den Kontrollbohrungen. Denn was bedeuteten schon einige hundert Sondierungen bei so vielen Hügeln, so verschiedenen Gesteinslagerungen? Es war, als hätten wir mit einer dünnen Nadel in einer großen Pitka [hausgebackenes Hefebrot aus Weizenmehl, meist mit weißem Hartkäse — H. P.] herumgestochert, um herauszufinden: Wo sind die Löcher, wo ist der Käse? Wir begannen zum Beispiel einen Hang anzubaggern, hatten alles genau berechnet, die Berechnungen überprüft, nichts konnte geschehen, alles schien eine Lappalie zu sein. Wir wußten, daß der Boden von oben nachrutschen wird, und wir warteten nicht darauf, sondern halfen mit Sprengungen nach. Doch dann, als wir mit der Trasse schon ein ganzes Stück weiter gegangen waren, ‚schüttelte' sich der Berg zum zweiten Mal. Und wir mußten lernen, daß in der Praxis sein kann, was nach der Theorie eigentlich nicht sein darf ... Oder: Alle Pfeiler der Viadukte stehen auf großen, tiefen Sockeln, einige ragen bis 35 Meter in die Erde hinein. Die Gründung tief im felsigen, zuverlässig tragenden Baugrund ist schon deshalb erforderlich, weil die Erde Bulgariens, vor allem in den Gebirgen, ständig seismische Aktivität zeigt. Wir müssen mit Erdstößen rechnen — bis über Stärke sechs der Richterskala hinaus. Die Erdbebenvorsorge verlangt deshalb, daß die Bauwerke bis zur Bebenstärke acht absolut ‚standfest' bleiben. Die Viadukte beim Bebresch-Tal sind sogar derart abgesichert, daß ihnen selbst Beben der Stärke zehn kaum etwas anhaben können. Also: Wir begannen wie gewohnt zu gründen ... Plötzlich stießen wir auf eine Geröll-Linse. Das ist eine ‚Kammer' im Fels voll Massen einzelner, loser Steine. Bald zeigte sich noch eine zweite, dritte ... Was konnten wir tun? Der Trasse auf diesem Abschnitt einen anderen Verlauf geben? Die Projektierung dafür umändern, alle Arbeit nochmal von vorn beginnen? Glauben Sie mir, das waren Augenblicke voller Bitternis. Wir überlegten dieses, durchdachten jenes — und fanden als Lösung die sogenannte Brunnengründung. Wir hoben den Baugrund so tief aus, bis wir wieder auf Felsen stießen, gründeten den Pfeilersockel darauf, umgaben ihn mit einem riesigen, runden, brunnenähnlichen Betonsystem. Nun kann der Berg im Innern rütteln, soviel er will, die losen Steine können sich bewegen, nach welcher Seite sie wollen — sie haben keine Chance mehr, dem Sockel, somit dem Pfeiler und der Brücke, zu schaden. Oh, ich könnte noch stundenlang von solchen Geschichten erzählen: Von der Wasserkaverne im Witinja-Tunnel beispielsweise und vom Felsbruch in einer seiner Röhren. Von Erdstößen, die das Gebirge gerade in dem Moment erschütterten, als wir dabei waren, einen Brückenträger zum nächsten Pfeiler zu bringen. Von Katastrophenwintern, die uns mit Schneemassen regelrecht zuschütteten ... Aber sagen Sie selbst: Sind das nicht Geschichten genug?"

Niemand, der über die Witinja-Bebresch-Bergstrecke der „Haemus"-Autobahn-Magistrale fährt, ahnt auch nur das geringste davon. Dennoch: Das Werk von Menschenhand rühmt seine Erbauer! Dena Palankowa allerdings sieht nicht so sehr aufs Erhabene, eher mehr aufs Praktische: Wenn eines Tages die „Haemus"-Magistrale durchgehend gebaut sein wird, verringert sich die Entfernung zwischen Sofia und Warna um rund 65 Kilometer, die Fahrzeit dagegen von neun bis zehn Stunden auf höchstens fünf." — „Und was zählt bereits heute?" frage ich. — „Wissen Sie, es gibt inzwischen schon manche gute und schöne Rechnung", sagt die Projekt- und Bauchefin mit freundlicher Nachsicht für die Rechenexperten. „Aber eine Rechnung überprüfe ich dauernd, und sie stimmt: Früher haben wir mit unserem Auto rund eindreiviertel Stunden gebraucht, um von Sofia nach Rasliwa, zu unserem Haus, zu kommen. Seitdem wir über die Autobahn fahren können, sparen wir bei jeder Tour mehr als die Hälfte an Zeit. Nicht länger als 40 Minuten dauert eine Fahrt. Und es gibt kaum noch ein Risiko beim Fahren übers Gebirge, und der Verschleiß am Auto ist viel geringer, und viel weniger Benzin wird verbraucht ... Doch ich sage Ihnen: Diese Strecke war beim Bau eine ‚harte Nuß'." Die „harte Nuß" des Balkans.

Eine Million Schritte bis ans Meer

Damjan, der die Berge liebt, hat sich vor 20 Tagen auf die Marathontour des Bergwanderns begeben: längs des Balkankamms. Wir sind mit Damjan Christow, dem jungen Maschinenbauer aus Sofia, verabredet, genau auf Tag und Stunde, verabredet mitten im Gebirge: auf halbem Weg zwischen dem Gipfel Kom im Westen der Stara Planina und dem Kap Emine an der Küste des Schwarzen Meeres. Am 20. Tag der Tour, vormittags gegen 10 Uhr — so hatten wir's am Abend vorm Aufbruch Damjans und der übrigen 19 seiner Bergwandergruppe in der Hütte beim Petrochan-Paß ausgemacht — wollen wir uns treffen: auf dem Stoletow-Gipfel des Balkans, und zwar am oberen Ende der vielhundertstufigen Treppe, die von der Paßstraße zur Gipfelhöhe hinaufführt, direkt zu Füßen des bronzenen Löwen an der hohen, steingefügten Pyramide des Schipka-Monuments. Den Paß und den Gipfel kennt jeder Bulgare, und jeder weiß, was einst hier geschah.

Schon den vorigen Abend und die vergangene Nacht haben sowohl Damjan als auch ich — obgleich rund fünf Fußmarsch-Stunden entfernt — in unmittelbarer Nähe des Schipka-Passes verbracht: Damjan samt seinen Wanderfreunden westlich von ihm, in der Partisanska-Berghütte auf der waldgesäumten, blumenbesäten Hochalm am karstigen Bachbett des Usan Dere. Ich wiederum hatte mit meinem Begleiter das Nachtlager in der Busludsha-Bergbaude gefunden, am grünen Hang des gleichnamigen Gipfels östlich der Schipka-Höhen. Weil alle Berghütten Bulgariens untereinander durch UKW-Sprechfunk verbunden sind, ist es für unseren Hüttenwart, Stojan Turlakow, ein leichtes gewesen, zu erfahren, daß Damjans Gruppe gestern spätnachmittags vollzählig in der Baude an der Usan-Alm eingetroffen war und daß sich die Bergwanderer zeitig am Morgen auf die letzten Kilometer ihres Gebirgsmarsches begeben werden ...

Frischer Wind streicht über die Höhen. Er trägt lockere weiße Wolken von

Norden heran; sie lösen sich — weit in der Ferne — aus dem Dunst, der die Hügel und Täler des nördlichen Vorgebirges verschleiert. Im Blick dorthin, wo die Wolken zwischen Gebirgs- und Himmelsrand aufsteigen, scheint es, als würden sie uns zu Füßen liegen und beim näheren Herankommen bald alle Hügel, Höhen und Bergkuppen ringsum einhüllen. Jeder, der öfter im Hochgebirge wandert, kennt diesen vermeintlichen Eindruck: optische Täuschung, hervorgerufen durch den hochgelegenen Aussichtspunkt und die weite Perspektive in den Bergen. Noch bevor die Wolken die Höhen vorm Kamm des Gebirges erreichen, steigen sie mit einemmal jäh ins Himmelblau auf. Und weil die Strahlen der Frühsonne sie schräg treffen, beginnen sie an ihren Rändern in gleißend-gelben Farben zu leuchten.

Ein Blick auf die Uhr sagt mir, daß es wenigstens noch eine Stunde dauern wird, bis Damjans Wandergruppe die Gegend des Schipka-Passes erreicht. Und wir sind uns sicher, daß wir von hier oben, im Blick vom Gipfel, die 20 Gebirgswanderer mit ihren hochbepackten, grellfarbenen Bergrucksäcken beizeiten sichten werden, ungeachtet, daß sie nicht die einzigen sein sollten, die zu dieser Morgenstunde aus gleicher Richtung dem Schipka-Paß und dem Stoletow-Gipfel zustreben. Unten, auf dem großen Parkplatz neben der Paßstraße, parken bereits mehrere Reisebusse und zahlreiche Personenautos; ein Gewimmel von Leuten um sie herum. In Gruppen und Grüppchen kommen diese zur Treppe, steigen über sie herauf zum Gipfel und zum Schipka-Monument ...

> Denn im Balkan, wo die Berge ragen,
> die auf ihren Schultern stolz den Himmel tragen,
> steigt ein kahler, unvergeßner Gipfel groß
> mit Gebeinen weiß und blutbenetztem Moos,
> riesige Gedenkstatt jener Heldentat.
> Und im ganzen Balkan aufging ihre Saat,
> und ein Name bebt dort bis ans End der Tage,
> leuchtet unvergeßlich hell wie eine Sage ...
> Schipka!

Auch Damjan kennt, das weiß ich — weil er am Abend in der Petrochan-Berghütte selber das Gespräch darauf gebracht hatte —, die epische Schilderung Iwan Wasows über die Epopöe der russischen Soldaten und der bulgarischen Freiwilligen auf dem Sweti-Nikola-Gipfel und dem Schipka-Paß. „Jedes Kind bei uns wächst mit den Gedichten von Botew und Wasow auf, ebenso mit den Liedern über die Heiducken, Freischärler und Partisanen. Vor allem durch diese Gedichte und Lieder sind uns die Namen der Helden und die Stätten ihrer Heldentaten vertraut", hatte Damjan mir an jenem Abend gesagt, als wir uns auf den Bänken der „Raucherinsel" vor der Hütte gegenübersaßen. Damjan Christow, ein muskulöser, breitschultriger junger Bursche, Mitte 20, unverheiratet, ungebunden — der Zufall hatte uns zusammengebracht: eben auf dem Platz unter den hochstämmigen Fichten vor der Petrochan-Hütte. Dabei waren wir miteinander ins Gespräch gekommen, und als erstes erzählte mir Damjan, wie schwierig und langwierig es für ihn gewesen wäre, sich endlich den ersehnten Platz in einer der Bergwandergruppen zu ergattern, die auf kürzeren oder längeren Touren entlang dem Balkan ziehen. In jedem Sommer seien mehr als 100 Gruppen auf dieser Route unterwegs; die meisten eine Woche, einige auch zwei Wochen. Doch jeweils nur zehn Gruppen absolvierten eine der beiden Halbetappen in ganzer Länge: vom Petrochan-Paß, nahe dem Kom-Gipfel, bis Busludsha bzw. vom Busludsha-Gipfel bis Emine. „Ich bin in den Rhodopen gewandert, im Rila und Pirin. Aber der Balkan — das ist eben der Balkan! Wie soll ich's sagen? Es ist das Gebirge unserer Geschichte, unser ‚Schicksalsgebirge‘." Vielleicht, weil Damjan hoffte, daß ich besser verstünde, was er meinte, begann er verhalten zu singen: „Gogda Stara Planina …" Die Worte wie die Melodie kenne ich natürlich. (Metrisch und inhaltlich ist der Auftakt des Liedes etwa so zu übersetzen: „Stolz der Balkan ragt empor …") Es ist die Anfangszeile der Nationalhymne. Und während Damjan die Strophe bis zum Ende sang, stimmten einige der Umstehenden leise ein: „Do nej Dunawa sinej, slânze Trakia ogrjawa, nad Pirina plamenej, Rodino …" — „Blau sich dehnt der Donau Flut, strahlt auf Thrakien hell die Sonne, taucht Pirin in ihre Glut, Heimat …" Doch auch nicht den kleinsten Anflug von Pathetik spürte ich in ihrem Sang, alles klang wie ein schlichtes, vertrautes Volkslied. Und dann war es weitergegangen, wie es immer geht, wenn Bulgaren beisammensitzen — und singen. Der Gesang, erst einmal begonnen, löste die Lippen für weitere Lieder. Um so mehr an solchem Abend, im letzten Licht der zu Berggipfeln und Gebirgskamm herabsinkenden Sonne, die mit ihren schrägen Strahlen durch die Lücken im dichten Bergwald tastete und in den Wipfeln der hohen Fichten glitzernde Funkellichter versprühte.

Ein Mädchen in der Runde, die ihr langes, für eine Bulgarin überrraschenderweise blondes Haar zur Pferdeschwanz-Frisur bindet, hatte mit hoher, für unsere

Ohren beinahe schrill klingender Stimme das nächste Lied begonnen, dessen Strophen jeweils mit den Worten enden: „Chej, Balkan, ti roden nasch!" („Ach, du Balkan, unser Hort!") — ein Lied, das Partisanen einst in ihren Kampfpausen sangen. Beinahe eine Stunde haben wir vor der Hütte mit Singen und Reden verbracht. Vera, die Blonde, Tochter einer russischen Mutter und eines bulgarischen Vaters (die Eltern hatten sich beim Studium in Charkow kennengelernt), Lehrerstudentin aus Weliko Târnowo, hat es mir auf meine Frage hin auch erklärt, weshalb in dem Partisanenlied vom Balkan gesungen wird und nicht — wie ansonsten üblich — von der Stara Planina, wenn der Bulgare das Balkangebirge meint: „Das Wort Balkan hat seinen Ursprung in der alttürkischen Sprache. Es bedeutet ,das Gebirge'. Weil die Stara Planina das längste und größte Gebirge der Balkanhalbinsel ist [von dem sie übrigens ihren Namen bezieht — H. P.], verband man schon in früherer Zeit das Wort allgemein mit diesem Gebirge. Doch wenn wir Bulgaren ,Balkan' sagen, dann verstehen wir das im ursprünglichen Wortsinne. Der Balkan, das sind für uns die Berge, die Gebirge überhaupt ..."

Das die Herzen der Bulgaren am stärksten bewegende Gedicht über die Stara Planina — eigentlich eine Mischung von Poem und Ballade — hatte Iwan Wasow geschrieben. Und als wir darüber sprachen, war mir unversehens der Gedanke gekommen (zumal ich während der nächsten drei Wochen mehrere Ziele in Nordbulgarien besuchen wollte), Damjan und Vera vorzuschlagen, uns genau dort nochmal zu treffen, wo im August 1877 „Die Landwehrleute vom Schipka-Paß", vereint mit ihren russischen Waffengefährten, den Ausgang des russisch-türkischen Krieges und das Schicksal des bulgarischen Volkes entschieden: auf dem Stoletow-Gipfel überm Schipka-Paß.

Von hier also, so hatten Damjan und ich es vor drei Wochen per Handschlag besiegelt, wollen wir die letzte Wegstrecke ihres 350-Kilometer-Marsches auf der insgesamt 720 Kilometer langen Balkankamm-Tour gemeinsam gehen: von Schipka nach Busludsha ...

In all den Tagen seither war ich Damjan und seinen Wanderfreunden in Gedanken oft ein stiller Begleiter: wenn die Sonne glutheiß vom Himmel brannte; wenn tiefe Wolken über Täler und Berge zogen; wenn heftige Gewittergüsse niederstürzten, Blitze zuckten, Donner grollten; wenn scharfer Wind, heftiger Sturm aus solchen Wettern sprang. Insbesondere, weil ich so manchen Abschnitt ihres Weges seit längerem selber gut kenne. Heute abend wird ihre Tour enden.

Diesen letzten Tag ihrer Bergwanderung aber wollen und werden wir gemeinsam erleben ...

In den Bergen reichen die Augen weit, und noch weiter blickt man hinweg übers Land, schaut man herab von den Gipfeln: Dort, im Norden, inmitten der grünen Wellen von Almen, Wäldern, Hügeln und Hängen, schimmert Gabrowo, eingebettet ins tiefe Flußtal der Jantra, durch den bläulichen Dunst, der wie ein Schleier das Vorgebirge umhüllt. Im Blick nach Westen erheben sich, nah unseren Augen, die Berge des Zentralbalkans: ein Nebeneinander, Ineinander, Übereinander gelbbrauner oder graublauer Felsen, karg bewachsen oder kahl in den Höhenlagen über den Hochwäldern. Ein Gipfel, dem Anschein nach in nächster Nähe, überragt all die anderen. Es ist der 2 376 Meter hohe Botew, höchster Berg des Balkangebirges. Gen Osten hin zeigt sich das Gebirge niedriger, flacher gewellt, und nur vereinzelt überragen höhere Bergkuppen die Kammlagen. Irgendwo in unbestimmbarer, lediglich zu erahnender Ferne senken sich die Berge hinab zum Meer, enden am wellenumspülten, wogenumtosten Kap Emine. Im Ausblick nach Süden dehnt sich eine endlos scheinende Ebene: das Rosental, großflächiges Mosaik von Feldern und Obstplantagen, das von silbrig blinkenden Rinnsalen — den Bewässerungskanälen, Bächen sowie dem Tundsha-Fluß — geädert, von Straßen und Wegen gerastert wird. In der Mitte des Landschaftsbildes glitzert die große, buchtenreiche, silbrige Wasserfläche des Dimitroff-Stausees, und nahe bei ihm durchschimmert das in die Peripherie zerfließende Dächerrot Kasanlâks den Dunst, der sich über die Ebene breitet.

Voreinst Mösien im Norden, voreinst Thrakien im Süden: seit Urzeiten Bruder und Schwester, doch getrennt wie die Königskinder des Märchens — nicht durch ein tiefes, unüberwindliches Wasser, sondern durch ein urzeitliches Gebirge, den ehedem unüberwindbaren Balkan ... Wer hat ihn als erster bezwungen? Die Historie der Frühzeit läßt darüber jegliches Beweiskräftige im Dunkeln. Erst das Altertum weiß dazu gewisse Antworten zu geben: Der Makedonierkönig Philipp II. soll, so wird vage angenommen, auf seinem Kriegszug zur Donau über den heutigen Petrochan-Paß nach Norden vorgestoßen und auf demselben Weg zurückgekehrt sein. Philipps Sohn Alexander, der sein Reich zuletzt bis zum Indus ausdehnte — weshalb ihn die frühe Geschichte als Alexander den Großen rühmte —, sei bei seinem Überraschungsschlag gegen die Triballer mit seinen Heerscharen beim heutigen Schipka-Paß über den Balkan gezogen, schließen Historiker aus antiken Schriftquellen. Und in der Mitte zwischen beiden Pässen fand der römische Kaiser Trajan — dies allerdings ist zweifelsfrei belegt — seinen Weg durch die Schluchten des Gebirges, um, hinweg über Mösien und Donau, die Daker niederzuwerfen und deren Land, Dakien, zu erobern (die Namen des Balkanstädtchens Trojan sowie des Trojan-Passes sind eine bis in unsere Tage herüberwehende Erinnerung daran). Haimon der Thraker, Haimos der Griechen, Haemus der Römer, Matorie Gorij (Muttergebirge) der Slawen, Berigawa, Im-Planina ... — es war immer der Balkan: Stara Planina, das Alte Gebirge der vor-dem, heute und künftig lebenden Bulgaren. „Gogda Stara Planina ..."

Über dieses Gebirge, das die Geologen als Glied in der langen Kette von Ge-birgszügen ansehen, die von Pyrenäen und Alpen bis zu Pamir und Himalaya reicht, waren im 5. Jh. — von Norden her — im Zuge der Völkerwanderung Sla-wen in die Lande südlich des Gebirges gekommen. Ihnen folgte, geschichtlich gesehen sozusagen auf dem Fuße, im 7. Jh. das Reitervolk der Bulgaren. In ge-meinsamem, von wechselndem Kriegsglück begleitetem Ringen schmiedeten sie auf dieser Erde zweimal große Bulgarenreiche, wobei sie sich unausgesetzt star-ker Feinde erwehren mußten: Byzantinern zuerst, Tataren als nächsten, gleich-falls wiederholt regionalen Widersachern. Dann aber, als die Osmanen mit Krummsäbel und Mordbrand verheerend nach Norden drängten — und zuletzt bis vor die Mauern Wiens stießen —, fielen Reich und Volk, Freiheit und Würde der slawisch-bulgarischen Bewohner unter das 500jährige türkische Joch. Ein ganzes Volk: Rajah-Herde.

So viele schwere, tiefwirkende Erschütterungen (und jede schicksalhaft für Zeiten und Völker) im Wechselfall der Geschichte — unwillkürlich erschaffen sie Bilder, erwecken sie Gedanken: im Blick vom Stoletow-Gipfel des Bal-kans ... „Jetzt schweigen die Felsen, an denen einst der Schlachtlärm wider-hallte, stumm liegen die Hänge, einst mit russischem und bulgarischem Blut ge-tränkt ... Feierliche Stille herrscht an dem tragischen Ort. Es ist ein totales, gra-besähnliches, herzerschütterndes Schweigen", empfand Iwan Wasow, als er — wie wir an diesem dunstverschleierten Sommertag — hoch vom Gipfel über die Kampfstätte beim Paß sowie über die Schlachtfelder in den Bergtälern und der Ebene schaute. Es ist zu lange her, um noch genauer sagen zu können, wann ich zum erstenmal über diese Erde gegangen war — es liegt auf jeden Fall viel Zeit zwischen damals und heute —, doch erneut habe ich vorhin an einer der Ge-denkplatten die eingemeißelten Worte gelesen: „Bulgare, falle ehrfurchtsvoll auf die Knie! An diesem heiligen Ort hielten die russischen Truppen und die bulgarischen Volksfreiwilligen dem starken Druck des Feindes stand ... und errangen die Freiheit." Der Verlauf der vordersten russisch-bulgarischen Feuerlinie, von der nur wich, wer verwundet war oder sterbend zur Erde sank, ist von kniehohen, behauenen Granitsteinen — mit kleinen Tafeln daran — markiert. Und zerfallene, grasüberwucherte Reste einstiger Gräben narben Wiesenboden und Fels. Hier und da stehen, die Rohre drohend wie zur Abwehr gerichtet, irgendwelche Haubitzen, solche, die in die Reihen des wütend anrennenden Feindes Tod und Verderben trugen. Und ich bin, wartend auf Damjan samt seinen Freunden, beim Umhergehen auf dem Gipfelplateau bis zu den weißgrauen, stark erodierten, zerklüfteten Felszacken gekommen, die, in östlicher Richtung und ein wenig unterhalb des Gipfelkopfes, das Bild der Höhe prägen. Trotz der zeitigen Morgenstunde sind bereits ziemlich viel Leute hier oben. Was mögen sie wohl wissen — von den „Gebeinen weiß und blutbenetztem Moos" der Schipka-Erde, von dieser letzten, heißumkämpften Felseninsel über dem schroffen, abgrundtiefen Steilhang: dem Adlernest?

Der Morseapparat im Stab General Radetzkys, dessen Verbände auf 160 Frontkilometern die Balkanstellungen besetzt hielten, hatte am Nachmittag des 19. August 1877 zu ticken begonnen ... „Melde die untrügliche Beobachtung, daß das ganze Korps Sulaiman Paschas, sichtbar wie auf der flachen Hand, acht Werst vom Schipka-Paß uns gegenüber Aufstellung nimmt. Die Kräfte des Feindes sind ungeheuer groß; sage dies ohne Übertreibung. Werden uns bis zum Äußersten verteidigen, benötigen aber unbedingt Verstärkung", drahtete General Stoletow, Kommandeur der russisch-bulgarischen Riegelstellung auf dem Paß, an seinen Frontbefehlshaber. Stoletow, der sich als junger Artillerieoffizier bereits 1854/55 auf den Schanzen von Sewastopol gegen die Türken geschlagen hatte, sah sich mit zwei Infanterie-Bataillonen, einer Geschützeinheit sowie fünf Drushiny (Abteilungen) bulgarischer Freiwilliger — alles in allem etwa 4 000 Soldaten sowie 27 Geschützen — der frontal vorstoßenden 40 000 Mann zählenden Hauptstreitmacht Sulaimans gegenüber. Die Angreifer rückten massiert gegen den Schipka-Paß vor, um sich den kürzesten Weg zu den bei Plewen (Nordbulgarien) von der russischen Armee umzingelten und bald eisern umringten 70 000-Mann-Verbänden Osman Paschas freizuschlagen. Doch auf den Höhen und dem Gipfel des strategisch wichtigen, durch die verbissene Abwehr zuletzt kriegsentscheidenden Passes empfing sie eine „lebende Mauer" ...

Jede Schlucht erdröhnt vom Widerhall der Schlacht.
Wild die Türken greifen an mit Übermacht,
auf den Steilhang stürmen sie zum zwölften Mal,
der mit Blut bedeckt ist und mit Leichen fahl.
Schwarm auf Schwarm! Sie stürmen unermüdlich an.
Wütend weist zum Gipfel wieder Sulaiman,
schreit: „Dort sind die Rajah! Hunde, rennt hinauf!"
Und die wilden Herden brechen brüllend auf,
rings die Luft erschütternd durch den Schrei: „Allah!"
Antwort gibt der Gipfel mit dem Ruf: „Hurrah!"
und mit Steinen, Kugeln, dicht wie Hagelschloßen ...

Ein Ruf von der Denkmalshöhe her reißt mich aus meinen Gedanken. Mein Begleiter, der dort zurückgeblieben ist, gibt mir durch Arm- und Handzeichen zu verstehen, daß er Damjan und seine Freunde vermutlich erspäht hat. Raschen Schrittes begebe ich mich zu ihm, und im Gehen halte auch ich Ausschau ... Es sind zwar winzige Punkte nur, die sich über die große, geebnete graue Fläche, den Parkplatz hinterm „Schipka"-Hotel, bewegen. Doch eindeutig erkennbar kommt da unten eine Gruppe dem Paß entgegen. Nach ein, zwei Minuten hat sie den Weg erreicht, der direkt zur Paßstraße führt. He, schaut denn keiner von euch da unten zu uns herauf? Wir haben uns auf dem Sims der Stützmauer postiert, die den Denkmalsplatz umsäumt, recken die Arme und winken, winken — ohne freilich den simplen Umstand zu bedenken, daß sich unsere Gestalten kaum von der steingrauen Pyramide hinter unseren Rücken abheben können. Dann jedoch, als die Bergwanderer die Paßstraße überqueren, sind wir unserer Sache sicher: Es ist Damjan mit seiner Gruppe ...
Die innere Unruhe, vom Warten noch verstärkt, läßt uns nicht an unserem verabredeten Treffpunkt verharren. Eilends steigen wir die Stufen der breiten Denkmal-Haupttreppe hinab. Dabei sehen wir aber, daß die Bergwanderer nicht den kürzeren, allerdings auch steileren Weg über das Treppensystem nehmen, sondern auf der serpentinenartig gewundenen, schmalen Asphaltstraße gipfelwärts heraufsteigen. An dem weißen, vierkantigen, marmornen Obelisk, der die Stätte der einstigen hartverteidigten Artillerie-Höhenstellung des Fähnrichs Mamischew und der von ihm befehligten neun Geschütze markiert, erreichen wir uns. Herzliches Umarmen und Händeschütteln, aufgeregtes Hallo, sprudelnder

Wortwechsel. Die Bergwanderer — sechs Mädchen sind auch dabei — zeigen unverhohlen ihre Freude über das Wiedersehen. „Unterwegs haben wir einige Male davon gesprochen, ob ihr wirklich auf uns warten werdet", erzählt Damjan, „aber ich war mir sicher." Und wie zum Beweis drückt er mir einen buschigen Strauß Wiesenblumen in die Hand. Auch andere in der Gruppe, insbesondere alle Mädchen, tragen ähnliche, kleinere oder größere Sträuße in Händen: Blumen für die Helden von Schipka.

Oben beim Monument findet sich für die Bergwanderer im Schatten des flachen Gebäudes der Gedenkstätten-Administration ein Platz, wo sie ihre Rucksäcke abstellen können, und dann gehen die jungen Leute still umher. Einige von ihnen lassen sich neben einer der Kanonen vorm Schipka-Monument fotografieren — mit der Gedenkpyramide im Hintergrund; andere kaufen derweil Postkarten, Prospekte, Dias oder kleine Andenken, die am Souvenirstand zu haben sind. So vergeht eine Weile, doch dann vereinigen sich alle vorm Eingang zur Gedächtnishalle: dem Mausoleum im Sockel des mehr als 30 Meter hohen Granitmonuments.

Wir warten einige Augenblicke; schon bald öffnet sich die schwere dekorativ gestaltete Eichentür. Eine Reisegruppe sowjetischer Touristen verläßt den Raum. Der Denkmalsführer, der im Türrahmen stehengeblieben ist, winkt uns einladend, und wir steigen die wenigen Stufen zum Eingang hinauf, treten in die Halle ein. Fühlbare Kühle empfängt uns im Innern des hohen, marmorverkleideten Kuppelraums, dessen Luft angefüllt ist vom starken Duft unzähliger Kränze und Blumengebinde, mit denen der mächtige marmorne Sarkophag inmitten der Mausoleumshalle sich regelrecht überschüttet zeigt. Im Hintergrund halten die überlebensgroßen steinernen Gestalten eines russischen Soldaten und eines bulgarischen Freiwilligen stumme Totenwacht; aus leblosen Augen blicken sie zu uns herab. Schweigend vernehmen wir die Worte des Denkmalsführers; allerdings erreicht nur wenig von dem, was er erzählt, wirklich unser Ohr ... Namen, Daten, Zahlen. Die jungen Leute kennen das meiste aus dem Geschichtsunterricht, und viel mehr als alle Worte ergreift die Atmosphäre, die den Raum beherrscht. Überhaupt, so denke ich bei mir, wie können auch Worte, nüchterne Fakten die wahrhaftige Größe jenes damaligen dramatischen Geschehens schildern? — der Epopöe von Schipka!

Iwan Wasow, Mitbetroffener des erlittenen Martyriums seines Volkes, Augenzeuge des verzweifelten Aprilaufstands und dessen opferreicher Kämpfe,

Zeitgenosse der „Freiheitsapostel" wie Rakowski, Karawelow, Lewski, Botew und Zeitzeuge der schicksalhaften Schlachten im sechsten, zugleich letzten russisch-türkischen Krieg, der endlich auch für die Bulgaren das osmanische Joch sprengte — ja, er schon eher, ja, vielleicht sogar er nur allein, vermochte dem Gefühl wirklich beredten Ausdruck zu geben, das Menschen, die seine Landsleute sind, an dieser Kampf- und Todesstätte bewegt: „Ich erlebte in Gedanken, inmitten der mich umgebenden Ruhe, die epische Schlacht auf diesen Höhen. Ich sah unsere erschöpften tapferen Scharen neben den russischen Soldaten der Regimenter Brjansk und Orjol, schweißnaß, blutend, in Wolken von Pulverdampf, vereint in einer machtvollen, panischen Idee, einer instinktiven Spannung und verzweifelten, unmenschlichen Kraftanstrengung, wie sie mit eiserner Brust und wildem Hurra die in wütenden Wogen angreifenden Horden Sulaiman Paschas abwehrten; das furchtbare Gebrüll zerriß die Luft, das Gebirge erbebte unter den Donnerschlägen, in ihrem Widerhall weinte die gesamte Natur, aufgestört durch den schrecklichen Zusammenprall zweier Welten …"

Ein von Händen der Natur aufgetürmtes, moos- und flechtenbewachsenes, wie der Panzer einer urzeitlichen Riesenschildkröte anmutendes Konglomerat von Felsen — nur wenige Schritte von der Gedenkpyramide entfernt, am Weg zum Adlernest — trägt auf seinem Rücken die stählerne Feuerschale, in der die Ewige Flamme lodert: Symbol ewigbrennender Wunden, nieverlöschenden Gedenkens an die Helden …

Die Bergwanderer nehmen ihre Rucksäcke auf, schnallen die Tragriemen fest, und gemeinsam gehen wir in östliche Richtung. Eine vielköpfige Menge von Leuten schlendert über die ausgetretenen Wege längs dem Grat, der am Orlowsko gnesdo, dem Adlernest, im jähen Fall endet. Ich bemühe mich, mit Damjan, der kräftig ausschreitet, Schritt zu halten; wir tauschen im Gehen einige belanglose Worte aus, und erst, als wir an den Felsenzinnen des Adlernestes stehen und Damjan, gleich den anderen, in den klafternden Abgrund hinabblickt, gibt er einen Ausdruck inneren Empfindens kund: „Chej, gospodi!" („Oh, Herr!") Dann wendet er sich vom Rand der bedrohlichen Tiefe ab, schaut mich an, lächelt, mir scheint irgendwie verlegen, spürt er wohl meine Frage — und beginnt zu reden: „Beim ersten Mal war ich mit meinen Eltern hier oben. Ich muß damals Schüler der dritten oder vierten Klasse gewesen sein. Später kam ich noch einmal hierher — als Soldat, denn ich verbrachte meine Armeezeit ganz in der Nähe. Weißt du, wenn man erst einmal Soldat gewesen ist, dann versteht man besser, was sich hier abgespielt haben muß …" Damjan hat, wie unweigerlich jeder Bulgare, in erster Linie jenes Bild in Gedanken vor Augen, das der russische Maler Alexander Popow von der „Verteidigung des Adlernestes" schuf: diese gegeneinanderstürmende, aufeinanderprallende Woge von Leibern — grünuniformiert die Verteidiger, blauuniformiert die Angreifer —, Männer, verbissen ineinander verkrallt. Alte und Junge auf beiden Seiten, und jeder zum Letzten entschlossen; Stürzende, Sterbende, Tote; Mündungsfeuer und Pulverrauch von Gewehr- und Pistolenschüssen; dreinstechende Bajonette; Steine, aus den Felsen gebrochen, in hochgereckten, wuchtig stoßenden Händen und niederstürzend auf Köpfe und Körper der fanatisch Angreifenden mit rotem Wickelgurt und rotem Fés, alles und jeden niederreißend, in den Abgrund schleudernd …

> „Ohne Hilfe kämpfen sie drei Tage lang …
> Keine Kugeln gibt's, die Flinten noch zu laden —
> Äste werden Schwerter, Steine gar Granaten,
> Seelen werden Flammen, jeder Blick ein Speer.
> Aber bald gab's oben keine Steine mehr,
> da schrie einer: ‚Männer, Männer, packt die Leiber!'
> Plötzlich wie Dämonen grausig fliegen Leichen
> von der Höhe nieder in die schwarzen Scharen,
> die mit ihnen höllenwärts zur Tiefe fahren.
> Panisches Entsetzen packt den Türkenschwarm:
> Lebende und Tote kämpfen Arm in Arm!
> Wieder aus der Tiefe rennen neue Horden,
> und die Schar der Tapfern ist so klein geworden —
> ach, des Gipfels Ende muß besiegelt sein.
> Da, mit frischen Truppen greift Radetzky ein."

Über einen schmalen, nur wenig ausgetretenen Pfad, der von den vielbegangenen Wegen an Adlernest und Schipka-Monument in nördlicher Richtung abzweigt, sich dann — hinab über den Buckel des sanften, welligen Hanges — nach Nordosten neigt, sind wir runter zur Bergstraße gekommen; sie verbindet die Schipka-Paßhöhen mit der Busludsha-Berggegend. Eine Zeitlang halten wir uns auf der asphaltierten, allmählich ansteigenden, doch schon bald immer kurvenreicher werdenden Straße. Wo sie anfängt, sich in Krümmungen und Schleifen bergan zu winden, finden die Bergwanderer wieder den weiß-rot markierten

Tourenweg Kom-Emine. Das Richtungsschild weist schräg zu einem unbefestigten, geröligen Fahrweg, und auf ihm gehen wir weiter im Schatten hoher, weitausladender Buchen.

Das bequeme Marschieren ermuntert zum Reden. Weil es bislang noch keine Gelegenheit gegeben hat, mich bei Damjan zu erkundigen, was er und seine Wanderfreunde unterwegs auf der Tour erlebten, beginne ich ihn auszufragen. Was daraufhin folgt, gleicht dem bekannten „Schneeballeffekt": Eine Lawine von Worten bricht über mich herein. Denn während Damjan spricht, werfen andere dauernd weitere Details ein und schmücken sein Erzählen durch eigene Eindrücke und Erlebnisse aus ... Zuweilen halte ich im Gehen ein, um mir die eine oder andere Einzelheit zu notieren, und aus dem Gehörten wie dem Aufgeschriebenen gewinne ich immerhin ein ungefähres Bild vom zwanzigtägigen Marsch der jungen Bergwanderer über den Kamm des Balkans. In der Reihenfolge — nach Tagen und Wegstrecken geordnet — ergibt sich daraus Damjans kurzgefaßter „Wanderbericht":

„In der ersten Woche, bis hintern Witinja-Paß, hatten wir ein Wetter ..., na, ich will sagen: wie bei Petrus bestellt — Sonne, leichte Bewölkung, schwacher Wind, also ideal zum Wandern. Anfangs war's dauernd bergab gegangen; von der Petrochan-Hütte zur Probojniza-Hütte gibt's rund 500 Meter Höhenunterschied. Östlich davon durchschneidet das Iskâr-Flußtal tief das Gebirge, und der Weg ist unterbrochen. Wir hätten von der Hütte, zum Iskâr runter, auf der Straße laufen müssen, was keine rechte Freude ist. Deshalb fuhren wir frühmorgens mit dem Autobus bis Lâkatnik, und von dort stiegen wir hinauf zur Leskowa-Hütte. Diese Strecke ist auf der ganzen Tour zwischen Kom und Emine der längste und höchste Aufstieg, den man ‚in einem Ritt' bewältigt — rund 1 000 Meter Höhenunterschied! Danach ging's quer über den Murgasch und runter zum Witinja-Paß. Dort übernachteten wir in Zelten, aber verpflegt wurden wir im Restaurant des Touristikverbandes. Das Essen war prima. Wir haben kräftig reingehauen, weil wir wußten, daß es in der nächsten Hütte, der Tschawdar-Hütte, nur Kaltverpflegung geben wird ... Der Weg von der Tschawdar- zur Murgana-Hütte ist ziemlich eben. Wir brauchten kaum fünf Stunden. Es war mehr ein Spaziergang. Den Ruhetag dort hätten wir gar nicht nötig gehabt. Doch er ist nun mal im Wanderplan vorgesehen. Denn für andere ist die Tour bis dahin vielleicht strapaziöser, als wir es erlebten. Das hängt vom Wetter ab. Wir sollten solches Wetter auch noch kriegen: Sturm, Nebel, Nieselregen, Wolkenbrüche. Aber zunächst wurde's erst mal fürchterlich heiß. Darum brachen wir an diesen Tagen stets sehr zeitig auf, damit wir die nächste Hütte erreichten, bevor uns die Mittagsglut plagte ..."

„Ja, wir dachten oft daran: Wie mag's euch da oben in den Bergen ergehen — bei der schrecklichen Hitze, und erst recht, als dauernd dicke Wolken zum Balkan zogen. Es gab auch einige schwere Gewitter. Wie habt ihr die überstanden?" frage ich Damjan.

„Wir hatten dabei viel Glück", sagt Damjan, „meistens gewitterte es erst am späten Nachmittag, abends oder nachts, wenn wir schon im Trocknen saßen. Nur ein einziges Mal wurden wir richtig durchgeweicht. Das war bei der Benkowski-Hütte. Wir sahen die Hütte schon; auf einmal wälzte sich eine riesige, beinahe schwarze Wolke heran, hüllte uns ein, daß wir kaum die Hand vor Augen sehen konnten. Es donnerte und blitzte, und im selben Moment begann es fürchterlich zu gießen. Doch die Wolke überschüttete uns nicht nur mit Wasser, sondern auch mit erbsengroßen Hagelkörnern. Wir suchten hinter Steinen Schutz ... Alles war eine Sache von wenigen Minuten, aber wir wurden klatschnaß, trotz der Regenumhänge, die wir schnell aus den Rucksäcken genommen hatten. Noch schlimmer als die Nässe war die plötzliche Kälte. Ich glaube, die Temperatur sank im Handumdrehen um zehn, fünfzehn Grad. Doch im Nu war die ganze ‚Überraschung' vorbei. Die Sonne schien wieder; mit herrlichen langen Strahlen stieß sie zu uns durch die Wolken — ein wunderbarer Anblick. Wir konnten ihn nur nicht so recht genießen. Aus allen Nähten triefend, erreichten wir die Hütte. Dort empfing uns einer mit dem Scherz, daß wir uns in der vorigen Hütte, die sinnigerweise Planinski-iswori-Hütte heißt [Gebirgsquellen — H. P.], wahrscheinlich schlecht aufgeführt hätten, und wohl deshalb hätten uns die ‚Gebirgsquellen' nachträglich so heftig ins Wasserbad getaucht. Natürlich lachten alle, die dabeistanden und das hörten, auf unsere Kosten. Da blieb bloß eins: Wir lachten mit!"

„Bei Gewitter im Hochgebirge, wo's meistens weit und breit nichts zum Unterkriechen gibt, kann's einem leicht angst und bange werden", sage ich zu Damjan und frage ihn: „Wie war euch zumute, als es um euch blitzte und krachte?" — „Wer sich auf eine solche Tour einläßt, egal ob durch den Balkan oder durch ein anderes Gebirge, der kennt die Berge. Er weiß, was ihn erwarten kann, und wenn's passiert, rutscht ihm nicht gleich das Herz in die Hose. Außerdem, sollte jemand Angst gehabt haben, wer wird's schon zeigen? Oder gar darüber reden?

Das Dorf Rila

Blick vom Iskâr-Flußtal zum Rila-Gebirge

Bärenwiese mit den Maljowiza-Gipfeln
Bergsteiger-Eleven am Übungsfelsen

Unter dem Gipfel Maljowiza
Elenino Esero mit dem Gipfel Orlowez

Zwischen Winter und Frühling

Roshen-Festival „Die Rhodopen singen"

Observatorium auf dem Roshen
Teleturm auf der Sneshanka

Die Rhodopen bei Assenowgrad

Mädchen in Schiroka Lâka

Das Dorf Schiroka Lâka

Festtafel auf dem Saewete-Hügel

Kukeri-Tänzer

Auch unsere Mädchen waren jederzeit sehr tapfer. Kein Mädchen hat sich auch nur einmal ‚durchhängen‘ lassen. Ja, ich muß eher sagen, sie waren zu uns Männern sogar ziemlich streng, damit der Zeitplan immer eingehalten wurde: ‚Chaide, chaide!‘ drängelten sie, wenn wir den Abend ein wenig länger ausdehnen wollten ... Nur einige unter uns hatten sich vor dem Marsch schon gekannt. Die Gruppe ist, wie man so sagt, bunt zusammengewürfelt. Da kannst du vorher nicht wissen, wie's unterwegs mit der Kameradschaft und Disziplin aussehen wird. Das ist das Risiko. Doch jeder weiß: Ohne Kameradschaft und Disziplin geht's nicht in den Bergen! Wir hatten damit keine Sorgen." Soweit Damjan.

In der Zeit, während wir über alles geredet haben, sind wir bergauf, bergab gestiegen, sind am Demirska-Hügel, über den der Kammweg verläuft, an zerfallenen Resten einstiger Schützengräben und Unterstände — Spuren des letzten russisch-türkischen Krieges — vorbeigekommen. Der Weg, schmal und an den Rändern grasüberwuchert, hat uns über eine kleine Anhöhe, danach über eine Hangwiese und schließlich durch lichten Nadelwald erneut zur Bergstraße geführt. Wir folgen einigen ihrer Windungen — bis hinauf zu dem vorspringenden Bergsattel, wo das schwarze Asphaltband eine jähe Linkskurve nimmt. Hier legen wir eine kurze Rast ein, denn von diesem Aussichtspunkt bietet sich ein vortrefflicher Rundblick: Rechtshin erfaßt das Auge niedrigen Kiefernjungwald, der sich wie ein dichter, dunkelgrüner Teppich bis zu der Senke breitet, von der zur Höhe hin, gleich abgestuften, weitgestreckten Terrassen, die blaßgrünen Hangwiesen des Stoletow-Massivs zum Gipfel aufstreben. Ihn krönt das berge- und tälerüberragende Schipka-Monument. In der Tiefe des Tals, direkt zu Füßen der zerklüfteten, schluchtenreichen südlichen Berghänge — also am äußersten Rande der Ebene —, zeigt sich uns ein kleines Dörfchen; nach der Karte zu urteilen, müßte das Krân oder Enina sein. Ein wenig weiter in der Ferne „schwimmt" Kasanlâks Dächer- und Häusergewirr im Dunst, wird nunmehr, um die Mittagszeit, von ihm noch tiefer verschleiert als am Morgen. Nach Südosten zu zeichnen sich — auf dem Gipfel Goljama Gradischtiza — die Konturen von Ruinenresten einer alten Festung ab, die, so lassen wir uns später erzählen, im Mittelalter eine der bulgarischen Balkanbastionen gewesen war. Doch genug des Schauens; in der Busludsha-Baude wartet Pepa, die Küchenchefin und „Hausmutter", mit dem Mittagessen auf die neuankommende Bergwandergruppe, und mit der resoluten Herrin über Töpfe und Pfannen sollte man sich's keinesfalls verscherzen. Nach meiner Schätzung trennt uns von der Hütte noch eine knappe dreiviertel

Stunde Fußweg, kann sein, einige Minuten weniger oder mehr ... Neuerlich begeben wir uns auf den Touristik-Kammweg, stapfen quer über Bergwiesen, gehen durch Nieder- und Hochwald, und als uns, schon in Sichtweite der Baude, wiederum ein wunderschöner Ausblick zuteil wird, sagt Damjan mit einem hörbaren Seufzer: „Eigentlich sind die Augen schon müde ... Nur wer's einmal selber erlebt hat, der weiß, was wir alles gesehen haben — und was man dabei empfindet ... Ich bin kein Poet, ich kann das nicht so ausdrücken, doch wenn man diese Bilder von Bergen und Gipfeln, Schluchten und Tälern sieht, möchte man ein Dichter sein. Ich hab vorhin von dem verdammten Gewittersturz bei der Benkowski-Hütte erzählt. Ganz klar, da war's keinem so recht behaglich. Aber Gewitter in den Bergen können auch sehr schön sein", meint Damjan und berichtet von einem ungewöhnlichen, überaus eindrucksvollen Erlebnis: „Es war am Abend vor unserem zweiten Ruhetag. Wir hatten den Kupena-Gipfel überstiegen. Das Wetter gab sich ziemlich launisch, und wir beeilten uns, die Plewen-Hütte zu erreichen. Denn die Gegend zwischen Kupena und Botew ist, so sagt man bei uns, die ‚bulgarische Wetterküche‘. Dort ‚braut‘ das Gebirge fortwährend schlimme Wetter zusammen. Nicht selten fällt mitten im Sommer sogar Schnee ... Wir hatten vom Marsch ein bißchen ausgeruht, saßen nach dem Abendbrot vor der Hütte. Es war sonnig, und weil die Sonne schon schräg über die Berge schien, glaubten wir, daß die eigenartig gelblichen Wolken am Himmel langsam das Abendrot ankündigten. Irgendwo aus der Ferne hörten wir von Zeit zu Zeit schwaches Donnergrollen ... Da kamen einige Bergwanderer vom Kammweg herunter und sagten: ‚Oh, Leute, geht mal schnell dort hinauf, dann könnt ihr was sehen, was noch keiner von euch bisher gesehen hat!‘ Viele der Hüttengäste brachen augenblicklich auf, doch vorsichtshalber hatten wir uns ‚wetterfest‘ gemacht. Und wirklich, es war kaum zu glauben, welcher Anblick sich uns oben bot: Sowohl überm Vorgebirge im Norden als auch überm Rosental im Süden lasteten dicke, gewellte, weiße und graue Wolkendecken. Es sah ungefähr so aus, als wenn du aus einem Flugzeug schaust — ach was, noch viel irrer. Aus den Wolkenmassen — zur Seite des Rosentals hin — wehten hohe, schwefelgelbe Wolkenfahnen auf. Blitze zuckten, mal weißlichrot, mal blauviolett, heftige Donnerschläge erschütterten die Berge ... Oben aber, zwischen den Bergkuppen des Gebirgskammes, war das schönste Wetter. Die Sonne schien. Nur hier und da zogen vereinzelte Dunstfetzen über unsere Köpfe, und der Wind spielte mit ihnen. Wirklich, du hattest ein Gefühl, als stündest du im Himmel über der Hölle: Blitz und Donner zu beiden Seiten des Gebirges und wir, hoch und erhaben, über den zuckenden Feuerschlangen und dem höllischen Lärm. Naja, da fühlst du dich für Augenblicke wie zu den Göttern erhoben ..."

Es war schon der Wunschtraum Aleko Konstantinows gewesen, einmal „eine Reise über den Kamm unseres wilden Balkans, des majestätischen Gebirges, von einem Ende zum anderen" zu erleben. Für ihn, den scharfsinnigen Zeitchronisten und Schriftsteller, der seinem Volk die unnachahmliche Tschorbadshi-Gestalt des vielbelachten-vielverabscheuten, bauernschlau-derbdreisten Rosenölhändlers „Bai Ganju" schenkte und der — liebend Heimat, Natur und Berge — Initiator der bulgarischen Wander- und Touristikbewegung wurde, bevor ihn die Kugel eines reaktionären Attentäters niederstreckte und aus dem Leben riß, sollte das ein unerfüllter Wunschtraum bleiben. Im Sinne und im Geist Alekos entstand die Idee, brechen allsommers Bergwanderer in Scharen auf, um entlang des Balkankammes auf Tour zu gehen.

Stojan Turlakow, Hüttenwart der Busludsha-Baude, hat die Route vom Gipfel Kom zum Kap Emine bereits dreimal absolviert — er wurde dafür als Meister des Sports geehrt —, und gestern abend, als wir mit ihm beisammen saßen, hat er uns über die Kammtour — Bulgariens Bergwanderfreunde nennen sie „Istinska planinska magistrala", die „wahre Gebirgsmagistrale" — einiges Merkenswerte erzählt: „Auf der Route liegen 28, jeweils mehr als 2 000 Meter hohe Gipfel, dazu viele kleinere Gipfel, die entweder berührt oder überstiegen werden; außerdem sind 18 Gebirgspässe sowie zwei große Fluß-Durchbrüche zu überqueren. Die rund 4 400 Meter Steigungen und beinahe 4 900 Meter Abstiege auf der Strecke verlangen den Bergwanderern körperlich allerhand ab. Vergleichsweise bedeutet es, vom Meer bis zum Gipfel des Mont Blanc, des höchsten Berges der Alpen und Europas, auf- und wieder abzusteigen ... Um die gesamte Route zu absolvieren, braucht man bei normaler Kondition ungefähr sechs Wochen. Weil aber kaum jemand so lange Urlaub hat — abgesehen von den Studenten und ihren Ferien —, um die Strecke in der ganzen Länge zu durchwandern, wurde sie in zwei große Abschnitte geteilt. Der Weg vom Petrochan-Paß bis Busludsha ist dabei die schwierigste Etappe. Von hier an wird die Tour leichter."

Schon öfter vorher war mir die Frage durch den Kopf gegangen, was wohl die vielen Bergwanderer dazu bewegen mag, sich auf eine derart lange, beschwerliche Gebirgstour zu begeben, und deshalb habe ich Stojan nach seiner Ansicht darüber befragt. „Es mischen sich, wie ich meine, viele Motive: die Liebe zu den Bergen, der Wunsch, durch unser größtes und längstes Gebirge zu wandern, die Schönheit der Heimat zu erleben. Viele, vor allem junge Wanderer, reizt zuerst auch das Abenteuer. Denn man marschiert doch durch den ‚wilden Balkan‘. Dabei kann jeder erproben, was an Kraft, Ausdauer, Stehvermögen in ihm steckt. Und noch eins, glaube ich, spielt keine geringe Rolle: Mancher sehnt sich einfach danach, mal für kürzere oder längere Zeit die ganzen ‚Segnungen der Zivilisation‘ hinter sich zu lassen, die Ruhe der Berge zu genießen, im Kreis Gleichgesinnter gemeinsame Erlebnisse zu gewinnen und das schöne Gefühl echter Bergkameradschaft zu empfinden.“

Dem Gesagten hat Stojan noch einen anderen Aspekt hinzugefügt — den geschichtlichen. Denn die Berge und Täler, Schluchten und Wälder des Balkans waren zu allen Zeiten den Freiheitskämpfern eine schützende Zuflucht, ein sicherer Hort. Gleich „Racheengeln“ stiegen sie von den Bergen herab, um die Peiniger für ihre Untaten zu strafen, somit Hoffnung, Widerstandsgeist und Kampfeswillen des Volkes wachzuhalten. Durch die Stara Planina zogen auch die Freischaren von Panajot Chitow und Filip Totju, die sich von Donauniederung und Zentralbalkan bis zum Gipfel Kom und nach Serbien durchschlugen. Alle Balkankamm-Bergwanderer gehen in ihren Spuren, wie auch Damjan und seine Gruppe. Auf den letzten Marschkilometern — zwischen Partisanska- und Busludsha-Hütte — sind unsere Wanderer, und demnach auch wir, den Spuren der Freischärler Hadshi Dimitârs gefolgt, die, 40 Mann gegen 400 Häscher, auf einer Waldwiese unterm Busludsha-Gipfel den ungleichen Kampf aufnahmen und ihr Leben opferten. Ja, für noch so viele Helden wurde der Balkan zum Grab — für Christo Botew und die Getreuen seiner Freischar, für Tausende und aber Tausende russische, bulgarische, rumänische und finnische Väter und Söhne, Soldaten in russisch-türkischen Kriegen; für Kämpfer des heroischen, grausam im Blut erstickten Septemberaufstands von 1923 — des ersten antifaschistischen Aufstands in Europa —, für Partisanen der bulgarischen Widerstandsbewegung. Gräber und Denkmale säumen alle Wege im Balkan, auch den Weg vom Gipfel Kom zum Kap Emine.

„Davon weiß jeder in unserem Volk, und jeder denkt daran, der zum Marsch durch die Stara Planina aufbricht“, hat Stojan gestern noch zu uns gesagt. Und als er nunmehr die Bergwanderer, die wir vom Schipka nach Busludsha begleitet haben, in der Hütte begrüßt — nach dem Mittagessen und einer kurzen Ruhepause —, spricht der Hüttenwart gleich als erstes darüber mit ihnen, dabei vor allem über Hadshi Dimitâr, den Woiwoden, über Dimitâr Blagoew, den Begründer der marxistischen Bewegung in Bulgarien, sowie über die Partisanenkämpfer der Gabrowoer-Sewliewoer Operationsgruppe. Alle diese Namen sind — untrennbar und für immer — mit dem Namen Busludsha verbunden.

Einige Minuten später brechen wir mit den Bergwanderern zu einem Rundgang auf; ein junger, redegewandter Denkmalsführer geht uns überallhin voraus. Von der Terrasse vor der Baude steigen wir zu dem gepflasterten Weg hinab, der uns vorhin — beim Herkommen — die letzten Meter vor dem Ziel bedeutet hat. Schon nach wenigen Schritten schließt sich über uns wieder das grüne, dichte Schattendach der Laub- und Nadelbäume. Hier verzweigt sich der Weg. Unser Denkmalsführer schlägt die Richtung zu einer hellen, weiten Lichtung ein, einem großen, mit ungleichmäßig geformten Steinplatten gepflasterten Platz. Er endet, zur Hangseite hin, an einer mannshohen Mauer aus willkürlich gebrochenen Felsblöcken, in die viele Namen eingemeißelt sind. Davor erhebt sich, den Gedenkplatz vollkommen beherrschend, die aus hellen Kalksteinquadern gefügte, überlebensgroße Gestalt Hadshi Dimitârs. Der Woiwode steht in aufrechter Positur, das linke Bein seitwärts gestellt — so, wie einer gewöhnlich steht, wenn er von einem Berghang Ausschau hält. Den Kopf der Skulptur schmückt ein Kalpak, die traditionelle Pelzmütze der Bulgaren, die obligatorisch auch zur Uniform der Freischärler gehörte, geziert von dem Emblem eines Löwen und der eingravierten Inschrift: „Swoboda ili smârt" („Freiheit oder Tod") — Motto für Kampfesmut und Opferwillen der Freischärler. Hadshi Dimitârs rechte Hand umschließt den Schaft seiner auf die Erde gestützten Flinte. In dieser vom Bildhauer überlegt gewählten Haltung scheint der Held zu leben: Gleichermaßen ruhig-gelassen wie kühn-entschlossen erwartet er den Kampf, dessen Ausgang ihm bewußt ist. „Brüder, unser Ziel ist es nicht, Târnowo oder Istanbul einzunehmen, sondern für die Freiheit unseres Volkes zu sterben! Mut!" rief der Woiwode seinen Gefährten bereits im ersten Gefecht zu, dem sie sich schon unweit der Donau hatten stellen müssen. Dreimal noch waren die Überlebenden aus feindlicher Umzingelung ausgebrochen. Unablässig vom Feind verfolgt — und am Ende fast zu Tode erschöpft —, erreichten sie die Waldwiese unterm steilen Berghang des Busludsha-Gipfels, um hier ihre letzte Schlacht zu schlagen. Christo Botew hat dem gefallenen, doch unsterblichen Woiwoden sein Gedicht „Hadshi Dimitâr" gewidmet ...

„Zur linken Seite warf er sein Gewehr,
rechtshin den Säbel, der vom Haun zerspellt;
dunkler das Aug, der Kopf geht hin und her,
murmelnd der Mund verflucht die ganze Welt.

So in den Balkanbergen liegt der Held,
die Sonn verharrt und loht in Zornesglut,
fern, wo die Schnitterin singt auf dem Feld,
und immer heftiger sprudelt das Blut.

Erntezeit ist's ... Singt, Sklaven, eure Lieder,
die dunkel fließen aus des Volkes Schmerz.
Schein', Sonn', auf diese Sklavenerde nieder.
Auch dieser Held muß sterben ... Schweig, mein Herz!"

Historische Schauplätze, diese Stätten bewegt-bewegender Geschichte, haben eines gemeinsam, gleichgültig, welche Geschehnisse sie einst sahen: Es ist stille Erde, es sind schweigende Steine. Doch die Denkmale, die Gedenkstätten beginnen zu reden — verhalten, erinnernd oder aufrüttelnd, mahnend —, wenn man über die Ereignisse, die mit ihnen verbunden sind, einiges mehr weiß. Unterwegs zum nächsten Busludsha-Gedenkplatz bemühe ich mich, in meiner Erinnerung einiges von dem wachzurufen, was die Zeitläufe jener Jahre den Bulgaren an Hoffnungen, Träumen, Freiheitssehnen und Siegesglauben, aber zugleich auch an enttäuschten Erwartungen, unerfüllter Zuversicht sowie an neuen Demütigungen und Leiden brachten.

„Wir werden die ‚heilige und reine Republik‘ auf unsere Fahne schreiben", hatte Wassil Lewski, der die „Infrastruktur" der Revolution — das heißt, über 500 Komitees der „Inneren Organisation" — im Lande schuf, verkündet und als letztes Ziel allen Kampfes, allen Ringens um die ersehnte Freiheit gefordert, daß der aus Opfern, Blut und Tränen erstehende bulgarische Staat „keinen Zaren, sondern eine Volksregierung haben" müsse. Und Christo Botew, der in seinem „Hadshi-Dimitâr"-Gedicht die im Herzen seines Volkes unauslöschlichen Worte geschrieben hatte: „Wer für die Freiheit ficht und für sie fällt, / der ist unsterblich. Ihn betrauern / die Erde und das Himmelszelt, / und ewig wird sein Ruhm im Liede dauern", bestärkte mit seiner unerschütterlichen Überzeugung — der er noch 30 Tage vor seiner unerschrockenen Selbstaufopferung Ausdruck gab —

Willen und Mut seiner Landsleute: „Hier ist die unerbittliche Logik der Geschichte mit ihrer Sentenz: Untergang für das Alte, Faule, Überholte — Gedeihen für das Neue, Gesunde und Menschliche. Wird jemand diese Lehren leugnen und die Natur zwingen können, andere Wege zu gehen? ..."

Jedoch — die „unerbittliche Logik der Geschichte", die sich durch den beharrlichen Kampf des Volkes eines Tages erfüllen sollte, hatte vorerst noch nicht ausreichend eigene Kraft gefunden, das ersehnte Werk zu vollenden. Denn der Traum des russischen Zaren, den Bosporus zu erobern, das Reich und die Macht des osmanischen Rivalen zu zerschmettern, kollidierte in gleicher geschichtlicher Logik „unerbittlich" mit der jahrhundertelang genährten Sehnsucht der Bulgaren, das drückende Joch abzuschütteln, die hindernden Fesseln abzustreifen und durch die Befreiung wirkliche Freiheit zu gewinnen. Es waren vor allem Leibeigene Rußlands gewesen — 500 000 Mann, die sich auf dem kaukasischen wie auf dem bulgarischen Kriegsschauplatz in die Schlachten stürzten, wobei 200 000 russische und verbündete Soldaten auf der Erde beiderseits des Schwarzen Meeres ins Grab sanken —, deren Kämpfen und Sterben die Bulgaren vom osmanischen Joch erlösten. Wie aber hätten jene, die selber ausgebeutet, drangsaliert und geknechtet wurden, anderen reale, handhabbare, menschengerechte Freiheit bringen können?

Jedoch: Die Fahne des Kampfes, von Heiducken und Freischärlern erhoben, und die Fackel der Freiheit, in verzweifelten Aufständen entfacht, wurden neuerlich aufgenommen und weitergetragen: von Generation zu Generation.

Und wieder hat der Balkan den Anfang gesehen ...

Wir sind über Wege und Treppen noch höher im Bergwald hinaufgestiegen: bis zu einer kleinen Lichtung, die von Tannen und Buchen umgeben ist und wo ein ovaler Felskoloß, vormals vermutlich ein großer Findling, alle unsere Blicke auf sich lenkt. Dieser gewaltige Gesteinsbrocken ist zur sonnenbeschienenen Seite hin künstlich ein wenig ausgehöhlt, und ein Basrelief, das der Bildhauer aus dem Stein meißelte, zeigt eine Gruppe von sieben lebensgroßen, männlichen Figuren. Durch die plastische Licht-und-Schattenwirkung vermittelt das Bildwerk beim Betrachter den Eindruck, als hätten sich die drei stehenden und vier sitzenden Männer in den Schutz einer Felsennische zurückgezogen, und einer von ihnen — der bärtige, kräftige Mann in der Mitte — bildet im Kreis seiner Vertrauten den Mittelpunkt. Und so ist es im Leben Dimitâr Blagoews, in der geschichtlichen Wirklichkeit, auch gewesen ... Mehrere Blumengebinde und

Blütensträuße liegen zu Füßen des Gedenksteins, wie überhaupt alle Gräber der Gefallenen, alle Denkmale für die Helden hierzulande stets mit Grün und Blumen geschmückt sind.

Die Blagoew umgebenden Gestalten seien dessen engste Gefährten gewesen, gibt der Denkmalsführer kund, nennt ihre Namen, spricht kurz über ihre einstige Rolle und erzählt einiges über ihr späteres Schicksal. Meine Gedanken jedoch bleiben bei „Djado" (Großvater) Blagoew, wie das Volk ihn einst nannte — und bis heute nennt: Bauernsohn aus dem Mazedonischen, Schuhmacherlehrling in Istanbul, Gymnasiast in Gabrowo (wo er den Aprilaufstand von 1876 erlebte) sowie in Stara Sagora, das er als junger Patriot an der Seite russischer Soldaten und bulgarischer Volksfreiwilliger mitverteidigte, bis feindliche Übermacht sie zwang, in den Balkan zurückzuweichen ... Noch im Befreiungsjahr 1878 war Dimitâr nach Rußland gegangen. Doch der ihm dort gewährten Freistelle als Zögling am kirchlichen Seminar von Odessa kehrte er alsbald wieder den Rücken, denn nicht zu Demut und Glauben wollte er finden.

„... Zugleich mit der nationalen Idee der damaligen Agitatoren [gemeint sind Lewski und Botew — H. P.] nahm ich auch deren revolutionären Geist auf", schrieb Blagoew später, „und als ich nach Rußland ging, trug ich in mir schon einen tiefverwurzelten revolutionären Keim."

Es resultiert aus Denkweise und Geisteshaltung des damals 24jährigen, daß es ihn nach Petersburg zog — seinerzeit Hauptstadt zaristischer Macht, Metropole des Wirtschafts- und Geisteslebens Rußlands, gleichzeitig aber auch Zentrum verschiedener aufrührerischer Aktivitäten gegen Adel und Bourgeoisie im Lande. Als Student der Petersburger Universität geriet Dimitâr Blagoew kurzzeitig in den Sog der anarchistischen „Narodniki". Er erkannte jedoch schon bald, daß deren terroristische Taktik nicht zum erwünschten Ziel führen kann. Insbesondere auch deshalb wandte er sich von ihnen ab, weil er beim Lesen des ersten Bandes von Karl Marx' „Das Kapital" — es war 1872 ins Russische übersetzt worden — sowie einigen Schriften von Friedrich Engels den besseren, richtigen, einzig erfolgversprechenden Weg vorgezeichnet sah. In Zirkeln Petersburger Arbeiter setzte er sich dafür ein, die marxistischen Ideen zu verbreiten, unternahm durch die zweimalige Herausgabe der illegalen Zeitung „Rabotschij" („Arbeiter") den *ersten* Versuch — wie Lenin es einschätzte —, in Rußland eine sozialdemokratische Arbeiterpresse zu schaffen. Zwangsläufig wurde der junge Revolutionär verhaftet, wochenlang eingesperrt, schließlich aus Rußland ausgewiesen. Und nicht weniger folgerichtig setzte er, in die Heimat zurückgekehrt, sein Wirken als unermüdlicher Propagandist des Marxschen Gedankengutes fort und wurde zum Begründer der revolutionären sozialistischen Bewegung in Bulgarien.

Die alten, mächtigen Buchen des Busludsha-Waldes — in deren Holz sich das Jahr 1891 als einer der mittleren Jahresringe markiert — waren stumme, verschwiegene Zeugen, als sich am 2. August jenes Jahres 40 Männer unter ihren schattigen Kronen vereinten. Diese 40 waren — wie Hunderte patriotisch gesinnte Landsleute an diesem Tag — über steile Gebirgspfade zum Busludsha-Gipfel aufgestiegen, wo 23 Jahre zuvor Hadshi Dimitâr und die Überlebenden seiner Kampfschar ihre letzte Schlacht geschlagen hatten. Und so wie alle anderen, die gekommen waren, verneigten sich auch Blagoew und seine Mitverschworenen an der Kampf- und Todesstätte im ehrenden Gedenken an die Gefallenen. Doch sodann entzogen sich die 40 Volksabgesandten, einer nach dem anderen, behutsam und unauffällig dem Lärm und Trubel der alljährlichen, traditionellen Gedenkfeier und stiegen im Bergwald höher hinauf. Während von Lichtungen und Wiesen ringsum schallende Gesänge und lärmende Reden erklangen (denn die Bulgaren ehren ihre Toten keineswegs bloß durch Schweigen und Trauern, sondern stets auch auf volkstümlich-lebhafte Art), führten die Vertreter sozialistischer Gruppen, die in Târnowo, Gabrowo, Drjanowo, Sewliewo, Kasanlâk sowie anderen Städten und Orten des Landes wirkten, in gedämpftem Gespräch stundenlang anhaltende Debatten. Und bei eben dieser Zusammenkunft, während sie das Statut ihres Kampfbundes berieten und beschlossen, gründeten sie — in der vielhundertköpfigen, verstreuten Volksmenge vor Nachstellungen durch die Polizeibüttel der Stambolow-Diktatur relativ geschützt — auf der Waldlichtung am Busludsha-Gipfel die Sozialdemokratische Partei Bulgariens. Es war diese, von Dimitâr Blagoew geschaffene und prinzipienfest geführte Partei, die sich an die Spitze der Volksbewegung stellte, solche unbeugsamen Kämpfer und Internationalisten wie Wassil Kolarow, Christo Kabaktschiew und Georgi Dimitroff hervorbrachte und die als spätere Bulgarische Kommunistische Partei zur Hoffnung aller Leidenden, Geknechteten, Ausgebeuteten wurde.

Die rauschenden Wälder des Balkans singen das Lied all derer, die im Kampf vorausgegangen waren: der verwegenen Heiducken und opferbereiten Freischärler, der todesmutigen Aufständischen, Widerstandskämpfer und Partisanen, und am Ende vollzog das Volk „die unerbittliche Logik der Geschichte" — ging als Sieger aus dem Jahrhunderte währenden Kampf hervor.

Schipka und Busludsha, ein Paß und ein Gipfel im Herzen des Balkans — und geographisch etwa in der Mitte des Landes gelegen —, bilden im Verständnis, im Gefühl der Bulgaren den unbestrittenen Mittelpunkt des geschichtlichen Geschehens: zwischen dem Versinken ins jahrhundertelange Dunkel blutiger Fremdherrschaft, der Wiederauferstehung zu nationaler Würde und der Selbstbefreiung, durch die das bulgarische Volk, unterstützt von der schlagkräftig vorstoßenden Sowjetarmee, endgültig die Freiheit gewann ...

Vom Gipfel Kom im Westen der Stara Planina bis zum Kap Emine an der Meeresküste sind es für die Bergwanderer — so haben's Wanderexperten errechnet — rund eine Million Schritte; zwischen Schipka-Paß und Busludsha-Gipfel legen die Balkankamm-Wanderer etwa 15 000 Schritte zurück ... Doch wieviel schwere, opfervolle Schritte, bestimmend für den Gang der bulgarischen Geschichte, hatte das Volk gehen müssen, bis die kriegs- und schicksalsentscheidenden Kämpfe rund um Schipka die Wende brachten? Und wieviel kampferfüllter Schritte hatte es danach noch bedurft, seitdem Busludsha den Kämpfern des Volkes Weg, Richtung und Ziel gab: Wieviel Schritte bis zum Leben?!

Wie auf dem nahen Stoletow-Gipfel, erhebt sich auch auf dem Busludsha-Gipfel — dessen Plateau in 1 400 Meter Höhe noch um einige Dutzend Meter überragend — ein beeindruckendes Monument ... Von der Lichtung, wo der ovale Denkmalsstein an den historischen I. Partei-(Gründungs-)Kongreß erinnert, gehen wir auf dem Weg durch den Busludsha-Wald ein Stück zurück, wenden uns dort jedoch nicht abwärts, zur Bergstraße, sondern steigen durch jungen Laubwald weiter am Gipfelhang hinauf. Der Wald lichtet sich; grauweißes Felsgeröll durchbricht an vielen Stellen das schüttere Gras der Hochwiesen, und bald sehen wir — nunmehr nahe den Augen —, was wir schon beim Herwandern von Schipka und ebenso vorhin beim Aufbruch zu unserem Rundgang aus größerer Entfernung erblickt haben: das Ehrenmal der BKP auf dem Busludsha-Gipfelplateau. Es ist Gedenk- und Versammlungsstätte in einem, so wie es der Busludsha-Wald einst für die Parteigründer gewesen war ...

Als gegen Ende der vergangenen 70er Jahre das Bauwerk auf der Busludsha-Höhe Gestalt annahm, hat Georgi Stoilow, der Architekt, über die Problematik, die erwähnte „Doppelfunktion" zu gewährleisten, sowie über andere, keineswegs einfach zu lösende konzeptionelle Gesichtspunkte einmal ausführlich gesprochen: Das Ehrenmal mußte sich unaufdringlich in die Landschaft einfügen, sollte mit dem Freiheitsdenkmal auf dem Stoletow-Gipfel eine harmonische

Einheit bilden, ohne jedoch die Silhouette der Schipka-Pyramide irgendwie zu wiederholen. Es mußte sich unbedingt in das Gebirgspanorama — das charakteristisch von breiten Bergmassiven und abgerundeten Gipfeln geprägt wird — einordnen und sollte selbst aus größerer Entfernung sowie von allen Seiten des Gebirges deutlich wahrzunehmen sein. „Zwei Koordinaten dienten mir bei der Gestaltung des Monuments als Ausgangspunkt. Die eine ist in unserer fernsten Vergangenheit, in den thrakischen Grabhügeln zu suchen ... Die andere versuchte ich in der kosmischen Architektur der fernen Zukunft zu entdecken. Diese beiden Linien bestimmten die plastische Gestaltung des Denkmals. Es soll einen großen historischen Zeitraum erfassen und das Gefühl der Ewigkeit suggerieren", hat der Architekt gesagt.

Man muß dem Schöpfer zugestehen, daß ihm die Synthese gelungen ist: im Vordergrund — ein gewaltiger, linsenförmiger Korpus; im Hintergrund — eine gigantisch aufragende Stele, von der hochoben ein aus Glasmosaik gefügter riesiger rubinroter Stern das Sonnenlicht reflektiert ... Wir gehen über den Vorplatz, betrachten den seitwärts wie aus Felsen hervortretenden Kämpfer, der verbissen das Banner verteidigt, folgen — noch bevor wir die Stufen zum Eingangsportal betreten — dem Denkmalsführer einige Schritte nach links: zu einem der mächtigen Sockel, auf denen der Linsenkorpus ruht und dabei gleichsam im diffusen Blau des Himmels zu schweben scheint. In erhabenen Lettern auf steinernem Grund lesen wir die Worte, die Millionen und aber Millionen Menschen der Welt zu Entschlossenheit und Kampf aufgerüttelt haben: „NA KRAK O PARII PRESRENI ..." — „Wacht auf, Verdammte dieser Erde ..."

In der Eingangshalle des Baus symbolisieren — auf Sockeln sowie an den Wänden — verschiedene Bildwerke Erhebung und Ringen der einstmals Verdammten und ihren Aufstieg zur Macht. Über eine breite Treppe erreichen wir den foyerartigen, unteren Rundgang, steigen noch ein paar Stufen aufwärts — und treten ein in den Festsaal; sein Anblick ist frappierend: Das übereinander angeordnete Rund der Sitzreihen aus weißgelblichem Marmor erinnert an ein antikes Amphitheater. Inmitten der Decke leuchtet, Kombination aus Glasmosaik und Neonlicht, eine Sonne — Symbol des Lebens —, in Gestaltung und Wirkung ähnlich den holzgeschnitzten Sonnen in bulgarischen Häusern der Wiedergeburtszeit und, als gingen Wellen von ihr aus, doch ebenso auch deutbar als Jahresringe eines jahrtausendealten Baumes: unzählbare, zu den Wänden hin immer größer werdende, erhaben geformte Kreise. An den Wänden: Mosaiken; Bildnisse von Marx, Engels, Lenin … und Bildpanoramen, allegorische und reale Szenen: „Geburt der Partei", „Kampf", „Septembersieg 1944", „Bulgarien der Gegenwart" … Kaum vermag das Auge die vielen Details zu erfassen, zumal unser Denkmalsführer ohnehin zur Eile drängt, denn wir sind — in dieser Stunde zwischen Nachmittag und Abend — bereits die letzten Besucher des Memorialbaus. Ungeachtet dessen gehen wir rasch noch hinauf zum oberen Rundgang des Linsenkorpus', und auch hier, deckenhoch und wändelang: Mosaik neben Mosaik. Wer bedenkt, daß in Bulgarien mehrere — bis heute vortrefflich erhaltene — thrakisch-römische Mosaiken aufgefunden wurden, der gewinnt eine bestimmte Ahnung davon, wie weit in kommende Jahrhunderte hinein die Mosaikwerke wirken können …

Abend in der Hütte — mit Damjan, seinen Wanderfreunden und anderen Bergwanderern: Reden, Singen, Lachen; aber schon schleicht sich auch ein Hauch von Abschiedsstimmung ein. Nachtruhe, in Stille und Entlegenheit der Berge; tief und erholsam ist der Schlaf nach diesem wander- und erlebnisreichen Tag. Und der neue Morgen kommt … Damjan und ich verabreden — da ist für ihn und seine Gruppe der Bus bereits angekommen —, uns bei Gelegenheit in Sofia wiederzutreffen. Aber eine Frage wartet noch, Antwort zu erhalten: „Damjan, wann wirst du Kap Emine sehen?" Der junge Mann lächelt, zuckt die Schultern, sagt: „Na, ich glaube, nachdem die Hälfte der Tour geschafft ist, hab ich schon ein Recht darauf, bald mal auf den Rest der Strecke zu gehen. Vielleicht nächstes, vielleicht übernächstes Jahr." Aus einer Tasche seines Rucksacks kramt Damjan einen kleinen, länglichen Stein hervor, zeigt ihn mir und sagt: „Jeder von uns hat beim Kom einen solchen Stein mitgenommen, und jeder hofft, ihn eines Tages am Kap Emine ins Meer zu werfen. Das ist Tradition. Der Stein ist wie ein Talisman, der den Wunsch erfüllt, durch die ganze Stara Planina bis ans Meer zu wandern …"

Im Sinne Aleko Konstantinows und seines Wunsches: von einem Ende des erhabenen, wilden Gebirges bis zum anderen!

FÜNFTE TOUR
NORDWESTLICHES RILA-GEBIRGE

„Über uns war nur der Himmel"

Das Haus steht am Rande der Bärenwiese. Es ist langgestreckt, hat einen niedrigen, seitlichen Anbau und weit überhängende, schneerutschige Dächer, die es vor dicker Winterlast bewahren. Die Architekten haben das Terrain geschickt genutzt: Das Haus schmiegt sich an den kleinen, stufenweise abfallenden Hang, der zum Maljowiza-Bach hinabreicht. Es ist im Baudenstil gebaut, ruht auf einem hohen Sockel aus behauenen Felssteinen. Der breite, ausladende Erker am Hauptgebäude, die Holzverkleidung ringsherum und die arkadenähnlich gestaltete obere Fensterreihe am Seitenanbau zeigen unverwechselbar die nationale bulgarische Bautradition. Dieses Haus, umringt von steilen tannengrünen Hängen, im Süden überragt von himmelhohen Gipfeln, könnte seinem Aussehen nach ein schmuckes, einladendes Potschiwen dom, ein Erholungsheim, sein. Wer jedoch hierher kommt, denkt mitnichten an gemächliches Ferienmachen, träges Ausruhen. Er findet gleichwohl Entspannung — allerdings durch selbstgewählte, zumeist strapazenreiche Bewegung: auf Bergrouten, an Felswänden und auf Gipfeltrassen. Denn er ist während eines zweiwöchigen bezahlten, obendrein kostenfreien Urlaubs Schüler auf Zeit in der Zentralen Bergschule „Christo Prodanow" des Bulgarischen Touristikverbandes.

Wir waren von der Samokower Hochebene und durchs Flußtal des Tscherni Iskâr die Bergstraße heraufgekommen. Sie trafen eine knappe Stunde nach uns ein, kamen von dem Biwak oben im Gebirge: 65 Bergsteiger-Eleven, von nahem oder weither aus dem Land — junge Arbeiter, Schüler an Technika, Studenten, allesamt Mitglieder in Alpinistik-Klubs, von denen es zwischen Donau und Rhodopen mittlerweile an die 50 gibt. Ein Dutzend Mädchen ist auch dabei. In der stillen Einsamkeit des Gebirges — auf der Weißwasser-Anhöhe zwischen Wada- und der Sieben-Rila-Seen-Hütte — hatten sie sich beim Orientierungswandern über beschwerliche, krumme, steinige Pfade, an Biwak-Feuern und im Schlafsack unterm Dach ihrer Bergzelte drei Tage „in die Berge eingewöhnt".

Als sie an der Bergschule eintrafen, schienen alle ziemlich erschöpft vom viel-
stündigen, kräftezehrenden Heimmarsch, noch dazu belastet mit dem schweren
Gepäck der Zelt- und Bergausrüstung. Müde schlurften sie mit ihren Profilsoh-
len-Schuhen auf den letzten Metern des Weges. Hörbar aufatmend, ließen sie
ihre Rucksäcke von den Schultern gleiten. Ein jeder suchte zunächst mal eilig unter die Dusche zu kommen, sich danach am aufgetischten Abendessen — Par-
schola sâs garnitur, gegrilltem Schweinekotelett mit grünen Gurken, Tomaten,
kalten dicken Bohnen (und wie üblich reichlich Brot) — ordentlich zu stärken.
Dann aber, im Nu, erfüllte Gänge und Treppenhäuser, Säle und Zimmer der
Bergschule, was nun mal zur Jugend gehört: Lärmen und Lachen, rege Betrieb-
samkeit, frohes Unbeschwertsein, Musik aus Koffer„heulen"; später Saitenklänge
von Gitarren, Lieder der Heimat, Lieder von Bergen — solange, bis an dem immer blasser und dunkler werdenden Abendhimmel über Bachgrund, Hängen
und Gipfeln die ersten Sterne ihre Posten bezogen.

Nun, am Morgen, ist alles anders: Ruhe, Stille — ein „schweigendes Haus".
Schulatmosphäre, Lehrbetrieb. Die Alpinistik-Schüler „büffeln" Theorie. Wir
sind gleich nach dem Frühstück ins Vestibül gegangen, dessen rechte Wand von
großen, vielfarbigen, aus dünnem Plastmaterial geformten Reliefkarten bulgarischer Gebirge nahezu vollständig verdeckt ist. Hier hängt das Lehrprogramm
des Kurses unter Glas aus. Für den heutigen Tag ist zu lesen, daß sich die fünf
Gruppen bis 9.00 Uhr mit dem Thema „Alpine Objekte bei uns" vertraut machen, vier Gruppen danach Topografie üben, wechselnd theoretisch und prak-
tisch, eine Gruppe indessen um 9.10 Uhr aufbrechen wird, um sich nach ge-
strenger Lehre „Bewegung an den Felsen" zu verschaffen. Sie werden wir begleiten.

Dann ist es soweit. Zwei Seilschaften, jeweils zu sechst, verstauen Klemm-
keile, Schnappkarabiner, Felshaken in Rucksacktaschen, binden Sicherheitsgurte
an, schultern Rucksäcke und Kletterseile. Die Jungalpinisten tragen Schutzhelme,
einige halten Bergsteigerhämmer in Händen, und alle erwarten den Aufbruch
zur Kletterlektion am Übungsfelsen.

Schlanke, sehnige Bergpferde, zwei Rappen und drei Braune mit niedrigem
Widerrist, grasen auf der Lichtung, nah an der Böschung zum Bach. Von der Bärenwiese führen ringsum alle Wege in den Wald; die meisten enden hoch in
den Bergen, und von hier, in 1 700 Meter Höhe, überschauen wir bereits des
Höhenwaldes obersten Rand. Die aus windverwehten Saatkörnern gewachsenen

allerhöchsten Fichten krallen sich schief und ängstlich an zerklüftete Felswände und -grate. Im Blick zu den Bergen ist unscheinbar klein und wie verloren unter den ragenden Gipfeln des alpinen Massivs die Maljowiza-Baude zu erkennen. Umgeben von Krüppelwuchs, erhebt sie sich auf einem kleinen Plateau unterhalb der nackten, graublau schimmernden Felsen — aus dem Meer des Gebirges aufsteigende, gigantische Wogen aus Stein. Die Kämme dieser Wogen, das sind die Gipfel von Kalbura und Orleto (Adlerchen), der Kleinen und der Großen Maljowiza; die übrigen sind aus dem Tal nicht zu sehen. Viele Alpinisten, die Europas Gebirge gut kennen, sagen, daß Maljowizas Bergsilhouette dem Bild des Massivs ums Matterhorn, das als das schönste in den Alpen gilt, auffällig ähnlich sei, insbesondere wenn Gipfel, Sättel, Felsbuckel und -spalten das Weiß des Winters tragen.

Der Weg zu Baude und Bergen verliert sich am Ende der Bärenwiese zwischen dichten, dunklen Tannen. Rechterhand springt die muntere Maljowiza durchs geröllige Bachbett talwärts. Kurz vorm Wald zeigt ein hölzerner Wegweiser nach rechts: Utschebni skali. Hier biegen wir ab — zu den Übungsfelsen der Bergschule am Steilhang des Kalbura-Rückens. Es führt keine Brücke über den Bach. Doch große Steine, die aus dem quirlend-plätschernden Wasser ragen, bieten den Füßen Halt. Wir balancieren zum jenseitigen Ufer. Himbeerhecken, Haselnußdickicht. Noch einige Schritte, und hohe schattenspendende Bäume nehmen uns auf. Blaubeerbüsche überwuchern das Gras. Sie sind voll praller grüner Beeren, die in der Sonne leuchten. Nun geht's hangauf. Wir sind bemüht, Anschluß zu halten. Denn Jugend hat behende Füße. Der gekrümmte, ausgetretene Weg verengt sich schon bald zum fußschmalen Pfad, steigt jäh an, umgeht Luftwurzeln, windet sich um verirrte Felsbrocken, ist schließlich nur noch eine Trittspur auf dem steilen, beängstigend tief abfallenden Waldhang, klettert höher und höher ... Endlich rechts über den Baumwipfeln wandartig aufragende, in schrägen Rissen gekerbte, gelblichgraue Felsen. Davor große Steinabbrüche, die ein schmales Plateau bilden ...

Die Übung der Kraxel-Eleven beginnt mit einer kurzen Instruktion. Wesselin Todorow, ihr Bergsteigerlehrer, breitwangig, untersetzt, sportlich-muskulös, erklärt die Trainingsaufgabe, legt die Rolleneinteilung fest. Und zwei Jungen gehen hin, und eine volle Stunde schlagen sie mit ihren Hämmern emsig Löcher für Felshaken in die Wand. Andere bereiten die Seile vor, suchen trittsichere Spalten, Überstiege, beginnen zu klettern. Wesselin ist mit seinen Augen bei allen, zuweilen korrigiert er eine Kleinigkeit und lobt ihr Geschick. Überhaupt geben die meisten durch ihre Handfertigkeit beim Umgang mit dem Gerät und der Sicherheit, wie sie sich über dem Abgrund bewegen, zu erkennen, daß sie am Berg durchaus keine heurigen Hasen sind. In ihren Alpinistik-Klubs, die sie zum Trainingskurs nach Maljowiza entsandten, hätten sie vom ABC der Bergsteigerei das A bereits erlernt; sie seien auch schon — mehr oder weniger oft, mehr oder weniger hoch — auf „leichten Felsen" gekraxelt, sagt uns der Instrukteur.

Mir fällt auf, daß sich alle äußerst diszipliniert zeigen. Bloß das Nötigste reden sie miteinander, ab und zu mal ein paar Worte zur Verständigung, kaum mehr. Jeder scheint geradezu verbissen in die Aufgabe, die der Instrukteur ihm gestellt hat. Ist das, weil wir zuschauen? Wesselin wehrt ab: „Nein, nein — so sind sie alle! Es ist doch ihr Sport, sie lieben ihn und wollen in den zwei Wochen bei uns soviel lernen wie nur möglich. Sie sind begierig auf unsere Erfahrungen. Sie nehmen jede Mühe auf sich, lassen sich auch von Strapazen nicht abschrecken. Denn alle wissen das eine: Nur der Starke sieht den Gipfel! Nur wer gut vorbereitet, gut trainiert ist, kommt sicher auf ihn hinauf und wieder herunter."

Die Sonne ist immer höher gestiegen, blickt aus wolkenlosem Himmel herab zu den Bergen. Wir stehen im Windschutz der Felsen, und zunehmend wird es unbehaglicher, heißer: Das Himmelsfeuer prallt ungehemmt auf die Felswand, wird von ihr reflektiert. Die Hitze treibt den Schweiß. Durst stellt sich ein. Und im Magen macht sich ein Gefühl der Leere bemerkbar. Ob wir wohl bald von der Höhe absteigen?

Da sehe ich, wie Wesselin, der Berglehrer, mit einigen seiner Schützlinge irgendwas beratschlagt. Weil sie dabei öfter zu uns herüberblicken, beschleicht mich die Ahnung, daß sie irgendwas im Schilde führen. Doch nicht gar, einen von uns zum Kraxelversuch zu bewegen? Aber nein, keineswegs! Wesselin, der zu uns gekommen ist, sagt, daß zwei Schüler — es sind die beiden Jungens, die vorhin so eifrig Felshaken setzten — uns eine kleine Übung demonstrieren möchten: die sogenannte Rapel, den Abstieg mit einem „Verletzten" aus der Wand. Wir sind natürlich neugierig, aber vorsichtshalber erkundige ich mich, ob das für die jungen Leute womöglich riskant sein könnte. Wesselin beruhigt mich: Das hätten die Alpinistik-Anwärter bereits in ihrem Klub geübt. Und schon geht's los: Drei Jungen und ein Mädchen sind im Handumdrehen am

Seil, steigen behende hinauf zur höchsten Platte in der Felswand. Dort schließt der jeweilige „Retter" die Sicherheitsgurte auf solche Weise zusammen, daß der zu Bergende, den er auf den Rücken nimmt, fest — und zuverlässig gesichert — mit ihm verbunden ist. Der Abstieg beginnt: Meter für Meter. Anfangs haben die „Retter" beide Hände, bald nur noch eine Hand am Seil, und mit der anderen fassen sie wiederholt rückwärts zum Unterkörper des „verletzten" Sportkameraden — der die Beine wie leblos baumeln läßt —, um zu verhindern, daß er ins Pendeln gerät. Die Perfektion der Übung nötigt uns Respekt ab. Nur kommt mir dabei der nicht gerade pädagogische Gedanke, daß Bojko, der hochgewachsene Junge mit dem flotten Bärtchen, größere Vorbedacht bewiesen hat als Jordan, sein Klubkamerad — oder ihm einfach mehr Glück zugefallen ist. Denn während der stämmige Jordan seinen nicht minder stämmigen Sportfreund Nikolai buckelt, der schwergewichtig an ihm hängt, trägt Bojko die zierliche, anschmiegsame Wioleta auf dem Rücken. Als ich, nachdem die vier wieder festen Boden unter den Füßen haben, scherzhaft darauf anspiele, wird Bojko verlegen und rot bis über beide Ohren. Wioleta, Lehrerstudentin aus Sofia, gibt sich dagegen selbstbewußt gelassen. Frauen wissen eben, was sie wollen. Und erst recht Mädchen, die zu den Gipfeln streben.

Nachher, beim Abstieg, frage ich Wioleta und ihre Freundin Antoaneta, die Sportstudentin ist, ob Bergsteigen für Frauen nicht ein zu schwerer, zu gefährlicher Sport sei. Die beiden schauen mich erstaunt an, und in ihren Blicken lese ich hilflose Ratlosigkeit. Wioleta rettet sich in eine Gegenfrage: „Warum soll es für uns zu schwer sein?" Dann sagt sie: „Frauen fliegen sogar in den Kosmos!" Aber ich werde das Gefühl nicht los, die Mädchen denken bei sich: Solch eine törichte Frage kann halt bloß ein Mann stellen!

Schon zeigt sich im Bachgrund die Bärenwiese. Aus einem Schornstein der Bergschule steigt dicker Rauch auf. Dies verspricht, daß sich dort eifrige Köche um unser leibliches Wohl sorgen. Die Schritte werden schneller, denn im Moment locken weniger die Gipfel, sondern lockt uns alle mehr das Mittagessen im Tal. Eines jedoch bleibt: Die Mädchen und Jungen, die wir zu ihrem ersten Training an den Maljowizaer Übungsfelsen begleiteten, sind in die Fußspur aller Meister der bulgarischen Alpinistik getreten. Denn der Weg zu den Gipfeln der heimatlichen Hochgebirge, zu den höchsten Spitzen der Hohen Tatra, der Alpen und Pyrenäen, des Kaukasus und der Anden, des Pamir, Hindukusch und Himalaja, hat bisher noch jeden — irgendwann bei seinem Beginn — an die „Utschebni skali" geführt. Keiner unter Bulgariens Alpinisten, der Gipfelruhm erlangte, kam drumherum, unbedingt und zuallererst das Klettern an den Trainingswänden zu meistern.

Während die Bergschüler sich nun, am späten Nachmittag, inzwischen schon die zweite Stunde mit dem Problem „Verpflegung, Körperpflege des Alpinisten sowie Schädlichkeit von Alkohol und Nikotin" befassen, hat Pawel Pawlow, der Direktor, Zeit gefunden, uns in der Schule herumzuführen, uns alles zu zeigen: den Lehrsaal und die Fachkabinette, den Filmsaal und die schönen, gemütlichen Unterkünfte, den Med-Punkt samt Röntgenapparatur und Operationseinrichtung, die Turnhalle und die mit kompletten Ski-Sets ausstaffierte Skigarderobe sowie die Alpinistik-Kammer mit vollständigen Bergsteigerausrüstungen. „Von dieser Schule haben wir lange geträumt, haben uns geplagt, viel Zeit dafür geopfert, bis sie endlich in Wirklichkeit vor unseren Augen stand", sagt Pawel, als wir schließlich mit ihm draußen sind und er uns ein Stück über die Bärenwiese führt. Dann bleibt er stehen, zeigt auf eine Stelle im üppigen Gras, sagt: „Hier, genau hier, bauten wir neben unseren Lagerzelten das erste feste Gebäude. Es war nicht mehr als eine kleine Hütte. Aber sie war ein Anfang, und alles, was ihr heute hier seht, hat mit ihr begonnen. Leider haben war sie später abgerissen. Inzwischen bereuen wir es. Wir hätten sie eigentlich wie ein Denkmal der Geburtszeit unserer Alpinistik hüten sollen."

Im Sommer '53 seien sie, allesamt bergbegeisterte junge Alpinisten, erstmals ins Rila-Gebirge gekommen. „Unterhalb der Maljowiza-Baude schlugen wir unsere Zelte auf, gingen auf lange, strapaziöse Wanderungen, unternahmen Nachtmärsche und begannen, uns die Bergkämme zu erobern. Es war eine unvergeßliche Zeit. An dem einen Tag übten wir Theorie, und am nächsten Tag zeigten wir in der Praxis, was wir gelernt hatten. Erstmals wurden solche Bergspitzen wie Slija Sâb [Böser Zahn] oder Dwuglaw [Zweikopf] erstiegen, die bis dahin als unzugänglich gegolten hatten. Das war unser ‚Nest', von dem wir alle ausgeflogen sind. Im nächsten Jahr wählten wir die Bärenwiese für unser Lager. Seitdem sind wir von Maljowiza nicht mehr fortgegangen. Zu Anfang haben wir unsere ‚Schule' Zentrales Alpines Lager genannt, bald darauf — nachdem die ersten provisorischen Bauten standen — Zentrale Bergschule. In unser neues, schönes Gebäude sind wir 1966 eingezogen..."

Währenddessen sind wir ins Haus zurückgegangen, und Pawel lädt uns ins Direktionszimmer ein. Frau Sija zaubert hastdunichtgesehen einen starken Kaffee auf den Tisch. Pawel versinkt mit Kopf und halbem Körper in tiefen Schubkästen, kramt große Fotos heraus, stellt sie ringsherum an den Wänden auf. Wir sehen uns umringt von allerlei Gipfeln, überzogen mit gestrichelten und gepunkteten Linien: den Kletterrouten der Gipfelsucher. Jede Route hat ihren eigenen Namen. Er steht in fein säuberlicher Schrift daneben. Es sind Namen von Sportklubs, von Städten — aus denen die Erstbesteiger kamen —, oder sie erinnern an bedeutende Ereignisse, denen zu Ehren die Tour gemeistert wurde. Außerdem ist neben jeder Gipfelroute eine Kombination aus einer römischen Zahl sowie den Buchstaben a und b eingetragen. Wären wir Bergsteiger, könnten wir all das fließend lesen. Doch weil Pawel weiß, daß wir es nicht sind, bemüht er sich, uns das Erforderliche plausibel zu machen: „Im Massiv von Maljowiza befinden sich acht Zehntel aller Bergsteigerobjekte in Bulgarien. Allein auf den drei Gipfeln Slija Sâb, Iglite (Die Nadeln) und Dwuglaw — sie liegen im süd-südöstlichen Teil des Massivs — können unsere Alpinisten 138 Routen der Klassen zwei bis sechs, des höchsten Schwierigkeitsgrades der Alpinistik, ersteigen. Das wissen seit Jahr und Tag auch die Bergsteiger vieler anderer Länder. Deshalb haben wir sommers wie winters in Maljowiza immer ausländische Gäste.“

Während ich Pawel zuhöre, gewinnen die Bilder vor meinen Augen auf einmal Leben. Es ist mir, als stünde ich in dem Bergkessel zu Füßen von Maljowizas ragenden Gipfeln, umgeben von Felswänden, Bergsätteln, Gebirgskämmen, Gipfelkronen! Und meine beflügelte Phantasie sieht an allen diesen Kletterwänden, in ihren Falten, Rillen, Rinnen, auf ihren Graten, Schultern, Sätteln, Spitzen pünktchenkleine Menschen das Großartige vollbringen: die majestätischen Gipfel zu bezwingen. Doch dieses Trugbild plötzlicher Eingebung verflüchtigt sich schon im nächsten Augenblick. Nichts weiter als glänzende, graue Fotos stehen da, und ich vermag bedauernd nur noch mit der alten Redensart zu sagen: „Ot sluschene njama da sme siti!“ — „Vom Hören werden wir nicht satt!“ Denn obgleich die Feriensaison voll im Gange ist, sind wir inmitten der Woche gekommen; die Bergsportler sind daheim, gehen ihrer Arbeit nach, und so haben wir kaum Chancen, sie beim Erstürmen der Gipfel zu sehen.

„Aber wieso denn?!“ widerspricht Pawel. Und in den Falten seines sonnengebräunten, wettergegerbten Gesichts steht ein zufriedenes Lächeln. „Ihr kommt gerade zur besten Zeit“, sagt er. „Steigt nur morgen früh in die Berge! Dann könnt ihr an der Nordwand des Maljowiza-Gipfels unsere braven Jungens klettern sehen. Die Reserve der Nationalmannschaft trainiert schon seit Tagen hier. Es sind unsere ‚Asse' von morgen ..."

Das erste Licht des Tages, das durch die zugezogene Gardine schimmert, habe ich zwar wahrgenommen. Aber dann bin ich nochmals eingeduselt. Wohl deshalb habe ich das leise Surren des Weckers überhört. Und weil ich versprochen hatte, daß ich die anderen aus den Federn scheuche, haben auch sie die Stunde des Aufbruchs verschlafen. Wir hatten beizeiten durch das weit offene Kar sein wollen — oben, über der Maljowiza-Baude —, bevor die hochsteigende Sonne hier wie in einen Hohlspiegel brennt.

Wenige Bissen nur zum Frühstück; rasch die Trinkflaschen gefüllt, Fototasche und Wanderbeutel geschultert, und der Abmarsch zum Aufstieg, wenigstens 700 Meter höher hinauf in die Berge, kann beginnen ... Der Wegweiser vorm Waldrand verspricht, daß kein Ziel im Hangschatten der Maljowiza-Schwestern später als nach 3,5 Stunden erreicht werde. Selbst bis zur Spitze der Großen Maljowiza dauere es läppische 4,5 Stunden. Lediglich für den Marsch über den Gebirgskamm hinweg hinunter zum Tal des Rila-Flusses und des Rila-Klosters seien 7,5 Stunden vonnöten.

Schon nach wenigen Schritten schließt sich über unseren Köpfen das Dach des Nadelwaldes. Nur zuweilen fällt ein scharfgebündelter Lichtstrahl durch die dichten Zweige. Der Weg bergan ist stolprig durch Steine und Wurzeln, aber breit ausgetreten und daher ohne Mühe zu gehen. Vogelgezwitscher klingt aus dem Tann. Uns voraus sind auch andere Bergwanderer unterwegs; mitunter erreichen uns ihre Stimmen. Der Wald bewahrt noch ein wenig von der Kühle der Nacht. Gras und Pflanzen glitzern im Tau. Die wohltuende Frische macht der Lunge das Atmen leicht, ungeachtet der dünneren Luft des Hochgebirges.

Eine halbe Stunde mögen wir gegangen sein, als sich der Wald lichtet. Der Weg wird breiter, zugleich steiniger. Die hohen Fichten treten beiseite, bleiben zurück. Spärlicher, niedriger ist der Baumwuchs: Wacholderstauden, Krüppelkiefern. Wir haben die Grenze von einer Vegetationszone zur anderen überschritten — der vorletzten unterhalb der Gipfel. Das Panorama der Berge weitet sich: Totalvision zwischen Kalbura-Rücken zur Rechten und Râschdawiza-Hängen zur Linken, und die Augen erfassen das Felsengewoge des alpinen Massivs, gekrönt von den Gipfeln, mit einem Blick. In den Falten und an den Flanken der Berge glänzen hier und dort noch größere Schneefelder oder kleinere

Schneezungen. Im ansteigenden Bogen windet sich der Weg bergwärts zur Baude. Schon zeigt sie sich oberhalb der zotteligen Krüppelkiefern auf dem schmalen Plateau: zweistöckiger Bau aus behauenen dunkelgrauen Felsquadern. Sie scheint nah, doch der vermeintliche Eindruck täuscht. Es dauert doch noch einige Zeit, bis wir den steinernen Stützpunkt der Bergwanderer erreichen und somit gleichzeitig gewahren, daß der Wegweiser unten vorm Wald nach flotterem Schrittempo mißt.

Der Platz vor der Baude ist voller Leute. Es gibt viel bewegtes Hin und Her. Im Innern der Baude ein Gedränge wie auf einem Kleinstadtbahnhof vor der Abfahrt des Zuges. Dabei ist es noch zeitig am Vormittag. Wo kommen nur die vielen Menschen her? Wir stellen uns in die Reihe vor dem „Schalter". Aus der Wandöffnung zur Baudenküche werden Tassen voll dampfenden Tees gereicht (Bergtouristen werden hier oben zu Mittag auch mit Handfestem verköstigt; die Bergpferde von der Bärenwiese buckeln den Nahrungs-Nachschub herauf). Gegen den geringen Obolus einer 10-Stotinki-Münze pro Schöpfkelle Tee wird gleichfalls jeder von uns bedacht. Das Gebräu riecht angenehm, verbreitet allerlei würzige Düfte. Man könnte durchaus glauben, daß Stoino, der Hüttenwart, dafür tatsächlich „hundert verschiedene Kräuter" nimmt, wie es wohl gern erzählt und es uns Zwetana (die Blumige), nette Serviererin unten im Berghotel, gestern ausdrücklich verhieß.

Wir sind, um der drangvoll-fürchterlichen Enge in der Baude zu entgehen — und damit Stoinos Tee rascher auskühlt —, ins Freie gegangen. Dort fällt mein Blick auf eine metallene Tafel an der Baudenwand. Als ich lese, was in vergoldeten Lettern eingraviert ist, erfahre ich, daß am 23. August 1938 die bulgarischen Alpinisten Konstantin Sawadshiew und Georgi Stoimenow im harten Ringen die Erstersteigung des Maljowiza-Gipfels über die Nordwand vollbrachten. Die Ehrung stimmt zuletzt nachdenklich, denn sie gibt zugleich noch kund, daß die beiden Gipfelhelden später durch eine Lawine unterm Mussala-Gipfel den Tod fanden.

Der Tee ist ausgetrunken. Wir wollen nicht länger verweilen. Denn nach wie vor sind wir erst am Anfang des Aufstiegs. Das Schwierigere kommt noch, auch wenn wir, uns zur Talseite umblickend, sehen können, daß wir immerhin schon eine ansehnliche Höhe erreicht haben — rund 2 000 Meter ü. d. M.

Schon im Aufbruch, erkennen wir, daß es sich überdies empfiehlt, keine Minute länger zu säumen. Denn gleich wird es hier einen Heidenlärm geben: Ein

Schwarm von Kindern, es sind hundert wenigstens, stürmt auf die Baude zu. Sie scheinen darin zu wetteifern, wer als erster das Ziel erreicht. Das wieselt und wirbelt herauf, und es ist herzwärmend, zu beobachten, wie diese Schar lärmender, ausgelassener, eifrig stiefelnder Kinder unbekümmert Besitz von ihren Bergen ergreift. Kinder verschiedenen Alters sind es, Stadtkinder vielleicht — vermutlich aus einem der umliegenden Ferienlager —, und wahrscheinlich sind die meisten von ihnen zum ersten Mal so weit oben im Gebirge. Aleko Konstantinow, du, Wegbereiter des Bergwanderns und des Gipfelstürmens in deinem Land, müßtest das sehen: Diesen quirligen Schwarm von Kindern, diesen einen nur auf diesem Weg, und dazu die Massen von Menschen allezeit in deinen Bergen — auf so vielen Routen, daß sie kaum noch einer zählen kann —, du hättest deine helle Freude daran!

Bald nach den ersten Schritten, bergan hinter der Baude, wird der Weg beschwerlicher. Wir überqueren auf einer Bohlenbrücke den Maljowiza-Bach; der Weg verengt sich zum Pfad, der sich zwischen blanken Steinen und rauhen Felsbrocken windet und krümmt. Felsbuckel um Felsbuckel steigen wir höher. Ein neues, diesmal breiteres Plateau kommt in Sicht. Ich nestele die Skizze, die mir Pawel, zusammen mit einigen Fotos — zwecks besserer Orientierung in den Bergen — gestern gegeben hat, aus der Brusttasche meiner Windjacke, halte im Gehen ein, gewinne die Übersicht, kann verkünden: „Das vor uns ist die zweite Terrasse! Dahinter teilt sich der Weg!"

Bevor das Plateau erreicht ist, überholt uns eine Gruppe von Bergwanderern. Zünftig sind sie ausgerüstet, buckeln schwere Bergrucksäcke, deren obere „Aufbauten" — eingerollte Schlafsäcke und Zelte — hoch über die bemützten Köpfe ragen. Verschiedene „Anhängsel" an den metallenen Tragegestellen und Rucksacktaschen klirren, scheppern beim Laufen. Da, im Vorübergehen, erkenne ich zwei, drei Gesichter. Wir hatten gestern nachmittag bei der Bergschule einige Worte miteinander gewechselt — radebrechend polnisch-russisch-deutsch. Sie sind Mitglieder des Touristik-Klubs von Skierniewice, erfuhr ich. Über den Kamm des Balkangebirges und durch die Sredna-Gora waren sie schon gewandert; über irgendeinen Bergsattel von Maljowiza hinweg wollen sie hinunter zum Rila-Kloster, anschließend ins Pirin-Gebirge: ein beachtlicher Marsch für drei Ferienwochen. Weil uns der Zufall nochmals zusammengebracht hat, eilen sie nun nicht, und nach einer Weile halten wir gemeinsam eine kurze Rast. Haben sie denselben Weg wie wir? Nein, hören wir, sie wollen zuerst die südöstliche Richtung nehmen, am Orleto, dem Adler-Gipfel, vorbei, kommende Nacht in der Berghütte Straschnoto esero (Schrecklicher See) verbringen, dort sich im Gebirge umschauen, dann erst zum Rila-Flußtal hinabsteigen. Gute Wünsche gegenseitig; die jungen Leute brechen als erste auf, schreiten zügig aus; immer weiter wird der Abstand zwischen ihnen und uns; bald sind sie hinter einem Felsvorsprung unseren Blicken entschwunden.

Dunst verschleiert zunehmend den Himmel, und zusehends verblaßt die Sonne. Die Hitze aber wird, ungeachtet der Höhe von rund 2 400 Metern, dadurch noch drückender. Schwerer fällt das Atmen. Immer häufiger muß ich zum Taschentuch greifen, um mir den munter rinnenden Schweiß aus dem Gesicht zu wischen ... Ein enger, geröllgesäumter Bergkessel zeigt sich. Aus ihm blinkt der blaugrüne, glatte Spiegel des Elenski esero, des Hirschsees, zu uns her. Unter der dunstverhangenen Sonne wirkt seine Wasseroberfläche stumpf; nur matt widerspiegelt sie die Umrisse des Eleni wrâch, von dessen Nordflanke vor Urzeiten ein gewaltiger Bergbruch ins Gletschertal gestürzt war. Die Abbruchstelle unter seinem Gipfel bildet eine nackte, steile Wand; in den schattigen Nischen zwischen ihrem breiten Sockel und der hohen Geröllhalde glänzen letzte Schneeflecken. Es erfrischt, auf das Wasser und die Schneereste inmitten dieser zerklüfteten Felsenwüste zu schauen. Die einzelnen Berge aber, dieses verworrene-verwirrende Ineinander und Übereinander von Felsbuckeln, -rinnen, -kerben, -falten, von Bergschultern, -flanken, -zinnen, -sätteln und -gipfeln, vermag ich, trotz der Skizze und der Fotos in meiner Tasche, beim besten Willen nicht zu unterscheiden. Allein die Große Maljowiza-Spitze ragt unverkennbar aus dem Felsengewirr ... Wir gehen weiter und weiter, steigen höher und höher. Und da säumen den Pfad, der sich zum Steig verengt, beiderseits kolossale Felsbrocken. Ansonsten ist die Sicht kaum noch durch nahe, hohe Felsen behindert. Das belebt ungemein. Ich bemühe mich, die schlappen Beine zu rascherem Schritt zu bringen, stütze mich auf moosbewachsene Erde und Steine, ziehe meine Körpermassen darüber hinweg und — es ist erreicht: Das kann nur, nein das muß der Premkata-Sattel sein. Ich fühle mich leichter, freier — erlöst. Und nach einer Weile gewinne ich Augen dafür, zu schauen, was ich so zum ersten Mal in meinem Leben erblicke: das berge- und gipfelgewellte „Dach" der Balkanhalbinsel — Rila.

„Es ist höher als alle unsere anderen Gebirge, höher und grandioser mit seinen kantigen Felsgipfeln, seinen mächtigen Bergketten, die das Himmelsgewölbe mit ihrer Kraft zu stützen scheinen. Es gleicht einer in die Wolken ragenden Festung, mit granitenem Bollwerk, pyramiden- und kuppelförmigen Türmen, die nach den letzten Erschütterungen und Konvulsionen bei der Erschaffung der Welt in der Luft erstarrt sind", sagt Iwan Wasow über das „erhabenste Gebirge Bulgariens". Hier oben, auf dem Premkata-Sattel, erinnere ich mich Wasows wuchtiger Metaphern bloß ungefähr, nur dem Sinn nach. Aber ich begreife, weshalb er so empfinden konnte, obschon ich von Rilas vollkommener Schönheit lediglich Ausschnitte sehe: Rechts lehnt eine Bergschulter zu weit vor, links begrenzen Bergzinnen den Blick, und im Dunst verschwimmt die horizontfüllende Weite des Gebirges, dessen unzählbare hochragende Spitzen ich nicht zu benennen weiß. Doch mögen die nahen und fernen Gipfel auch heißen, wie sie wollen — sie waren, sind und bleiben Bulgariens „Wiege der Alpinistik".

Nachher, beim Abstieg, werden wir die Bergsteiger an der Nordseite der Großen Maljowiza klettern sehn: winzige, verlorene, sich bewegende Punkte in der steilen, nackten, narbigen Wand. Enttäuschend, weil doch gerade sie die Ursache für unsere Bergtour gewesen sind? Nein. Wenn wir sie auch nur von weitem beobachten können, wir erkennen das Schwere, das Wagnisreiche ihres Sports. Wir fühlen, wie klein der Mensch gegen diese Giganten ist — und sie doch besiegt! Von den Gipfeln der Heimat, den Bergspitzen um Maljowiza, sind die bulgarischen Alpinisten aufgebrochen, um noch höhere, abweisendere, gefährlichere Gipfel zu bezwingen.

Einem der Kühnen, die nach der „Krone des Alpinismus" griffen — und sie errangen, waren wir seinerzeit, nach ihrer Rückkehr aus Nepal, begegnet: Nikolai Petrow. Er reiht sich in die Geschichte der Everest-Bezwingungen als der 154. Wagemutige ein, der über den abweisenden, tückischen „Himmelskönig", der allerhöchsten Majestät unter den Bergen der Erde, siegte. Nach einem atemberaubenden, nur knapp sechsstündigen Aufstieg vom Lager V, dem Sturmlager in 8 120 Meter Höhe, hatte er, gemeinsam mit seinem Seilschaftsgefährten Kyrill Doskow — und zwar nur wenige Schritte hinter ihm —, am 9. Mai 1984, vormittags 10.08 Uhr Ortszeit, seinen Fuß auf den 8 848 Meter hohen „Kopf" des Berges der Berge gesetzt: als fünfter der bulgarischen Everest-Eroberer und von ihnen allen der jüngste, damals Student, junger Vater, noch keine 26 Jahre alt.

Nikolai, hochgewachsen und schlank, trat ins Zimmer der Sofioter Redaktion, wo wir uns trafen, begrüßte jeden mit festem Händedruck, setzte sich schwungvoll in einen der dickgepolsterten Sessel — ungezwungen, uneitel. Den olivfarbenen, wattierten Anorak legte er erst gar nicht ab. „So sehr in Eile?" fragte ich. Der Himalaja-Held reagierte verlegen: „Nun ja, auch das — Familie ... Examina ... und die vielen Interviews!" Aber der eigentliche Grund sei ein anderer: „Ich habe mich so lange nach richtiger Wärme gesehnt", bekannte Nikolai. Ein begreifliches Wünschen: nach drei Monaten in eisigen, extremen Höhen, umweht von Schneewolken, eingehüllt in Bergnebel, gepeinigt von eisigen Stürmen und Orkanen des urgewaltigen Himalaja.

Am 101.Tag der Expeditionsreise waren die Bergsteiger — via Neu Delhi, wo Indira Ghandi sie ehrenvoll empfangen hatte — heimgekommen. Einer kehrte nicht zurück: Christo Prodanow, Hütteningenieur, 41 Jahre alt, unter Bulgariens Alpinisten wohl der bekannteste, siegreichste. Viermal hatte er den Pik Lenin, jeweils dreimal den Pik Korshenewskaja und den Pik Kommunismus bezwungen. Er hatte die bulgarische Flagge auf den Gipfel des Noshaq und — als erster, zugleich bisher einziger Bulgare — auf die Spitze des Lhotse gepflanzt, zu dem er im Alleingang und ohne Sauerstoffgerät aufgestiegen war. Er wiederholte das kaum vorstellbare Wagnis beim Erstürmen des Everest, triumphierte als erster bulgarischer Alpinist über den gewalttätigen „Himmelskönig". Beim Abstieg schlug der Everest mit einem wütenden Schneesturm zu — und für immer behielt er den tapferen Bergsteiger unter seinem Gipfel. Gegen 18.00 Uhr Ortszeit des 21. April hörten die Kameraden zum letzten Mal Prodanows Stimme; um 19.45 Uhr verstummte auch das UKW-Gerät.

Die Zeitungen schilderten zu jener Zeit ausgiebig das tragische Geschehen am Everest, und jedermann, der die Nachrichten über die Expedition verfolgte, wußte, daß auch Kyrill Doskow und Nikolai Petrow — durch einen Eilaufstieg vom Lager II — den Versuch unternommen hatten, dem Gefährten Hilfe zu bringen. Vergebens. Doch in erster Linie ihre Unerschrockenheit und Selbstlosigkeit waren es gewesen, die sie letztendlich zum Gipfel führten ...

So viele Fragen gab es an Nikolai, und so wenig Zeit blieb dafür. Nur streiflichtartig konnten wir einiges aus seinem Bergsteigerleben und von seinen Gipfelerlebnissen erhellen: „In allen großen europäischen Gebirgen bin ich schon geklettert — in den Karpaten, der Hohen Tatra und in den Alpen, auch auf der Insel Kreta sowie bei euch im Elbsandsteingebirge", erzählte der Gipfeleroberer! An die Bastei-Felsen Falkenstein und Lokomotive erinnere er sich gut: „Sehr schwierig — aber sehr schön!" meinte er. Zweimal bestieg er den Elbrus, beide Male im Winter, genau wie die Nordwand des Matterhorn. Und auf seinem

Weg zum Everest — nach dem Training in Rila und Pirin — auch die Pamir-Gipfel Pik Lenin und Pik Kommunismus. Von 80 ausgesuchten Kandidaten für die zweite bulgarische Himalaja-Expedition waren letztendlich 22 Auserwählte geblieben. Nikolai war einer von ihnen.

Was mag er gefühlt, gedacht haben, als er — sich des schwererrungenen Sieges bewußt — glücklich das schneebedeckte, schmale Gipfelplateau unter seinen Bergsteigerschuhen spürte? „Ihr erwartet womöglich, daß ich etwas sehr Heroisches ausrief", sagte Nikolai zögernd. „Doch ihr müßt verstehen: Was der Berg abverlangt, soviel Schweiß, Überwindung und Qual, um sich Meter für Meter hochzukämpfen — dafür gibt es keine Worte ... Eine unwahrscheinliche Erleichterung verspürst du, eine unsagbare Last fällt von deinem Körper, sobald du es erreicht hast. Und jede Faser deiner Nerven fiebert noch! Ich sagte zu Kyrill nur das eine: ‚Ist das endlich dieser ... Gipfel?!'" — Jungenhaft lächelnd bekennt der Everest-Erstürmer, daß er dabei den ersehnten Gipfel mit einem kräftigen Adjektiv belegte. „Die starken Gefühle kamen erst viel später", setzte Nikolai hinzu. „Wir waren ganz von den überwältigenden Eindrücken beherrscht: Ringsum nur Weite. Dort drüben Tibet, hier Nepal, die höchsten Berge und Gipfel des Erdballs lagen unter uns. Und über uns war nur der Himmel!"

Beide habe sie jedoch in dieser reichlichen halben Stunde auf dem „dritten Pol der Erde" zuallererst der viel näherliegende Gedanke beschäftigt, wie der Abstieg sicher zu meistern sei. Die von Christo Prodanow auf dem Gipfel neben den Flaggen Bulgariens, Nepals und der UNO niedergelegte Schmalfilmkamera sei ihnen dafür eine beredte Mahnung gewesen.

Der Erstbezwinger des Everest, Edmund Hillary, sagte damals — von Journalisten befragt — zur Bravourleistung der Bulgaren: „Die bulgarische Expedition wählte einen sehr schweren Weg zum Gipfel. Dieser Weg ist und bleibt eine der größten Herausforderungen des Everest an die Alpinisten. Die Bulgaren haben nicht nur als erste den Berg über den ganzen Westgrat hinter sich gebracht, sondern sind nach der Bezwingung des Gipfels über den Südgrat abgestiegen, was bisher noch keiner getan hat ..." Erstmals war eine vollständige Traversierung des Everest gelungen, und für immer wird sie in den Annalen der Everest-Bezwingungen die „bulgarische Traverse" bleiben.

Wie gering nimmt sich dagegen unser Bergaufstieg über vortrefflich markierte, touristische Rila-Pfade aus? Wir hätten ohne weiteres auch noch bis zum

Gipfel der Großen Maljowiza aufsteigen können. Aber wir sind umgekehrt, werfen beim Eleni wrâch, quasi im Vorübergehen, rasch noch einen Blick hinunter ins Flußtal der Rilska reka, sehen die Partisanenwiese, irgendeine kleine Kapelle im Wald und, etwas weiter entfernt, das steinerne Geviert des Rila-Klosters, das sich — wie schutzsuchend — in den tiefen Bergeinschnitt zwischen den hohen, grünen Hängen schmiegt. Im Süden schimmern undeutlich die Gipfel des Pirin-Gebirges, aber es ist nicht zu erkennen, ob das Weiß, das sie durch den Dunst zeigen, ihre hellen Steine oder Schneefelder sind.

Der Abstieg macht die Füße leicht. Obendrein erscheint eiliges Gehen ratsam. Denn „hinter den sieben Bergen" — genauer: über den Gipfeln hinter den Sieben-Rila-Seen — türmen sich beängstigende Wolkenberge, wälzen sich drohend heran. Uns schwant, was das bedeuten kann. Überdies sind wir an diesem heißen Sommertag mitnichten auf Regengüsse und Rauhwetter eingerichtet ... Schon zeigt sich die zweite Terrasse, bald die Maljowiza-Baude ... Hastig schlürfen wir nochmals Stoinos erfrischenden, durststillenden Hüttentee. Kurz danach nimmt uns der schützende Nadelwald auf. Da grollen auch schon die ersten Donner. Beim hereinbrechenden Gewitter und den Supervoltentladungen des Himmels könnte es unter den hohen Bäumen durchaus ungemütlich werden, und deshalb beschleunigen wir unseren Schritt noch mehr. Endlich: Bärenwiese, Bergschule und Berghotel in Sicht. Wir treffen eben noch zur rechten Zeit ein. Nebelhaufen stürzen in den Bergkessel unter den Gipfeln. Grauschwarze Wolkenungetüme brechen nach. Der himmlische Wettermacher zieht das Bergpanorama mit einem dicken Vorhang zu. Ein Sturmwind fegt über den Talgrund, peitschender Regen setzt ein. Vielleicht sind jetzt nur noch die höchsten Spitzen der allerhöchsten Berge „Inseln in den Wolken". Oder kann sein, auch sie umschwimmt die Wasserflut des Wolkenbruchs, der sich im Tal ungehemmt über Hänge, Wald und Bärenwiese ergießt ...

Am nächsten Morgen gehen wir bei Pawel für ein Dankeschön und ein Abschiedswort vorbei. Er zeigt sich nicht in Eile, möchte, daß auch wir nicht hasten, denn er gedenkt uns noch etwas auf den Weg zu geben, sagt: „Die Schönheit unserer Gebirge soll für alle sein. Wir führen die Menschen in die Berge. Wir markieren Wege — bis zu den Gipfeln, trassieren Kletterrouten, bauen Schutzhütten und Bauden. Dafür müssen wir Gleichgesinnte gewinnen, sie begeistern, ausbilden. Unsere Bergschule ist aus diesem Grund entstanden, ist das Zentrum der Touristik und Alpinistik in unserem Land. Der Lehrbetrieb ruht zu keiner Jahreszeit. Fast 2 000 Kursanten und Gäste empfangen wir in jedem Jahr. Die Massentouristik unserer Bergliebhaber und der große Reisetourismus in unseren Gebirgen wären undenkbar ohne erfahrene Bergführer, Skilehrer, Hüttenwarte, Klubinstrukteure, Bergretter und andere Helfer. Wir in Maljowiza bilden sie aus ..."

Während Pawel spricht — und ich eifrig notiere —, keimt im Kopf des Bergschuldirektors und -hausherrn offenbar eine Idee: „Kommt einfach mal wieder", sagt er, „nicht nur für zwei, drei Tage, sondern für länger — eine Woche, zwei Wochen oder mehr. Dann könnt ihr bei uns Geschichten finden und erleben, ich garantiere: die reichen für ein ganzes Buch ..."

Nun ja, Vorschlag angenommen. Bliebe bloß noch die Frage: Wer delegiert *uns* nach Maljowiza?

SECHSTE TOUR
MITTLERES RHODOPEN-GEBIRGE

Den Sternen ein Stück näher

Was das Volk weiß, was es von Mund zu Mund weitergibt den Kindern und Kindeskindern, so bewahrt von Generation zu Generation und durch die Zeit, das ist wahr. Es ist wahr, weil es geschehen ist oder weil das Volk daran glaubt, daß es sich so begeben hat:

„Drei Ketten unseliger Sklaven, so berichtet man, kamen des Weges gezogen. Die erste Kette — unterm Ring Jungfrauen; die zweite Kette — unterm Schnurrbart Burschen; die dritte Kette — unterm Schleier junge Frauen." Eine der Frauen, die durch Wälder und Berge der Rhodopen in fremdes Land verschleppt wurden, trug einen Säugling an der Brust. Als die Mutter spürte, daß ihr die Nahrung für das Kind versiegte und ihr die Kräfte schwanden, „da band sie ihre bunte Schürze ab und knüpfte sie als Wiege zwischen zwei Fichten. Und sie legte das Wickelkind in die Wiege — auf daß der Wind es wiege, wenn er wehe, auf daß der Regen es bade, wenn er falle, auf daß ein Reh es säuge, wenn es daherkäme ...."

Sprechen die Rhodopier vom Roshen, dem Berg am Kamm des Gebirges — wo solches sich ereignete —, dann erzählen sie von Karamanol, dem Heiducken. Und ich möchte die Geschichte noch weiterhin so wiedergeben, wie Anton Dontschew, der Romancier, sie über den Schwarzen Manol niedergeschrieben hat: „Seit Türken seine Frau verschleppt und seine Söhne hingeschlachtet, lag er bei zwei Gebirgsübergängen auf der Lauer, beim Roshen und beim Eschek Kulak, und ließ kein Vögelchen hinüberfliegen. Schlüpfte ihm aber doch eins durch — zurück kam es gewißlich nicht. Niemand wußte, wo er schlief und wo er den Winter über blieb, denn er ging immer allein mit einer Flinte und zwei Pistolen. Dieser Karamanol nun nahm den Säugling aus der Wiege und trug ihn mit sich durch die Wälder, ihm nach aber setzten fünf Haufen Häscher, die geschworen hatten, ihre Bärte würden so lange keinen Bartscherer sehen, als bis sie ihn gefaßt hätten." Ihn und das Kind, das in hundert Dörfern von hundert Müttern heimlich genährt wurde, ungeachtet der drohenden, blutigen Rache der Beys.

So ging es, doch als der Kleine begann, auf eigenen, ungelenken Beinen zu stehen, ereilte Karamanol das Schicksal: Die Kugel eines Feindes verwundete ihn schwer. Der Verfolger aber fand nicht Zeit, noch ein zweites Mal abzudrücken. Denn der Schwarze Manol traf ihn mitten ins Herz. „Der wunde Heiduck schleppte sich bis zur Mühle des alten Galuschko … und gab ihm das Kind. Drei Tage sägte und bohrte der auf den Tod verwundete Karamanol am Laufe seines Gewehrs, das neun Jahre lang zwei Gebirgspässe bewacht hatte, bis er eine Flöte daraus gemacht. Und als er die Flöte ansetzte und die Flöte zu tönen anhub, verkroch er sich im Walde, um irgendwo in der Einöde wie ein wildes Tier zu sterben, damit seine Feinde nicht mit seinem Kopf ihren Spott treiben konnten. Seinem Pflegling aber hinterließ er nur die eiserne Flöte … — Dies ist, was man berichtet."

Der kleine Manol, wie der alte Galuschko ihn benannt hatte nach dem Namen des Pflegevaters Karamanol, wuchs durch die Phantasie des Schriftstellers zum tapfer-tragischen Helden eines Romans („Wreme rasdelno" — „Zeit der Trennung"; deutsch: „Schwur unter dem Halbmond"), dessen dramatische Handlung der Autor, getreu den historischen Geschehnissen, ins letzte Drittel des 17. Jahrhunderts datiert — in die Zeit der hereinbrechenden schlimmsten Finsternis für die christgläubigen Bulgaren im Reiche der Osmanen. Unter Knute und Krummsäbel, durch Grausamkeit, Feuer und Mord wurden sie von muselmanischen Glaubenseiferern gezwungen, aufs geheiligte Kreuz zu speien und auf Allah — als den einzigen, ihren neuen Gott — zu schwören, ihre bulgarischen Namen gegen türkische zu tauschen, die Gesichter ihrer Frauen mit dem Schleier zu verhüllen, nach dem Koran anstatt der Bibel zu leben, sich moslemischer anstelle christlicher Riten zu befleißigen, sogar ihrer Muttersprache zu entsagen, um sie nach und nach zu vergessen. Damit drohte auch der letzte, noch flackernde Lichtschein von erretteter Freiheit, bewahrter Würde und gehütetem Geist zu ersticken. Und dies zu einer Zeit, da seit beinahe zwei Jahrhunderten hell das Licht der Renaissance und des Humanismus durch die Länder Europas strahlte.

Seit jener Zeit also lebt Karamanol, der Heiduck vom Roshen, im Herzen des Volkes, und in dessen Liedern hat er den Tod überlebt: im Lied der Rhodopier.

Irgendwann, in irgendeinem Sommer, von dem selbst im Erinnern der ältesten Gebirgler alle Spuren verwischt sind, hatte es schließlich begonnen: Alle Jahre, wenn die Ernte eingebracht war, die heurigen Lämmer saftig im Fleisch standen, zogen die Rhodopier zu Karamanols Berg. Davon ist ein Fest geblieben — bis heute: das Volks- und Sängerfest „Rhodopa pee" („Die Rhodopen singen"). Vor einigen Sommern haben wir es einmal am Roshen erlebt: die Karawanen von Autos und Bussen, von Pferde-, Maultier- und Eselswagen und die Heerscharen von Leuten (über 100000 waren es an jenem Tag), die zum Roshen strömten. Viele kamen weither aus dem Land. Und so ist es noch immer in jedem zweiten Jahr: Feuer werden angefacht; Fleisch brutzelt über Flammen und Glut. Dudelsackpfeifer spielen auf, Hunderte von Dudelsäcken erklingen, und die Stimmen von tausend, zweitausend Sängerinnen und Sängern vereinen sich zu einem Chor, dessen Lieder über Hänge, Täler und Berge hallen.

Noch unter den Augen der osmanischen Bedrücker, die zu jener Zeit bereits die brüchig gewordenen Pfeiler ihres „Reiches der Hohen Pforte" gefährlich wanken und schwanken sahen, hatten die Gebirgler oben auf dem Roshen-Gipfel rohbehauene Felssteine tief in die Erde gegründet, zu Mauern geschichtet, die Mauern ihres niedrigen, geduckten Baus mit Holzbalken und Schieferplatten überdacht, sein Inneres, das bestenfalls einer Handvoll Menschen Platz bot, zur Kapelle ausgeschmückt und deren First mit einem schmiedeeisernen Kreuz gekrönt — einer unscheinbaren Schutzhütte im Gebirge gleich. Betstätte im Schutze der Berge, geweiht „Sweti Duch", dem Heiligen Geist. Wer die vier Stufen zu dem Kapellchen hinabstieg, ins kerzenbeleuchtete Dämmer eintrat, die Ikone küßte, betend niederkniete, der fühlte sich nah dem Himmel und dem Allmächtigen. Konnte sich näher noch fühlen als sonst irgendwo. Denn die Heilige-Geist-Kapelle auf dem Roshen war durch Jahre und Zeit das am höchsten gelegene Bauwerk in den Rhodopen, als Sakralbau sogar der höchste im Land.

Die Legende von Karamanol, die Betenden im Kirchlein auf dem Gipfel und das Sängerfest aus neuerer Zeit — sie waren es, wovon die Gebirgler ehedem einzig sprachen, kam früher die Rede auf den Roshen ...

Der Wind, der tagelang tiefhängende, dabei sich hoch übereinander türmende Regenwolken über das Gebirge trug, hin zum Meer, frischte in der Frühe auf. Er griff mit kräftiger Hand in das Wolkengeschiebe, zerriß, zerpflückte, zerfaserte es. Dann fegte er den Himmel blank, der sich nun, spät am Nachmittag, wie ein glatter, blauer konvexer Spiegel über Berge und Täler wölbt.

Die Straße, die von der Thrakischen Ebene kommt — von Plowdiw, vorbei an Assenowgrad und dem Batschkowo-Kloster —, sich seit dem Eintritt in die Berge mit weiten Bögen und engen Kurven dicht an das gekrümmte, geröllige Flußbett der Tschepelarska reka hält, hat sich — einige Kilometer talwärts und nahe bei einem Denkmal für Rhodopen-Partisanen — im spitzen Winkel geteilt. Der rechte Abzweig führt nach Pamporowo, dem Ferienzentrum unterm Sneshanka-(Schneewittchen-) Gipfel. Dort, in seiner Nähe, klettert die Straße über den Gebirgskamm, um sich dahinter 800 Meter tief hinabzuwinden: nach Smoljan, das — aus vormals drei armseligen Dörfern entstanden — landesweit als „Hauptstadt der Rhodopen" gilt. Wir kennen diesen Weg über Bergschultern und -hängen von Pamporowo, hinunter ins Tal der Tscherna reka.

Diesmal jedoch haben wir uns an die linke Weiterführung der gutausgebauten Bergstraße gehalten. Auch sie überwindet das Gebirge, allerdings weiter östlich. Und in etwas weniger steilem Gefälle gleitet sie an den Bergrücken hinab nach Ustowo, der Ost-Vorstadt Smoljans. Seit zwei, drei Minuten schon fahren wir längs dem Scheitel der Rhodopen. Beiderseits der Straße wogt und wallt der grüngemusterte Teppich von Almen und Bergwäldern. Drüben, vom 1 925 Meter hohen Sneshanka-Gipfel, blinkt der Fernsehturm mit der silberglänzenden Verkleidung seiner Rundumbauten zu uns her. Seine rot-weiße Antenne ragt wie ein erhobener Zeigefinger himmelwärts, als wolle er die Vorbeifahrenden auffordern: Seht her, ich habe das massenwirksamste aller Massenmedien bis in die entlegensten Gebirgstäler der Rhodopen gebracht, wo noch vor einem halben Menschenalter das Licht elektrischer Glühlampen eine Seltenheit gewesen war! Ich verbinde die Bewohner der einst abgeschiedenen Bergregionen mit der großen Heimat und der weiten Welt, bringe ihnen Bilder, Informationen ins Haus — aus Film- und Fernsehstudios sowie von Schauplätzen rund um den ganzen Erdball!

Vorgestern und ebenfalls spätnachmittags, als die Sonne begann, wenigstens zuweilen durch ein Wolkenloch zu blinzeln, ließen wir uns — von Pamporowo und per Umsteiger an der Studenez-Baude — im Liftsessel zum Sneshanka-Gipfel hinauftragen. Dort gingen wir einige hundert Schritte übers Plateau, stiegen im Sockelraum des TV-Turms in einen Schnell-Lift, der uns binnen 36 Sekunden zur Café-Etage brachte. Um diese Einzelheit zu erfahren, blickte freilich keiner von uns auf den Sekundenzeiger der Uhr, sondern wir hörten die exakte Zeitangabe für die rasante Höhenfahrt aus dem Munde einer Lift-Hostess. Der Kaffee, den wir tranken, war sehr heiß, sehr schwarz, sehr süß — und sehr teuer. Aber diesbezüglich hat Kästner schon geklagt: „Die Berge und die Preise sind das Höchste in den Alpen ..." — Weshalb sollte es in den Rhodopen anders sein, noch dazu 85 Meter erhöht über dem Gipfel? Uns entschädigte der Gedanke, in Bulgariens derzeit höchstgelegenem Café unseren Espresso zu trinken, aber vor allem der Aus- und Rundblick über die Rhodopengipfel, die sich am Horizont mit dem Wolkengebirge vereinten und es zu stützen schienen. Als die Frühabendsonne auf ihrem Abstieg vom Zenit schräg durch die aufreißenden, fliegenden Wolkenhaufen stach, überzog sie Wolkenränder und Bergkronen, den Wasserspiegel des kleinen Staureservoirs im Talgrund, die Wände des Cafés und die Gesichter der darin Sitzenden wie mit gleißendem Gold.

Der sonnenbebrillte Kellner, der uns bediente (und uns sagte, daß er hier oben die Sonnenbrille niemals ablege), hob bedauernd die Schultern, meinte: „Schade, den Blick müßten Sie einmal bei guter Sicht erleben! An klaren Tagen können wir bis zum Rila-Gebirge und zur Stara Planina schauen und weit hinein nach Griechenland, sogar bis zum Olymp!" Kann sein, vielleicht war's auch nur ein guter Werbespot(t), den der brave Mann uns darbot. Aber womöglich erblickt man von dem 2 000-Meter-Aussichtspunkt auf der Sneshanka tatsächlich den Olymp, den Gipfel der Götter?

Auf den Olymp — für die alten Griechen höchster Berg der Heimat —, wolkengekrönt, firnumkränzt und zu ihrer Zeit von keinem Irdischen erreichbar, hatten sie ihre Götter erhoben. Dort schaltete und waltete der Erden-, Himmels-, Sonnen- und Sternenlenker Zeus, gebot er über Schicksale und Geschicke der Menschen, trieb er mit ihnen, mit Halbgöttern und Mitgöttern seine gutlaunig-mißlaunigen Spiele, erging er sich in ausschweifenden Vergnügungen, die Hera, sein Weib, so überaus erzürnten. Außerstande, den Herrn der Weltschöpfung direkt zu strafen, rächte sie sich an seinen Gespielinnen, zum Beispiel so: Zeus entflammte für Kallisto, die langmähnige Jagdgefährtin seiner Tochter Artemis (Diana). Wiederum kam Hera dahinter. Und aus grimmigem Zorn verwandelte sie die Geliebte ihres treulosen Gatten samt deren Sohn Arkes, Frucht der heimlichen, verbotenen Liebe, in eine Bärin (Ursa Major) und ihr Junges (Ursa Minor). Weil das der rachsüchtigen Hera noch nicht genügte, verschärfte sie die Strafe obendrein dadurch, daß Großer Bär und Kleiner Bär, angetrieben von Bootes, dem Ochsentreiber, sich am Himmel urewig im Kreise bewegen müssen, ohne jemals zu einem erfrischenden Bad in den Ozean tauchen zu können ...

Die Mythologie deutete, was der unwissende Mensch sich nicht zu erklären vermochte — die gleichbleibend kreisende Bewegung der Zirkumpolarsterne. Und der Volksglaube, der all die Legenden von der Verwandlung menschlicher oder göttlicher Gestalten in Tiere, Pflanzen, Bäume, Steine, Felsen, Gebirge, Sterne und Himmelszeichen ersann, verweigerte — wohl zur gerechten Strafe — der streitsüchtigen Hera einen ewigbleibenden Platz am nächtlichen Sternhimmel. Anders hingegen hielt es die altgriechisch-altrömische Sage mit den guten, schönen, starken Gottheiten: Zeus, dem allmächtigen, höchstverehrten, höchstgefürchteten Hauptgott (Jupiter), der strahlend-schönen Aphrodite (Venus), dem rührigen, gewinnbringenden Hermes (Merkur), dem über Sieg oder Niederlage bestimmenden Feuer- und Kriegsgott Ares (Mars) — sie und noch viele andere hat die wundergläubige Phantasie des Menschen als Himmelskörper entrückt ins unendliche All.

Nicht von ungefähr waren mir diese mythischen Geschichten in den Sinn gekommen — vorgestern, als ich durch die Scheiben des Sneshanka-Tele-Cafés ins Bergrund blickte: erstens, weil der Kellner ganz unvermittelt vom Olymp gesprochen hatte, und zweitens, weil ich wiederholt hinüber zum Kuppelturm auf dem Roshen schaute, wohin ich mich (wäre der Himmel nicht so anhaltend griesgrämig gewesen) seit Tagen schon wünschte ... Nun endlich sind wir unterwegs, um heute nacht zu den Sternen zu schauen — mit Sternforschern hoch oben auf Karamanols Berg. Und beinahe hätten wir den Wegweiser übersehen, der linkerhand quer zur Fahrbahn steht und mit seiner Dreieckspitze nach links zeigt. Erst im letzten Moment bemerken wir ihn; weiße Schrift auf blauem Grund: OBSERVATORIUM. Der Fahrer bremst den Wagen, lenkt ihn zur anderen Seite auf das schmale, geschlängelte Asphaltband, das bergan zum Roshen führt.

Weite, üppigbunte Bergwiesen fallen hangab, steigen hangauf, gekerbt und gefaltet ist die Gebirgslandschaft. An den Straßenrändern flammen Königskerzen — so hoch, daß sie einem Mann bis zur Brust reichen —, sonnengelbe Blütenpracht. Fernhin ist das Grün der Almen mit sandfarbenen, wolligen Knäueln betupft. Die Wollknäuel bewegen sich — Schafherden, die über die Hänge ziehen. Inmitten dieser romantischen Bergkulisse, unbestritten viel zu idyllisch, um heutigentags von einem Maler getreu nach der Natur noch gemalt zu werden, sind Frauen und Männer bei der Arbeit; sie staken mit langen Forken Heu zu Haufen.

Eine Haarnadelkurve, von hohen Leitplanken gesichert. Hinter den Planken ein tiefer klaffender Abgrund. Die Straße windet sich nun in Serpentinen zur Höhe — dem Gipfel entgegen. Die Serpentinen scheinen regelrecht am Steilhang zu schweben: vier, fünf, sechs übereinander. Der Automotor stöhnt und keucht, dauernd muß der Fahrer schalten. Und unwillkürlich muß ich daran denken, was es in jenen Sommer- und Herbsttagen vor Jahren für die Männer an den Lenkrädern der Tieflader und Schwerlasttransporter wohl bedeutet haben mag, die stählernen Haubensegmente für den Kuppelturm sowie die insgesamt rund 100 Tonnen schweren Spiegel-, Rohr-, Achsen- und Gegengewichtssysteme des Zwei-Meter-Spiegelteleskops über diese schwindelerregende, kurvengespickte Bergstraße sicher zum Gipfelplateau zu bringen ...

Der Anstieg wird ein wenig flacher. Die weitausladenden moosbärtigen Fichten treten an die Hangränder zurück, geben den Blick frei — auf weiße Gebäude, getragen von Sockeln aus grauem Felsgestein, mit vielerlei gegliederten Vor- und Anbauten, Balkonen und Erkern, roten Schrägdächern, grünen Fensterläden, und dies alles kompakt aneinander gebaut und übereinander gestaffelt: der Forschungs- und Wohnkomplex des Nationalen Astronomischen Observatoriums auf dem Roshen, 1 750 Meter über dem Meer. Der mächtige, runde, von einer silberfarbenen Haube gekrönte Kuppelturm überragt das Plateau noch um volle 32 Meter. Es ist „Herzstück" des Observatoriums; unter der Kuppel hat das Zwei-Meter-Spiegelteleskop von Zeiss seinen Platz ...

Die Sternforscher, die im Kuppelturm auf dem Roshen das optische Riesenauge zu fernen Sternwelten richten, blicken bis zu drei Milliarden Lichtjahre weit in die Unendlichkeit. Was sie sehen, das geschah, als sich unsere Erde aus kosmischem Staub zum Planeten der Sonne gebildet hatte — wie die übrigen Planeten ein winziges Stäubchen im All.

„Weißt du, wieviel Sternlein stehen ..." — die Frage aus dem Gute-Nacht-Lied meiner Kindheit wird der Mensch wohl niemals restlos ergründen. Aber je weiter die Astronomen mit ihren „Augen" und „Ohren", den Spiegel- und Radioteleskopen, in die Tiefe des Weltalls vordringen, um so mehr kosmische Geheimnisse enthüllen sie uns: Protosterne, Rote Zwerge und Rote Riesen — interstellare Materie, die erst im Begriff ist, Sonnen zu werden — nehmen sie ins Visier. Zu offenen Sternhaufen, Kugelsternhaufen und extragalaktischen Nebeln richten sie ihre Blicke ins All. Sie spüren den Novae und Supernovae nach — explodierenden Himmelskörpern, die plötzlich am Firmament extrem hell aufleuchten —, fahnden nach Weißen Zwergen, Schwarzen Löchern und Neutronensternen — den kosmischen Phänomenen superverdichteter Materie — sowie nach Quasaren, von denen jeder einzelne mehr Energie abstrahlt als ganze Galaxien oder Riesengalaxien.

Nacht für Nacht durchstreifen die Teleskopaugen der Astronomen in einigen hundert kleinen Sternwarten und großen Observatorien des Erdballs die Räume der Galaxis und ferner Galaxien. Längst reichen den Sternforschern „klassische" kosmische Maßeinheiten wie Parsec oder Kiloparsec nicht mehr aus. Sie haben begonnen, in Megaparsec zu rechnen. Was mag danach kommen? Giga-(Milliarden-)parsec, Tera-(Billionen-)parsec? Dabei überbeansprucht schon *ein* Parsec erheblich unsere menschliche Vorstellungskraft. Denn es multipliziert 206 265mal die Entfernung Erde-Sonne. Über die Distanz von einem Parsec (= 30,8 Billionen Kilometer) braucht das Licht rund dreieinviertel Jahre, bevor es von uns auf der Erde zu sehen ist.

Das also ist die „geistige Welt" ihres Forscheralltags, sind Termini und Dimensionen, in denen sie zu denken gewohnt ist, die Frau, der wir in einem der behaglich eingerichteten, mit viel Grün ausgeschmückten Klubzimmer des Observatoriums gegenübersitzen: Professor Dr. Malina Popowa, bulgarische Astronomin — eine Entdeckerin von Sternen.

Sie wohnt in Sofia, lehrt an der Universität, forscht im Akademieinstitut. Dort war ich ihr vor Jahren erstmals begegnet. Seitdem haben wir uns noch etliche Male getroffen — in Sofia, auch in Berlin, sogar in Sonneberg, wo Malina Popowa Anfang der 60er Jahre „ihre" Sterne entdeckt hatte — 40 veränderliche Sterne in Sternbildern am Rande der Milchstraße.

Durch all diese Zeit hatte ich den Wunsch, einmal mit ihr auf dem Roshen zu sein. Aber zum Roshen fährt die Sternforscherin nur, wenn die Sterne, die sie untersucht, besonders günstig für sie stehen. Dann freilich ist für Malina Popowa und das Astronomenteam an ihrer Seite jede Stunde kostbar. Seit Tagen jedoch gab sich der himmlische Wettermacher äußerst mißlaunig. Da hat sich nun endlich für mich das Glück gefügt, daß wir beide zu dieser Sommerzeit in den Rhodopen sind, indessen: Telefonate hin zum Roshen, Telefonate her nach Tschepelare ... Schließlich heute vormittag die Stimme Malina Popowas im Telefon: „Kommen Sie, heute nacht werden wir gewiß beobachten können ...“

Doch nicht über Sterne sprechen wir zuerst miteinander, sondern übers Wetter: „Eigentlich können wir auf dem Roshen mit wenigstens 200 klaren Nächten im Jahr rechnen. Die meisten davon — und die klarsten — die gibt es natürlich im Winter“, erläutert die Professorin. Das Klima sei in den Rhodopen selbst winters sehr mild, außerdem gäbe es weit und breit keine rauch- und gas„pustende“ Industrie, auch keine städtischen Ballungszentren, die mit ihren Lichtglocken den Kontrast des Nachthimmels beeinträchtigen. „Eben deshalb entschieden wir uns, als wir den günstigsten Standort für das Observatorium suchten, für die Rhodopen und den Roshen“, erzählt die Astronomin, um gleich nochmals aufs Wetter zu kommen: „Wir hatten eine ruhige Wetterperiode mit offenem Himmel. Dann kam vor einigen Tagen der Umschwung. Das ist für uns sehr ärgerlich. Denn die Nächte sind um diese Jahreszeit sowieso sehr kurz, und uns bleiben für die Beobachtung nur wenige Stunden. Doch nun weht in großer Höhe ein kräftiger Sturm, das verspricht eine gute Sicht.“

Weil ich nicht wissen kann, welche Sterne die Astronomin momentan „ins Visier“ nimmt, erkundige ich mich: „Wohin werden wir heute nacht mit Ihnen schauen?“

Sie lacht, wiegt lebhaft den Kopf, sagt: „Oh, hoffentlich sind Sie nicht enttäuscht! Wir untersuchen einen offenen Sternhaufen im Sternbild Ophiuchus — zu deutsch: Schlangenträger. Er liegt uns sehr nah, nur etwa tausend Parsec entfernt. Doch dieser Sternhaufen ist sehr interessant: Er befindet sich — wie wir Astronomen sagen — im ‚mittleren Alter‘ und hat ungewöhnlich viele Doppelsterne. Einige sind Rote Riesen mit 10 bis 60 Sonnenmassen. Ich bin sicher, daß uns dieser Sternhaufen noch eine ganze Weile beschäftigen wird ...“

Bei allem, was die Professorin erzählt, bedarf es keiner Übersetzung. Denn eine der Sprachen, in denen Malina Popowa sich fließend zu unterhalten versteht, ist Deutsch, überdies mit einem reichen Wortschatz und mit vielen Redewendungen aus der Umgangssprache. Das hat sie nicht in Sprachlektionen gelernt, sondern im Leben: bei der Arbeit, beim Umgang mit Sternforscher-Kollegen in Sonneberg, Potsdam und anderswo bei uns im Land.

Während ich Malina Popowa zuhöre, schaue ich sie an und überlege: Was haben wohl die Jahre seither verändert an ihr? Gewiß, das Haar ist um manche Silberfäden weißer geworden, auch einige Fältchen um die Augen sind hinzugekommen — aber: sonst nichts. Ist es möglich, daß sich der Mensch im Verlaufe eines Jahrzehnts so wenig verändert? Noch immer spricht sie mit der gleichen wohlklingenden, warmen Stimme, ruhig, manchmal ein wenig zu leise, so daß man ihr konzentriert zuhören muß. Nur dann, wenn sie sich ereifert oder es etwas besonders Schwieriges zu erklären gibt — und ihre Profession hat davon genug —, steigert sie leicht den Tonfall. Dann blitzen ihre Augen auf, die so gutmütig blicken, mütterlich.

„Ich habe schon als Kind gern zu den Sternen geschaut. Das Glitzern und Funkeln am nächtlichen Himmel erweckte meine Neugier, erregte meine Phantasie. Hinzu kam, daß es mein Vater verstand, uns Kindern viele wunderschöne Geschichten von den Sternen zu erzählen", hatte sie mir einmal als wahrscheinlichen „Ursprung" dafür genannt, weshalb sie sich später — beim Physikstudium — für die Fachrichtung Astronomie entschied. Der Vater, Techniker von Beruf, arbeitete als Journalist, schrieb für Zeitungen und Zeitschriften vorzugsweise populärwissenschaftliche Artikel. Und so war es gekommen, daß sie den Weg beschritt, den sie gegangen ist: Im Jahr Null der neuen bulgarischen Zeitrechnung, 1944, hatte Malina Popowa als erste Frau Bulgariens die Tür zu der bis dahin ausschließlich „männlichen Domäne" der Astronomie aufgeklinkt und war zur Sternentdeckerin geworden, auch zur Entdeckerin des „KR Aurigae" (Kurzbezeichnung für einen bestimmten veränderlichen Stern im Sternbild Auriga/ Fuhrmann). In der Sonneberger Sternwarte hat sie „ihren" Stern entdeckt, 1960, unscheinbarer Punkt im Sternnebel der Milchstraße, auf Fotoplatten winziger als eine Stecknadelspitze.

„Die kosmischen Körper haben ein Leben — wie der Mensch", sagt die Professorin, „auch die Sterne werden geboren — und sterben. Die veränderlichen Sterne geben uns die Möglichkeit, alle Phasen in der Entwicklung von Himmelskörpern zu verfolgen — wie sie im Universum entstehen und was nach ihrem Vergehen von ihnen bleibt."

Bis zu diesem Augenblick hat Malina Popowa noch nicht vom „KR Aurigae" — ihrem ureigenen Stern — gesprochen. Könnte es sein, daß die Suche nach neuen, interessanten Sternen bei ihrem Forschen den vielumrätselten Stern „überstrahlt"?

„Nein", sagt die Professorin, „dieser Stern hat mich das halbe Leben beschäftigt — und wir befassen uns weiterhin mit ihm. Die Implosion seiner Materie läuft mit unwahrscheinlicher Geschwindigkeit ab — 3 000 Kilometer pro Sekunde errechneten wir, und das ist mehr als das Siebenfache der Geschwindigkeit bei anderen Sternen. Er hat uns die Antwort in bezug auf seinen Charakter gegeben, nachdem Röntgenteleskope in sowjetischen Weltraumstationen und amerikanischen Erdsatelliten auch auf ihn ausgerichtet wurden. Denn Röntgenstrahlen werden von der Erdatmosphäre absorbiert, können im Kosmos empfangen werden. Folglich hatten wir warten müssen, bis es möglich geworden war, Röntgenteleskope im Orbit zu stationieren. Sie sehen, die Astronomie profitiert von der Raumfahrt — wie die Raumfahrt von der Astronomie ...“

Malina Popowa unterbricht ihren Gedankenexkurs, denn sie sieht vor sich bloß verständnislose Gesichter. Ich bekenne ihr, daß ich weder im Bilde bin, weshalb die Raumfahrt aus der Astronomie Nutzen schöpfe, noch eine Ahnung davon habe, weshalb für die Sternforscher der Empfang von Röntgenstrahlen bedeutungsvoll wäre. Der Seufzer, bevor die Professorin zu sprechen beginnt, ist unüberhörbar, doch nachsichtig und geduldig erklärt sie es uns: „Alle Satelliten, Raumschiffe und Raumsonden ‚orientieren‘ sich nach bestimmten Sternen. Es sind für sie ‚Leuchttürme‘ im All, die ihnen helfen, die richtige Position einzunehmen oder den richtigen Weg zu finden.“ Was die Röntgenstrahlen betreffe, sei die Sache ebenfalls einfach: „Gewisse Sterne, von deren Existenz wir in der Theorie schon eine Weile wissen, verbreiten Röntgenstrahlen im Weltraum. Unsere ‚Sternspäher‘ im Orbit, die Röntgenteleskope, identifizierten ‚KR Aurigae‘ zwar nicht als Schwarzes Loch — wofür anfangs einiges seiner Charakteristik durchaus sprach —, doch sie lieferten uns Beweise, daß es sich um ein ähnlich interessantes Himmelsobjekt handelt, einen Stern von gleichfalls sehr hoher Dichte: ‚KR Aurigae‘ ist ein Weißer Zwerg! Erstmals haben wir einen Stern dieser Art in einem engen Doppelsternsystem gefunden. Die Umlaufperiode beträgt drei Stunden und 54 Minuten. Das ist eine relativ sehr kurze Zeit, und wir konnten sie exakt bestimmen. Doch dazu zeigt ‚KR Aurigae‘ eine außerordentlich starke Lichtschwankung: In kleinen Intervallen strahlt der Stern immer hell. Auf einmal wird sein Leuchten extrem schwach — hundertmal schwächer als bei der größten Helligkeit. Genaugenommen benimmt er sich wie das Gegenteil einer Nova. Deshalb habe ich vorgeschlagen, Sterne solcher Charakteristik ‚anti-dwarf-novae‘ [Anti-Zwerg-Novae — H. P.] zu nennen. Es ist der erste einer neuen Klasse von Veränderlichen. Seitdem wir das erkannt haben, konnten noch einige weitere Sterne gleichen Typs gefunden werden ...“

Was die Entdeckung auch nur eines „neuen" Sterns bedeutet, vermag kein Außenstehender auch nur annähernd zu ermessen: Wie viele Nächte hat der Astronom geduldig, zielstrebig, verbissen ausgeharrt im Turm unter der offenen Kuppel (wo es beispielsweise winters eisigkalt ist), um an Teleskop und Himmelskamera zu arbeiten? Wie viele Tage hat er zugebracht, um, gebeugt über Speziallupe und Blinkkomperator, Zeile für Zeile Papierpositive oder Plattennegative von Himmelsaufnahmen „durchzumustern", das heißt: unzählige Astrographien — entstanden im Abstand von Stunden bis Jahrzehnten — miteinander zu vergleichen? Auf jedem „Himmelsschnappschuß": Tausende, Zehntausende, Hunderttausende von Sternen! Wechselnde Grautöne der zumeist Bruchteile von Millimetern kleinen „Sternpunkte" sind ein erstes Anzeichen, ihr Aufblinken im Komperator das blitzende Signal: „Achtung! Veränderlicher Stern!" Doch ist es wirklich ein „neuer", noch unbekannter? Bedeutet sein Erkennen aber auch tatsächlich seine Entdeckung? Gewiß, Astronomen sind an solche „Spannung" gewöhnt. Jedoch, gewahrt jemand unverhofft die Chance, seinen Namen als Sternentdecker ins große WELTBUCH DER STERNE einzutragen, dann durchlebt er die ganze Gefühlsskala: Vom Fahnden, Finden, Hoffen bis zum Beweis. Dickleibige Kataloge werden befragt, gründliche Bestimmungen vorgenommen, schließlich seitenlange Expertisen zum Weltzentrum für die Registrierung von veränderlichen Sternen — das Sternberg-Institut, Moskau — gesandt. Sodann aber heißt es vorerst einmal: Warten, warten … — und hoffen, daß nicht ein anderer Sternforscher, irgendwo in der Welt, just denselben Stern mittlerweile bereits entdeckt und also vorher angemeldet hat.

Nicht anders war es Malina Popowa ergangen …

Bliebe noch die Frage: Was, genau, ist ein Weißer Zwerg? „Weiße Zwerge sind Sterne", erläutert Malina Popowa, „die sich am Ende ihres ‚Lebens' befinden. Das haben sie mit einem noch um ein Vielfaches dichteren Neutronenstern oder einem Schwarzen Loch gemeinsam [deren Existenz ist jedoch vorerst noch allein hypothetischer Natur — H. P.]. Solche Sterne haben ihre ‚Hülle' explosionsartig abgestoßen, sind durch die Einwirkung der eigenen Schwerkraft in sich zusammengebrochen. Der Druck, den die verbliebenen äußeren Schichten ausüben, hat die Atome im Innern des Sterns zerquetscht. Dadurch ist er zu einem kleinen, hochdichten massereichen Himmelskörper geworden. Seine Materie — ein Gemisch von Kernen und Elektronen — ist derart ‚dicht gepackt', daß ein Kubikzentimeter ungefähr eine Tonne wiegt. Einer meiner sowjetischen

Kollegen gab dazu mal den Vergleich, daß für den Transport einer Streichholz-schachtel voll diesen Sternmaterials — nach irdischen Begriffen — ein großer LKW vonnöten wäre. Bei einem Neutronenstern oder einem Schwarzen Loch brauchte man sogar ein riesiges Schiff, um Material von der Größe eines Steck-nadelkopfes zu transportieren. Allen diesen ‚Sternphänomenen‘ ist gleicherma-ßen eigen, daß sie durch ihre gewaltige Anziehungskraft Materie von anderen, ihnen benachbarten Sternen in sich ‚einsaugen‘. Das geschieht auch bei ‚KR Auri-gae‘. Aber ich glaube, er hat uns noch einiges mehr zu sagen ..."

Das schmale, sichelgleiche Nachtlicht des zunehmenden Mondes folgt am Him-mel dem Tagweg der Sonne, die sich hinter den Gipfeln und dem Dunstschleier, der aus den Bergtälern aufsteigt, zur Ruhe begeben hat. Ihr Widerschein färbt den Gebirgsrand und den Abendhimmel mit allerlei Dunkeltönen des Farb-spektrums — in abgestuften Schichten, die sich aufeinandertürmen, ineinander-fließen: von tieforange, flammendrot, über hellpurpur, blauviolett bis zu grau- und schwärzlichblau. Schon schimmern am Himmelsdom die ersten Sterne. Und drüben, auf der Sneshanka, hat der Fernsehturm seine roten Warnlichter ange-zündet.

Da gehen wir über einen abschüssigen, asphaltierten Weg zu dem massigen, runden Kuppelbau, der am Rande des Gipfelplateaus die Wipfel selbst der aller-höchsten Fichten hoch überragt: Hauptturm des Observatoriums ... Gleich nach dem Abendessen waren wir zu dem Rundgang aufgebrochen, geführt von einem der Spezialisten für Sternhaufen, Dr. Kyrill Panow, der ein dickes Schlüsselbund in der Hand trägt, um vor uns Türen auf- und hinter uns zuzuschließen. An sei-ner Seite sind wir in verschiedenen Gebäuden sowie in den beiden kleineren Kuppeltürmen des Observatoriums treppauf, treppab gestiegen, haben dabei vie-lerlei interessante, hochmoderne Astronomie-Technik bestaunt. Und zuletzt hat uns der Observatoriums-Chef das 50-Zentimeter-Cassegrain-Teleskop, da-nach — im benachbarten Turm — das 70-Zentimeter-Schmidt-Teleskop gezeigt, zu dem eine mittelformatige Himmelskamera gehört, und ausgiebig hat uns Dr. Panow erklärt, wie solch ein Astrograph funktioniert. Auch diese beiden Te-leskope sind — wie das Zwei-Meter-Spiegelteleskop — in Jena gebaut worden, allerdings Jahre vorher. Den weltberühmten Markennamen „Carl Zeiss" haben wir übrigens an einer Vielzahl von Geräten entdeckt, weiterhin noch den von ROBOTRON ...

„16 einzelne Objekte wurden auf dem Roshen errichtet. Damals sah es hier oben aus wie auf einer Großbaustelle. Der ganze Gipfel war aufgewühlt. Wohin man schaute: Baugruben, Fundamente, Rohbauten. Ein Zementsilo und eine große Betonmischanlage standen da. ‚Baut ihr einen Staudamm?‘ foppten uns die Leute. ‚Nein, wir bauen eine Festung, eine Festung der Wissenschaft!‘ Viele Monteure und Spezialisten aus der DDR waren an unserem Bau beteiligt — aus Wernigerode und Dresden, aus Berlin und Jena. Monatelang wurde auf dem Roshen außer Bulgarisch vor allem auch Deutsch gesprochen.“

Das hat uns Dr. Panow vorhin erzählt, und seit er die Rede darauf gebracht hat, daß bei jener intensiven Bauerei vor Jahren das Gipfelplateau buchstäblich um-und-umgewühlt worden war, ist mir der Gedanke an die kleine Bergkapelle, die wir vordem auf dem Roshen gesehen hatten, nicht mehr aus dem Sinn gegangen. Weil sich mir die Frage, ob jene hatte weichen müssen, als seinerzeit die astronomische Forschungsstätte entstanden war, nun einmal auf die Zunge gedrängt hat, spreche ich sie auch aus. Nachgerade entgeistert starrt mich unser Begleiter an, hebt die Arme über die Schultern, breitet abwehrend die Hände aus, sagt mit hörbarem Vorwurf in der Stimme: „Wie können sie so was auch nur denken?! Das ist doch ein Denkmal unserer bulgarischen Geschichte, des nationalen Geistes! Deshalb haben wir alles unternommen, das Kirchlein zu schützen und zu bewahren ...“

Und in diesem Moment erreichen wir den Vorplatz des Kuppelturms, sehen den grauen, geduckten Bau aus Felssteinen mit dem schmiedeeisernen Kreuz überm First — Gläubigkeit und Wissensdrang nebeneinander nahezu: Stein an Stein.

Im Vestibül des Kuppelturms — mit großformatigen Sternenfotos an den Wänden — öffnen sich uns die Türen eines Lifts, der uns zur Höhe bringt: näher dem Himmel und näher den Sternen. Als der Lift stoppt, die Türen aufgehen, treten wir in einen diffus beleuchteten Gang. Nach wenigen Schritten gelangen wir in einen großen, lichtdurchfluteten Raum. Eine große farbige Karte fällt uns ins Auge: ozeanische Bereiche der Weltkugel, von Linien gerastert, dünne Kreise innen, ein dicker Kreis als Rand, mit Zahlen markiert. Ringsum an den Wänden reihen sich hellgraue und hellgrüne blechverkleidete Schränke: elektrische Schaltanlagen, elektronische Datenspeicher — die Technik gibt sich kühl. Ein Fernschreiber, EDV-Eingabe- und Ausgabegeräte, viel computergelochtes, computerbedrucktes Papier. Vier TV-Monitore hängen von der Decke herab; ihre

Bildschirme flimmern, ein schwaches Rauschen ist zu hören, doch sie geben kein „Programm". Wir sind in der Dispatcher- und Computerzentrale, dem „Steuerstand" des Observatoriums, werden zu diesem Gerät geführt und zu jenem, und nunmehr schon drei Leute bemühen sich abwechselnd, mir plausibel zu machen, womit Computer auch in der Himmelsforschung den „großen Schub" bewirkten: Weil ihr „Wissen" über Koordinaten, Distanzen, Spektren, Kontraktion, Gravitation, Amplituden, Perioden, Bahnparameter von Sternen binnen Sekunden abrufbar ist und weil sie in Minutenschnelle Daten von Jahren durchrechnen können, dabei „Denkkombinationen" vollbringen, für die ein Astronom Wochen, Monate, gar Jahre brauchte ... Einer der TV-Bildschirme leuchtet auf, überträgt ein Bild: Irgendwelche Sektionen einer metallischen Konstruktion sind zu sehen; das Gesicht eines Mannes erscheint, er beginnt zu sprechen, und von dem, was er sagt, verstehe ich immerhin den Satz: „Gotowi sme!" — „Wir sind bereit!"

Nochmals rein in den Lift, nochmals raus aus dem Lift. Dann sind wir am Ziel: eine Halle, kreisrund, in rötliches Dämmerlicht gehüllt, überwölbt von einer hohen Kuppel, die mich unversehens an die Kuppel eines ehrwürdigen Doms erinnert. Die Teleskophalle: das „Allerheiligste" der Sternforscher vom Roshen! Um die Rundhalle diagonal zu durchschreiten, brauchte man wenigstens 40, 50 Schritte. Das wäre aber gar nicht möglich, denn der gesamte Innenraum wird von einem mächtigen Sockelblock sowie dem kolossalen Rohr-, Gelenk- und Gegengewichtssystem des Zwei-Meter-Spiegelteleskops beherrscht. So stelle ich mir eine „Himmelskanone" aus einem sience-fiction-Film vor.

Der Beobachterstand — die offene Kanzel mit dem Bedienungspult — ist bis zur halben Höhe ausgefahren. Im schwachen Licht erkenne ich die Gestalten von Malina Popowa und dem Operator. Er hantiert an der Himmelskamera, sie blickt auf oszillierende Ziffern und Leuchtpunkte des Pultgeräts. Im selben Augenblick beginnt es über unseren Köpfen zu rumoren: Gleichzeitig zu beiden Seiten hin bewegen sich die stählernen Segmente der Kuppel. Der breite Spalt, der sich vor dem gedrungenen, dicken Teleskoprohr öffnet, gibt einen Ausschnitt des Nachthimmels frei. Nach meiner Orientierung muß das Teleskop zum südlichen Himmel gerichtet sein. Nur wenige Sterne schimmern auf dem blauen Tuch, das die Nacht gewebt hat. Ein Stern aber strahlt auffällig hell. „Das ist die Wega", sagt einer der neben uns Stehenden.

Malina Popowa und der Operator steigen vom Podest, und die Professorin kommt zu uns, beginnt sogleich wieder von den Sternen zu sprechen — genauer: vom offenen Sternhaufen IC 4665 im Sternbild Ophiuchus. „Es ist einer von zehn Sternhaufen, die wir zur Zeit untersuchen. Natürlich ist diese Arbeit nur ein Teil der Forschung unserer Astronomen und des Beobachtungsprogramms unseres Observatoriums. Einige meiner Kollegen befassen sich zum Beispiel mit der Erforschung von Galaxienkernen, galaktischen Nebeln und manchem Interessanten mehr." Und endlich lädt sie mich ein, die Sterne des Sternhaufens IC 4665 zu sehen. Die Beobachtungskanzel gleitet mit uns aufwärts — bis zur Höhe des Suchfernrohrs. Malina Popowa blickt als erste ins Okular, findet offenkundig, daß alles in Ordnung ist. Dann schaue ich — und eine vollkommen neue Himmelswelt eröffnet sich mir: Wo man mit bloßem Auge lediglich einige versprengte, einsame „Sternnomaden" am Himmelszelt wahrnehmen kann, ist jetzt alles ein einziges Gleißen, Glitzern und Funkeln. Ein Sternenregen, eine Kaskade silberner und goldener Lichttropfen scheint auf mich herabzustürzen. Doch mitnichten erspähe ich irgendwas von einem Sternhaufen. Dennoch — ich bin gebannt. Angestrengt starre ich ins Unendliche; meine Augen beginnen zu tränen, die Glaslinse beschlägt. Und erst, als ich meinen Blick vom Sucher abwenden will, erkenne ich, daß ein Fadenkreuz die Mitte des Himmelsausschnitts fixiert: Sterne im Visier! — die Metapher besteht demnach vollkommen zu Recht. Malina Popowa erklärt mir, wozu die Zielhilfe dient: „Das Teleskop wird auf einen bestimmten Stern eingestellt, dessen Bewegung wir genau kennen. Wenn er am Himmel ‚wandert', folgt ihm das Teleskop automatisch; es wird elektronisch nachgeführt. Zur Belichtung der Platten ist eine längere Zeit erforderlich, eine Stunde, anderthalb Stunden oder mehr. Allein dadurch gewinnen wir kontrastreiche und scharfe Himmelsaufnahmen. Mit ihnen arbeiten wir. Und bestimmt noch viele Astronomengenerationen nach uns werden sich ihrer bedienen …"

Diese Worte sagen mir zugleich, daß es für mich heute abend keinerlei Hoffnung gibt, „KR Aurigae", den „Stern der Popowa", gemeinsam mit seiner Entdeckerin zu sehen. „Ich hätte Ihnen ‚meinen' Stern bestimmt noch gezeigt", tröstet mich die Professorin, „aber das Sternbild ‚Aurigae' ist im Sommer nicht zu sehen. Es ist ein typisches Wintersternbild, das erst ab September am Nachthimmel aufkommt und am besten im Dezember und Januar zu beobachten ist, weil es dann die ganze Nacht am Himmel bleibt. Ihm zuliebe habe ich schon viele eiskalte Nächte im Turm verbracht. Ich kann sie längst nicht mehr zählen …"

Und weshalb das alles — die supermoderne Technik, die großen, etatverschlingenden Observatorien, die hartnäckige, entbehrungsreiche Arbeit der Astronomen? Weil die Astronomie begonnen hat, der „klassischen" Physik voranzugehen, um im unendlichen Universum Geheimnisse zu lüften, die bis heute ungelöste Welträtsel sind. Malina Popowa, die Sternentdeckerin, gibt sich sogar bis ins letzte gewiß. „Ich bin überzeugt", sagt sie, „daß es Astronomen sein werden, die eines Tages den ‚Code der Weltschöpfung' entschlüsseln ..."

Es ist in der ersten Stunde nach Mitternacht, als wir uns von ihr und ihrem Beobachterteam verabschieden. Und während der Heimfahrt, runter nach Tschepelare, überlege ich: Was werden kommende Generationen über Malina Popowa und die anderen Sternforscher vom Roshen erzählen, über die Leute vom Berg des Heiducken Karamanol? Denn: Was das Volk weiß ...

SIEBENTE TOUR
MITTLERES RHODOPEN-GEBIRGE

Im Rhythmus des Choro

Die Berge treiben mit der quirligen Lâschka, die übermütig zu Tal springt, ihr Spiel. Sie haben der flinken, dunkelmähnigen Bergschönen unzählige Steine in den Weg gerollt — aus Vergeltung dafür, daß Lâschka mit der Kraft der Schmelz- und Regenwasser, die sie auf Höhen und an Hängen sammelt, den Karst des Gebirges in tiefem Spalt aufklüftete, sich somit Bahn brach, um sich tiefer im Talgrund ihrer Schwester Wâtscha im fliegenden Lauf in die Arme zu werfen. Die Berge spielen mit Lâschka, der Rhodopentochter, wippen sie von einem Rand ihres Bachbettes zum anderen, fassen mit scharfgratigem rissigem Fels nach ihrem wogenden Gewand, aus Wasser gewebt. Doch die hurtige Lâschka entwindet sich ihnen, schlägt behende einen Bogen — dort, wo eine ausgedehnte Gebirgsaue sich zwischen die Hänge zwängt. Gleichermaßen von dem Bogen (Lâk), worin Lâschka sich breitstreckt und von ihren hastigen Bergsprüngen verschnauft, bevor sie weitereilt, wie von dem Wiesengrund (Lâschka), den sie durchfließt, hat sie den Namen — Schiroka Lâschka, sinngemäß: die sich auf der Aue Breitbiegende.

Das Dorf wiederum, dessen grauweiße Häuser die Beuge des schäumenden Bergbachs säumen oder sich — hoch über der Bachwiese — an die steilen Berghänge lehnen, empfing seinen Namen entweder von dem gekrümmten Wasserlauf oder von der breiten, gekrümmten Aue, an denen es liegt: Schiroka Lâka. Es ist das Rhodopendorf aus den Reiseprospekten, aus Exkursionsprogrammen und Sonderfahrtangeboten, aus Souvenirfotoserien und Prachtbildbänden, aus Reportage- und Dokumentarkurzfilmen, aus Kino- und Fernsehspielfilmen.

Heim nach Schiroka Lâka ließ Nikolai Chaitow, der Rhodopier und Schriftsteller, seinen Gatju Ignatow fahren, den der Sohn und die Schwiegertochter aus der behaglichen Abgeschiedenheit des Bergdorfes, dem Haus mit der knarrenden Eichentür in die kahle Einöde der Großstadt, die seelenlos möblierte Komfort-

wohnung verpflanzen wollten und der sich dort wie ein „Baum ohne Wurzeln"
fühlte.

„Du fragst mich, wie ich heiße ... Dankeschön, danke! Schon ein Jahr lebe ich
in dieser Stadt, sitze fast jeden Tag auf derselben Bank, und bisher hat mich noch
niemand gefragt, wie ich heiße. Wirklich, niemand! Du bist der erste, und dafür
danke ich dir. Vergelt's Gott, und möge es dir niemals so ergehen wie mir!"
legte Chaitow dem Alten als seufzend-grimmige Rede in den Mund. Die Geschichte — kaum mehr als ein Dutzend Druckseiten — reichte aus, um einen langen, abendfüllenden Film danach zu drehen. Er bewegt durch das merkwürdige
Geschick des Alten und Chaitows wahrhaftes Erzählen darüber, das zugleich psy-
chologisch wie philosophisch tief lotet.

„Es ist gar nicht natürlich, daß man einen lebenden Menschen in Ruhe läßt
und ihn mit nichts behelligt", murrt der Alte im Gespräch mit dem Sohn. „Gibt
es in der Natur einen pensionierten Fuchs?" fragt er ihn, weiß sogleich selber
Antwort darauf: „Gibt es nicht! Wird's auch nicht geben. Hast du je gehört, daß
es pensionierte Adler gibt, die am Rand ihres Horstes hocken, und die Jungen
schieben ihnen Mäuse in den Schnabel? Der Adler fliegt, bis er seinen letzten
Atemzug tut, und dann stürzt er nieder ..."

Solche Überlegungen, solche Gedanken stecken im Kopf des Gebirglers. Leutselig ist er, offenherzig, kommt er mit anderen ins Gespräch, gutmütig und gastfreundlich, tritt jemand in sein Haus. Aber nicht weniger ist er melancholisch,
zuweilen gar schwermütig in der Seele, und immer ist er erdverbunden, stolz im
Herzen — wie eben ein Rhodopier, wie auch die Leute von Schiroka Lâka.

Sage einem Bulgaren, daß du in Schiroka Lâka gewesen bist, und er wird dir
mit einem verklärten Augenaufschlag zur Antwort geben: „Oh, in Schiroka
Lâka!!!" (Die drei Ausrufungszeichen denkt er unbedingt mit.) Sogar wenn er
selber noch niemals in diesem landesweit wohl am meisten bekannten Rhodopendorf gewesen sein sollte, weiß er doch, was Schiroka Lâka den Bulgaren ist:
eine Quelle, eine der Wurzeln des eigenen Seins — Quelle, die nicht versiegt,
Wurzel, die bindet an die Erde der Heimat, unablässig Nahrung gibt dem Gefühl.

Maler und Architekten, Komponisten, Musiker und Folkloristen, Historiker
und Ethnographen, Modeschöpfer, Designer und Kunsthandwerker reisen in das
Dorf im Bergschatten des Perelik, mieten sich — manch einer sogar wochenlang — bei den Leuten von Schiroka Lâka ein: weil sich kaum noch anderswo in

dem großen, weiten Gebirge die typische Rhodopenarchitektur so authentisch, reichhaltig und vielgestaltig erhalten hat (mehr als 100 der alten Häuser stehen unter Denkmalschutz); weil Bräuche, Lieder, Musik der Rhodopen hier unverfälscht geblieben sind — bewahrt in den Köpfen und Herzen der Rhodopier; weil das Entstehen des Dorfes in der Verlassenheit dieses entlegenen, schmalen Gebirgseinschnitts, das Festhalten der Menschen an diesem Erdenfleck lebendiges Zeugnis dafür geben, wie Glauben und Geist von Bulgaren auch das Schwerste überdauerten, wie christgläubige und moslemgläubige Bulgaren, die doch Blutsbrüder sind vom gleichen Stamm, der rauhen Natur gemeinsam karge Ernte abrangen, miteinander Haus an Haus, Dorf neben Dorf in Eintracht zu leben verstanden; weil die Dörfler sich nicht trennten von dem, was sie ererbt von Vätern und Müttern — nicht von den Trachten in den schweren Truhen, nicht von der Fertigkeit (und dem Ehrgeiz), daß jeder Musikant sein Instrument selber zu bauen versteht, nicht von alldem, das sie als gute, erhaltenswerte Tradition empfinden ...

Es war nicht über Nacht gekommen, daß Schiroka Lâka — vordem wie die meisten Rhodopendörfer ein „vergessenes" Dorf — ins Blickfeld der Leute rückte. Zwar vermerkte die Autokarte der späten 50er Jahre zumindest schon dessen Existenz, doch noch der dickleibige „Reiseführer Bulgarien" von 1968 erwähnte das Rhodopenkleinod nach wie vor mit keiner Silbe. Zu jener Zeit waren wir zum erstenmal von Smoljan nach Dewin gefahren — durch Schiroka Lâka, und die Straße erhob dazumal bereits den Anspruch, als „Straße der II. Kategorie" zu gelten. Indes war die Fahrt für unser Auto ein achsenmarterndes Abenteuer gewesen — über Schotter und Kopfsteinpflaster ging es seinerzeit auch durchs Dorf, und wir bedachten die Ansiedlung bestenfalls mit einem flüchtigen Blick.
   Als wir zwei Sommer später erneut durch Schiroka Lâka kamen, hatte man begonnen, einige der alten Häuser beim Dorfplatz und auf dem Hang zu restaurieren. Die Krâtschma, die Kneipe, firmierte als Restaurant, das mittlerweile auch Speisen anbot, empfahl sich durch ein auffälliges Schild, und wir hielten an. Mehrere Leute warteten an der Bushaltestelle. Wir fragten nach dem kürzesten Weg zum Haus des Dorfrats, hörten, daß wir dort — es war um die Mittagszeit — niemanden antreffen würden. Falls wir jedoch keine bestimmten, sondern allgemeine Auskünfte über Schiroka Lâka haben möchten, dann wäre Doktor Karow, der Zahnarzt, für uns genau der rechte Mann. „Doktor Karow ist ein Le-

xikon auf zwei Beinen", scherzte einer, und dem vielstimmigen Redeschwall der Umstehenden konnten wir entnehmen, daß der Doktor uns allerlei über Schiroka Lâka erzählen könne ...

Was uns die Leute über ihn gesagt hatten, wiederholte ich getreu dem Sinn, nachdem wir — am unteren Dorfrand, beim letzten Haus an der Chaussee — die steile Treppe hangauf zu Karows Haus gestiegen waren, an der Tür geklingelt hatten und der Doktor, ein bejahrter Mann mit schlohweißem, vollem Haar, uns öffnete. Der Hausherr quittierte das Gesagte mit sichtlicher Zufriedenheit, dann führte er uns ins Wohnzimmer, und als wir uns darin umschauten, fragte ich mich im Stillen, wo der eifrige Sammler und Bastler in seiner „guten Stube" für sich überhaupt noch Platz findet. An den Wänden Bild neben Bild, Motive von Schiroka Lâka (einige seien von eigener Hand gemalt, andere habe er von hergereisten Malern als Geschenk erhalten, sagte uns der Hausherr). Der ganze Raum vollgestellt mit Truhen, Schränkchen, Kästchen, einige davon meisterhaft gearbeitet — und alles vom rührigen Doktor über Jahre hinweg zusammengetragen, damit es sich nicht, wie er uns bedeutete, „in alle Winde verstreut. Es soll uns erhalten bleiben, bis es einmal ein Museum in Schiroka Lâka geben wird". Das gelte auch für die Miniaturmodelle der alten Häuser des Dorfes, die der Doktor aus Platzgründen lediglich in einzelnen Ensembles exponieren konnte, die sich aber beinahe schon zum vollständigen Dorfmodell gruppieren ließen.

Der Hausherr klappte eines der Kästchen auf, entnahm ihm ein weißes, bedrucktes Kärtchen — seine Visitenkarte, überreichte sie mir. Ich las: Dr. Damjan D. Karow, Sâbolekar (Zahnarzt), s. (Selo/Dorf) Schiroka Lâka. „Falls Sie mir mal schreiben wollen — vielleicht, daß Sie wiederkommen!" sagte der Doktor, kramte aus einem der Schränkchen zwei prallgefüllte Plasttüten, voll von Briefen und Postkarten mit Briefmarken aus vielerlei Ländern. „Auch aus Indien, Japan und Amerika ist Post dabei, und ich habe jedem, der mir schrieb, geantwortet", ließ Doktor Karow uns mit hörbarem Stolz wissen. Nach einem Kaffee begleitete uns der Alte, damals bereits über die Siebzig, durchs Dorf ... Steil ist das Gelände, ansteigend und gewunden sind die Gassen. Doch der Doktor schritt rüstig aus, und von den Geschichten, die wir bei dieser Gelegenheit von ihm zu hören bekamen, will ich zwei erzählen. Die erste dreht sich um ein historisches Geschehnis, auf das die Leute von Schiroka Lâka bis heute stolz sind, die andere handelt vom Wendepunkt in Damjan Karows eigenem Leben ...

„Wie die Menschen, sind sich auch die Häuser nicht gleich', sagen wir in den

Rhodopen. Jedes Haus hat sein eigenes Gesicht, sein eigenes Schicksal. Sie können alle Häuser von Schiroka Lâka fotografieren, können die Bilder ausbreiten, nebeneinanderlegen — aber Sie werden kein Haus finden, das einem anderen genau gleicht. Denn zu allen Zeiten war es der Ehrgeiz des Baumeisters wie des Bauherrn, mit dem Haus zu zeigen: ICH habe es gebaut. ICH habe es bauen lassen! Jeder schaue her, um zu sehen: Es ist m e i n Haus ..."

Auf diese Weise hatte Doktor Karow zu reden begonnen, als er uns nun durch kopfsteingepflasterte, enge, krumme Gassen zu einigen der Häuser führte. Und ich notierte bei jedem Haus, das er uns zeigte, den Namen des Bauherrn, obschon ich mir sicher war, diese Vielzahl von Namen niemals gebrauchen zu können, lediglich deshalb, um später in der Erinnerung die Häuser besser unterscheiden zu können. Deshalb auch weiß ich es bis heute, daß eben zu jener Zeit das Kalajdshijska-Haus sorgsam restauriert wurde, weil es fortan als Ethnographisches Museum dienen sollte, und daß die Musik-Mittelschule, die einige Jahre danach den imposanten Neubau am Schiroka-Lâschka-Bachufer bezog, damals noch unterm Dach des Sgurowski-Konaks ihre erste Bleibe hatte (ein Konak war voreinst — überall in Dorf oder Stadt — ständiger oder zeitweiliger Amtssitz, ebenso Herberge für herbeigereiste Steuereintreiber oder andere Amtsverwalter der osmanischen Obrigkeit).

„Es war im Jahre 1834", begann Doktor Karow seine Geschichte zu erzählen, als wir vorm extürkischen Konak des bulgarischen Bauherrn Sgurowski standen. „Aber was kann Ihnen die Jahreszahl schon sagen? Für uns Bulgaren dagegen bedeutet jene Zeit viel, sie markiert den Anfang vom ersehnten Ende des osmanischen Jochs. Fünf Jahre zuvor hatten die Russen zum erstenmal die Türken an den Rand der Niederlage gebracht — die russische Armee eroberte Adrianopel, bedrohte Konstantinopel. Der Sultan wurde dadurch gezwungen, unseren Nachbarn, den Griechen, die Freiheit zu geben, um den großen Rest seines Reiches und die eigene Haut zu retten ... Ich erwähne das nur, damit Sie den Hintergrund der Sache besser verstehen. Denn wäre es nicht so gewesen, hätte es wohl keiner der Tschorbadshi von Schiroka Lâka gewagt, zu den Agas der türkischen Dorfobrigkeit in den Konak zu gehen — noch dazu mit einer solchen Bitte, die sie ein paar Jahre früher ziemlich sicher Kopf und Kragen gekostet hätte. So aber wagte sich die Abordnung zum Konak und bat darum, im Dorf eine Kirche bauen zu dürfen. Uns ist nicht überliefert, wie es beim Gespräch im einzelnen zuging. Vielleicht gab es danach noch lange, schwierige Verhandlungen, wobei auch Geldbeutel den Besitzer wechselten. Doch wir wissen, daß die Agas mit einer List versuchten, dem Vorhaben einen schlechten Ausgang zu verschaffen. Sie verlangten, die Kirche in 40 Tagen zu bauen. Ansonsten wäre die Abmachung ungültig, und alles bis dahin Gebaute würde dem Erdboden gleichgemacht. Die Leute begannen also zu bauen, Jung und Alt arbeitete Tag und Nacht, selbst Kinder und Frauen schleppten Steine und Bauholz heran. Und noch vor der gesetzten Frist stand die Kirche im Tal … Schauen Sie nur hinüber zur anderen Seite", lenkte Doktor Karow unsere Blicke. „So wie die Kirche ‚Uspenie Bogoroditschno' [Maria Himmelfahrt — H. P.] errichtet wurde, steht sie bis zum heutigen Tag — 120 Meter lang, 10 Meter hoch bis zur Spitze des Glockenturms. Ich meine, sie ist ein Denkmal für die Stärke des Volkes, dem einst die Hoffnung so viel Kraft gegeben hat."

Wenn sich einer wie Doktor Karow derart für die Geschichte und die Geschichten von Schiroka Lâka engagiert, muß er wohl eine besonders starke, innige Bindung zum Heimatdorf haben, ging es mir durch den Kopf. Er war schließlich schon fortgegangen, um in der Ferne zu studieren, hatte das leichtere, bequemere Leben in der großen Stadt kennengelernt; aber er war wieder heimgekehrt — heim nach Schiroka Lâka.

Nein, sagte da der Doktor, er stamme überhaupt nicht aus Schiroka Lâka, wäre auch kein Rhodopier, sondern sei in Nordbulgarien geboren. „Früher sehnte sich jeder Junge aus der Provinz danach, in die Stadt zu kommen, was Ordentliches zu lernen oder, wenn es die Eltern finanziell ermöglichen konnten, zu studieren. Ich hatte dieses Glück gehabt, war nach Sofia gegangen, besaß dort später eine gutgehende Zahnarztpraxis. Dann, als die Bombenangriffe begannen, wurden viele Sofioter evakuiert, mich verschlug es nach Schiroka Lâka. Der Krieg ging vorbei. Ich hätte hier meine Zelte abbrechen können. Doch ich blieb. Denn ich hatte gespürt, daß mich die Menschen hier viel nötiger brauchten als irgendwer in der Hauptstadt. Unter diesen Dörflern gibt es viel Naivität, aber auch sehr viel Herzenswärme. Das hat mich mit ihnen verbunden, und mit der Zeit habe ich hier Wurzeln geschlagen, die ich sogar selber nicht mehr ausreißen könnte."

Es war zweifellos dieses Wort gewesen, die Metapher von den Wurzeln, die mich augenblicklich an Chaitows Alten Gatju Ignatow denken ließ (die Geschichte hatte ich erst kurze Zeit vorher in deutscher Übersetzung gelesen). Könnte es womöglich sein, daß Damjan Karow es gewesen war, den seine Kinder eines Tages in die große Stadt fortgelockt hatten? Als ich den Doktor freimütig danach befragte, lächelte er über meine ziemlich verwegene Gedankenkombination. „Nein, ich bin es nicht, und auch im Dorf gibt's keinen Gatju Ignatow oder einen anderen, der ihm in seinem Erlebnis gleicht. Doch die Geschichte ist im Kern wahr — wie alles, was Nikolai Chaitow geschrieben hat. Ich kenne in den Dörfern so manchen Alten, der Ähnliches erlebte. Wir sind Chaitow aber sehr dankbar, daß er seine Geschichte mit dem Namen unseres Dorfes verband. Gewissermaßen erhob er Schiroka Lâka zum Prototyp eines Rhodopendorfes, aus dem man keinen Alten so einfach fortreißen kann, ohne daß er sich in der Stadt wie ein ‚Baum ohne Wurzeln' fühlt. Doch um das zu verstehen, müßten Sie ein wenig länger bei uns bleiben, mit den Alten im Dorf reden, unser tägliches, gewohntes Leben kennenlernen."

Und wie der Doktor so sprach, war ihm offenbar mit einemmal ein Einfall gekommen: „Wissen Sie was", sagte er und unterstrich es mit der Geste des erhobenen Zeigefingers, „ich lade Sie ein, mal eines unserer Feste mit uns zu erleben, ‚Ilinden', unser Dorffest im Sommer, ist leider schon vorbei. Aber kommen Sie im Winter wieder — am Sonntag vorm ‚Pesponedelnik' (Hundemontag), wenn die Kukeri ihre Maskenspiele treiben!" — „Danke, Doktor", sagte ich, „Einladung angenommen."

Aber dann sollten doch noch einige Winter, einige Sommer vergehen ...

Die Uhr des Lebens, die uns treibt, hatte ihre Runden gedreht. Es war wieder Winter geworden, die Berge der Rhodopen waren dick in Schnee gehüllt. Da fügten es Glück und Zufall, daß wir für anderthalb Wochen zum Urlaub nach Pamporowo kamen, im „Roshen"-Hotel wohnten und die Tage an den tiefverschneiten Sneshanka-Hängen verbrachten. Weil uns nach steilen Pisten und rasanten Abfahrten keineswegs so recht zumute war, erholten wir uns bei ausgedehnten Wanderungen zwischen Höhen und Tal. Einen Tag, unbedingt, wollten wir unten in Schiroka Lâka verbringen. Nur blieben wir uns unschlüssig über das Wann. Da rief ich eines Morgens beim Volksrat von Schiroka Lâka an, erkundigte mich nach Doktor Karow, erfuhr, daß er bei guter Gesundheit sei, trug meinem Gesprächspartner Grüße für ihn auf — und abends lag ein Zettel an der Rezeption. Nur vier Worte standen darauf: „Sonntag Kukeri! Doktor Karow." Es war für uns die zufällige, aber glückliche Überschneidung unseres Aufenthaltes in Pamporowo mit dem variablen — nach dem Kirchenkalender sich verändernden — Datum des „Pesponedelnik" (mittlerweile wird das Kukerifest in Schiroka Lâka stets am ersten Märzsonntag gefeiert).

Die Sonne erhob sich an diesem Sonntag vorm „Hundemontag" spät aus ihrem Wolkenbett, träge begab sie sich auf den Weg, um über die Gipfel zu blicken. Der Bachgrund der Schiroka Lâschka lag noch ganz im Schatten der ihn umgebenden Berghänge, als wir am Dorfplatz von Schiroka Lâka aus dem Linienbus stiegen. Und gleich lenkten wir unsere Schritte zu Doktor Karows Haus, klingelten, hörten schlurfende Schritte hinter der Tür. Der Hausherr öffnete und begrüßte uns herzlich — als wären wir uralte Bekannte. Er freue sich, sagte er, uns wiederzusehen, und wir sagten, daß auch wir uns freuten, ihn so gesund und munter anzutreffen. Der Doktor winkte jedoch ab: Nein, so gut, wie wir meinen, ginge es ihm momentan leider nicht. Eine Erkältung plage ihn, die Beine machten ihm zu schaffen. Und die Straßen seien glatt, er getraue sich kaum aus dem Haus, weil er fürchte, daß er stürzen könnte. „Alte Knochen heilen schlecht zusammen!" meinte er sarkastisch. Deshalb könne er uns auch nicht ins Dorf begleiten. Doch wir sollten uns das muntere Treiben der Kukeri anschauen und danach zu einem Plausch wiederkommen. Für ein halbstündiges Schwätzchen blieben wir. Dann meinte er, es sei Zeit für uns aufzubrechen, damit wir vom Kukeri-Spiel nicht den Anfang versäumen. Er beschrieb uns noch, wo wir uns am günstigsten im Ort postieren sollten, um uns nichts entgehen zu lassen.

Kommt man zu einer Zeit nach Schiroka Lâka, wenn die Natur den Wiesen und Hängen üppige Vegetation schenkt, dann wirken die einzelnen und anscheinend wahllos verstreut stehenden weißen Häuser des Dorfes wie Kontrapunkte in der Farbenharmonie der vielfachgrünen Landschaft. Anders ist winters der Eindruck, wenn die Kuppen der Hügel und die Dächer der Häuser dicke Schneehauben tragen, die Erde sich winterweiß vermummt hat, die blätterlosen Laubbäume ihre kahlen Äste recken und die dunklen Fichten am Rande des Höhenwaldes gleich vorgeschobenen, einsamen Posten die Stille des winterlich verträumten Dorfes bewachen. Dann scheint es, als wollten sich die Häuser vorm kalten Nebel und frostigen Rauhreif, vorm Schneewind und Eissturm verstecken; sie ducken sich tief ins Gelände, verschmelzen mit ihrer Umgebung, sinken gleichsam in sie ein. Dort, wo die hohen, aus rohbehauenen Steinquadern gefügten Mauern der Erdgeschosse hier und da hervorschimmern, sieht es aus, als ragten mächtige graue Felsblöcke aus dem verschneiten Hang, und die weißgetünchten, ein- oder zweigeschossigen, vielgestaltigen Obergeschosse schwebten irgendwie unwirklich über ihnen im unendlichen Weiß des Schnees und der Wolken am Himmel ...

Übermannshohe, felssteingeschichtete Mauern stützen überall auf der Höhe die von Menschenhand angelegten, bebauten Terrassen des Hangs. Zwischen ihnen führt der Weg gewunden und steil zur Höhe. Wo zur einen Seite Hauswände, zur anderen Terrassenmauern ihn säumen, wird er zu einer Hohlgasse, die sich schon hinter der nächsten Wegkrümmung aus dem Blick verliert. In dem Moment, als wir an der Gasse eintrafen, ertönte hoch oben lärmendes, vielstimmiges Schellengeläut. So klingt es allerorts in den Bergdörfern, morgens wie abends, wenn der Kosar, der Ziegenhirt, oder der Owtschar, der Schafhirt, die Herde durch den Ort treibt. Aber in diesem Fall stimmte das nicht so recht, wir mußten uns irren. Denn das, was von oben, aus naher, obgleich schwer bestimmbarer Entfernung, an unser Ohr drang, glich keinesfalls dem rhythmischen, gleichmäßigen Wohlklang der kleinen Kupferglöckchen, der zu hören ist beim gelassenen Schritt der aus- oder heimwärts ziehenden Tiere, nicht der Glockenmelodie einer friedlich trappelnden Herde. Dumpfes Dröhnen von Kuhglocken mischte sich ein, und auf einmal wurde das alles zum Gerassel und Getöse, als wäre eine vieldutzendköpfige Herde von Ziegen, Schafen und Rindern ineinander und aneinander geraten, und das konfus gewordene Viehzeug würde einen wahren Veitstanz vollführen.

Bald sahen wir, was da vor sich ging: Hüpfend, sich drehend, springend und tanzend tauchte eine Gruppe von Kukeri oben in der Gasse auf. Mit ihren Händen schlugen sie auf Kuhglocken, die sie vorn an breiten Gürteln trugen. Einige der Maskierten hatten dieselben Glocken auch rückwärtig um die Beuge festgebunden. An den Gürteln anderer hingen Dutzende unterschiedlich große Ziegen- und Schafsglocken, bulgarisch Tschanowe genannt. Dieses disharmonische „Orchester" erzeugte den Heidenlärm.

Die Glocken sind unerläßliches Zubehör jeder Kukerimaske. Denn lärmend wird fortgetrieben, aus den Häusern und dem Dorf, was den bevorstehenden Frühling stören könnte: der böse Winter, das schlechte Alte, die mürrische Griesgrämigkeit, das gemächliche Faulsein, die winterliche Sparsamkeit, die üble Nachrede, der nachbarliche Hader, der familiäre Zwist. Rein in der Seele, klar im Geist und frisch im Herzen sollen die Menschen den Frühling empfangen! Das wilde, von niemandem überhörbare Glockengeläut verfolgte — in seinem ursprünglichen, symbolischen Sinn — noch eine andere, höchst wichtige

Absicht: Es sollte die Ackerbauern und Viehzüchter sozusagen aus dem „Winterschlaf" wecken, damit sie den Pflug für die Frühjahrsfurche herrichten und alle Vorsorge für die bald beginnende Geburt der Lämmer treffen. Die Kukeri sind Verkünder des Winterendes und Frühlingsbeginns, und ihr Maskenaufputz hat einen durchaus plausiblen Grund: Sie müssen sich in „erschröckliche" Wesen verwandeln, damit niemand im mystischen Reich der Trolle, Gnome, Riesen, der Nixen, Hexen oder Feen, der Schlangen, Vampire oder Drachen sie als Menschen erkenne. Denn kein Lebender aus Fleisch und Blut dürfte bei den Mächten des Lichtes wie der Finsternis — Geistern oder anderen Fabelwesen — Fürbitte halten: für Fruchtbarkeit der Erde, der Haustiere und des Menschengeschlechts.

Deshalb tarnen sich die Kukeri (früher war es einzig jungen, unverheirateten Männern erlaubt, als Kuker zu tollen, damit die drohende Rache von Geistern keinen Familienvater treffe); sie kleiden sich in zottige Pelze, hüllen ihre Körper in Chalischta (langfaserige Schafwolldecken), verbergen ihre Gesichter hinter Masken, die stets Bestandteil der Kopfbedeckung sind — Fellhauben, Spitzmützen oder turmartige, bis zu drei Meter hohe Aufbauten —, schmücken diese mit Widder-, Kuh-, Stier- oder Büffelhörnern, Wolfs-, Dachs-, Fuchs- oder Hasenfellen, mit Glasperlen, Spiegelscheiben und, in einigen Landesteilen, mit bunten Vogelfedern. So gleichen sie in ihrer Maskerade wilden Wald- oder braven Haustieren oder riesenhaften, phantastischen Vögeln. Ich habe einmal den Massenaufzug von 3 000 Kukeri erlebt: beim „Fest der Kukeri", einer bunten Schau, zu der sich alle drei Jahre die Perchtenläufer mit den originellsten und schönsten Kuker-Kostümen aus allen Landesregionen in der westbulgarischen Bergbau- und Hüttenstadt Pernik treffen. Doch die Kukeri-Parade dort, im Stadion der Stadt, hat mehr den Charakter und die Atmosphäre eines Folklore-Festivals. Ihm fehlt die authentische Kulisse — wie beim Kukerspiel in Schiroka Lâka, wo die Leute, die Häuser, die Gassen, der Dorfplatz und die Straße, die Hänge, Hügel und Berge ins närrische Treiben einbezogen sind.

Als die Kukeri lärmend an uns vorbeizogen und allerlei Schalkhaftes um uns herum vollführten, schlossen wir uns ihnen kurzerhand an, folgten ihrem Weg zum Dorfplatz. Dort hatten sich inzwischen die Massen versammelt: Einige hundert Leute bildeten einen Menschenring, hintereinander gestaffelt aus mehreren Reihen, um ein enges Rund, das auf dem Platz noch freigeblieben war: schneebedeckte „Spielfläche" für die Akteure des Kukeri-Mummenschanzes (Folkloristen sind der Überzeugung, dies sei der älteste Ursprung szenischer Spiele, also des Theaters).

Es gibt allerdings keine Kuker-Kostümschneider. Man kann die Kuker-Maskerade folglich auch nicht kaufen. Jeder Kuker muß sie selber anfertigen. Dies ist einmal sein Ehrgeiz, zum anderen beweist er damit seine schöpferische Phantasie, wobei er gebräuchliche regionale Eigenheiten gewissenhaft wahrt. Ein typisches Element des Kuker-Kostüms der Rhodopengegend um Schiroka Lâka sind beispielsweise die weißen, kegelförmigen, hohen Spitzhüte, kunstvoll und malerisch mit buntfarbenen Borten verziert. Zuweilen wird die Nase mit einem dünnen Draht-Wollgeflecht als weit vorspringender, wippender Vogelschnabel angedeutet, doch unbedingt endet die Kopfmaske im Nasen- und Kinnbereich in einem gezwirbelten Schnauz- oder buschigen Kinnbart, mitunter auch in beidem. Das ist ihr — von Kuker-Kopfmasken anderer Regionen unterscheidbares — Erkennungsmerkmal. Hingegen gehören zum Kukerspiel allerwärts dieselben Hauptgestalten: der Bärenführer und sein Zotteltier; der Festkommandeur (mal ist es ein „König", mal ein „General"); die „Hadshi Baba" („Pilgerin Großmutter"), die ein in Lappen gewickeltes hölzernes „Baby" im Arm trägt; der Pflüger und der Sämann fehlen gleichfalls nicht, ebensowenig wie die lächerlichprunkvoll uniformierten Steuereintreiber, die irgendwann im Spielverlauf unbedingt heftige „Hiebe" beziehen (in vormaliger Zeit ein gewagter Spott gegen die osmanischen Halsabschneider).

Damit jedoch erschöpft sich die Besetzungsliste der Fastnachtsposse bei weitem nicht. Beim Treiben der Kukeri von Schiroka Lâka hatten beispielsweise noch zwei geschwänzte Teufel, die mit dreizinkigen Feuergabeln wild herumfuchtelten, eine „tragende Rolle" zu spielen. Von dem, was die Akteure an Erheiterndem, Witzigem, Anzüglichem von sich gaben, verstanden wir natürlich kein einziges Wort — die Einheimischen quittierten es mit Kichern, Lachen und Beifall —, denn die Kukeri sprachen im Rhodopendialekt, und der ist beispielsweise einem Sofioter etwa genauso wenig verständlich wie einem Berliner, na, sagen wir mal das Vogtländische. Also hielten wir uns allein ans Pantomimische. Wie uns erging es übrigens so manchem im großen Rund auf dem Dorfplatz. (Drei Busladungen Intertouristen gehörten ebenfalls dazu.) Unzählige Schmalfilmkameras und Fotoapparate richteten ihre Objektive auf Spieler und Szene, surrten, klickten ohne Unterlaß. Auch ein Aufnahmeteam des Fernsehens verfolgte mit TV-Kameras das bunte, närrische Geschehen.

Voller Eifer wurde gespielt, wortgewaltig deklamiert, stimmkräftig gesungen; auch Pflüger und Sämann hatten ihr Werk vollbracht. Nun richteten sich die Blicke aller auf den großen Holzstapel, über dem — an Stangen und Draht — bunte Strohwische hingen. Schon blakten Fackeln; ihr Feuer zündete den „Scheiterhaufen" an, setzte das Holz und die Strohwische (symbolisch: das Verderbte) in Flammen. Beizender Rauch verbreitete sich über den Köpfen der Menschenmenge. Und singend, gestikulierend, schreiend, begleitet vom Lärmen der Tschanowe, umtanzten die Kukeri den Feuerplatz, auf dem der Winter verbrannt wurde und alles Schlechte in Asche fiel. Da dröhnte die Pauke, schrillten Flöten, jauchzten Fiedeln, jubilierten Dudelsäcke. Aus der Menge trat würdevoll der Tanzführer in den Kreis, nahm eine Frau bei der Hand — und die Frau einen Mann, und der Mann eine Frau ... Sie eröffneten den Reigen, und alles Volk, Einheimische und Hergereiste kunterbunt gemischt, tanzten vereint den ersten Choro.

Das närrische Kukerispiel ging nahtlos ins vergnügliche Volksfest über. Uns war indes derart hundekalt geworden, daß uns auch nicht im entferntesten der Gedanke gekommen wäre, unsere steifgefrorenen Gliedmaßen zu Tanzschritten zu bewegen. Also retteten wir uns in die Wärme einer proppevollen Dorfkneipe, wo wir uns innerlich mit etwas Scharfem und äußerlich in der Nähe des Ofens ein wenig erwärmten.

Zu guter Letzt lösten wir unser Versprechen ein, beim guten Doktor nochmals vorbeizuschauen. Uns schien, daß ein Hauch von Wehmütigkeit auf seinem Gesicht lag, doch er überspielte, was ihn innerlich vielleicht bedrückte, mit lebhaften Gesten und aufgeräumten Worten, stellte eine Flasche Wein auf den Tisch, schenkte Gläser voll, prostete uns zu, und sein Reden kam regelrecht in Schwung.

„Es gab eine Zeit, da schienen die alten Bräuche in Vergessenheit zu geraten", sagte er. „Doch das war nur vorübergehend so. Man glaubte damals modern zu sein, wenn man die Traditionen geringschätzte und mißachtete. Zum Glück dauerte das nicht lange. Denn so was kommt unserem Volk nicht aus der Seele. Endlich hatte man es bemerkt, und fortan hat man die guten Wurzeln behütet, ihnen neue Nahrung gegeben. Bei uns in Schiroka Lâka waren diese Wurzeln fast unversehrt. Deshalb konnte der Baum auch bald wieder sprießen. Sein Stamm — das ist das Gedächtnis der Menschen, ihr Gefühl, ihre Liebe zu allem, was ihnen die Heimat, das Heimatliche bedeuten ... Nostalgie? Nein, kein bloßes wehmütiges Hängen am Vergangenen! Das wäre zu leicht vergänglich! Ich bin vielmehr fest überzeugt: Das Besinnen auf all das Gute, das im Volk wurzelt, ist keine flüchtige Erscheinung. Und ich will auch sagen, weshalb ich das meine: Weil der Baum, von dem ich sprach, seitdem grünt wie vielleicht niemals zuvor. Seine Äste und Zweige wachsen, gedeihen, weil man sie hegt und pflegt. Nehmen Sie als Beispiel mal unser Dorf: Hier gibt es seit Jahren eine der beiden Musik-Mittelschulen Bulgariens für Volksinstrumente und Volksgesang. Vor kurzem sind die Schüler in ihr schönes neues Haus eingezogen. Und im ganzen Land kennt man unser ‚Orchester der Hundert Dudelsäcke'. Es ist bei jedem Rhodopen-Festival dabei. Das gilt auch für die Vokal- und Tanzgruppe der Musikschule ... Die Volkslieder wecken unsere Erinnerung, die Volksweisen stärken unser Lebensgefühl, die Volkstänze beflügeln unsere Lebensfreude — sie sind die Akkorde einer uralten Melodie. Davon reicht vieles zurück: bis zu den Thrakern, Griechen, Römern, den Slawen und Urbulgaren. Erinnern Sie unsere getragenen, fast epischen Rhodopenlieder nicht an die Erzählweise von Homer? Ja, vielleicht erklingen von unseren Volksinstrumenten musikalische Bruchstücke derselben Musik, wie sie einst Orpheus auf seiner Lyra gespielt hat. Auf jeden Fall möchte ich Ihnen das eine sagen: Was Sie heute gesehen haben, den Mummenschanz der Kukeri, das hat seinen Ursprung schon in den Dionysos-Spielen. Die Römer hatten sie von den Griechen kennengelernt — das belegen viele historische Quellen —, und mit den Römern waren die Maskenspiele nach dem Norden gekommen: als Maskeraden, als Karneval ... "

Der Doktor hielt unvermittelt inne, schaute uns an und sagte: „Ich will Ihnen keinen Vortrag halten. Doch es ist genau so wie ich's sage ... " — er hatte mein verblüfftes Gesicht gesehen und mein Kopfschütteln bemerkt. Da sagte ich ihm, woran ich bei seinen letzten Worten gedacht hatte — an die Touristen schwäbisch-deutscher Zunge, von denen ich vorhin, beim Kukerispiel, einigen beim Schwatzen zugehört hatte. Sie meinten, das Narrentreiben des „bulgarischen Karnevals" zu erleben und ahnten nicht, daß ihr Fasching oder Karneval lediglich ein zwar prächtigerer, showreicherer, jedoch nur später Abglanz der uralten thrakisch-griechisch-römischen Spiele ist.

„Und wie hat Ihnen der Choro gefallen?" fragte Doktor Karow. „Haben Sie tüchtig mitgetanzt?" Wir gestanden ihm, daß uns wegen der klammen Beine keineswegs danach zumute gewesen war. „Das ist schade", sagte er, „Sie müssen den Choro unbedingt einmal tanzen!" — „Ja, Doktor, es wäre aber beileibe nicht das erste Mal!" antwortete ich im Brustton meines Selbstbewußtseins.

„Nein, nein, nein!" wehrte der Doktor ab. „Sie kennen noch nicht unseren Choro! Einen richtigen Choro tanzen wir siebenreihig beim großen Fest! Es bleibt Ihnen also nur übrig, zu unserem schönsten und größten Dorffest, am Ilija-Tag, wiederzukommen. ‚Ilinden‘ ist am 2. August. Aber wir feiern ihn, sofern er auf einen Tag in der Woche fällt, immer am Samstag danach ..." — Unsere Zusage war die „Münze im Brunnen". Händedruck, Umarmung, Abschied. Wir konnten nicht ahnen, daß es schon der Abschied für immer sein würde.

Alle Dorffeste waren und sind bis heute: Sommerfeste — Kirmes und Erntedank an einem Tag. Insbesondere die Nach-Ernte-Heiligen kamen auf diese Weise zu höchsten Ehren, also auch Sweti Ilija, und keineswegs nur in Schiroka Lâka ... Am Tag des Dorffestes, so ist es Brauch, trifft sich im Heimatdorf, im Vaterhaus die ganze Familie — egal, wie weit in der Umgebung oder im Land die Familienangehörigen verstreut sind. Gemeinsam wird gespeist, getrunken, gefeiert, und gemeinsam begibt man sich zum großen Fest. So ist der Dorffest-Tag zugleich der sommerliche Familien-Trefftag.

Und heute ist „Ilinden", der 2. August, der in diesem Jahr auf einen Samstag fällt. Auf dem Vorplatz der Musikoberschule, die im Ferienschlaf döst, steigen wir von der steingrauen Limousine, die diesmal unser vielgeplagtes Reisegefährt ist, in einen moosgrünen GAS-Jeep um, der dem Dorfrat gehört. Eine lange, hohe Serpentine windet sich steil zur Höhe, und selbst die höchstgelegenen Häuser drüben auf dem Hang liegen bald tief unter uns. Nach einigen Augenblicken lenkt der Fahrer den Jeep von der noch weiter ansteigenden Straße nach rechts, auf einen schmaleren, asphaltierten Abzweig, der sich über terrassenartig angelegte Felder und schräg abfallende Bergwiesen krümmt und windet, zuletzt — hinter Gela — in einen schotterbefestigten Feldweg mündet.

Die Steine wie die ausgefahrene Wagenspur des Weges sorgen dafür, daß wir im hartgefederten Jeep kräftig durchgerüttelt werden. An einer Stelle weicht der Fahrer kurzentschlossen übers Feld aus, um einige Pferde- und Maultierfuhrwerke zu überholen. In den flachen, vierrädrigen, aber auch zweirädrigen Bauernwagen sitzen zumeist mehrere Leute. Wiederholt winkt man dem Fahrer, begleitet von Rufen und Scherzworten, fröhlich zu. Der Mann am Lenkrad bleibt keinem die Antwort schuldig. Seine lauttönende, kehlige Stimme dröhnt — mehr noch als nach draußen — unter der blechernen Haube des Jeeps.

Da endet auch schon die Fahrspur. Beiderseits von ihr stehen Gespannwagen,

Kleintransporter, Lastwagen mit rückwärtig aufmontierten Sitzkabinen sowie ein Kunterbunt von Personenautos im Schatten der jungen Bäume, die sich vor der dahinterliegenden Bergwiese zu einem schütteren Wäldchen gruppieren. Nachdem wir einige Schritte gegangen sind, gewahren wir, daß die Wiese, die linkerhand und nach vorn ein wenig ansteigt, auf der Kuppe eines Hügels liegt. Den höchsten Punkt des buckligen Hügels krönt ein flaches, ziegelrotes Gebäude mit einem weit überragenden Vordach und einer von Balustraden umgebenen Terrasse. Beim ersten Hinsehen könnte man meinen, daß es sich um eine entlegene Ausflugskneipe handelt, aber beim näheren Augenschein erweist es sich, daß der Bau als eine Art Mehrzweckhütte dient — für vorbeikommende Bergwanderer ebenso wie für Bauern, die auf den umliegenden Feldern arbeiten. Am heutigen Tag jedoch beherbergt sie den »Stab« des Festkomitees.

Obwohl es noch zeitig am Vormittag ist, bevölkert doch schon eine Menge Leute die entlegene Bergwiese. Kinder tollen umher. Halbwüchsige sitzen oder liegen ausgestreckt im Gras, neben sich Kofferheulen oder Kassettenrecorder, die allerlei Musik dudeln. In einer der Gruppen spielt ein Junge auf der Gitarre. Junge Pärchen, ältere Spaziergänger flanieren auf den Pfaden des Hügels. Am Rande der Wiese sind zwei Zeltstände aufgeschlagen. Dort ist unter großen Rosten Holzkohlefeuer angezündet worden; dicke, weißblaue Rauchschwaden steigen davon auf, verfangen sich in den Wipfeln der Bäume, verwehen im Wind, der über Wiese und Hügel streicht. Der Rauch verbreitet einen würzigen Geruch, der sich mit dem Duft der Gräser und Blumen auf der Bergwiese und den Wiesen ringsumher vermischt. Eine windschiefe, windzerzauste hohe Bergkiefer, mit einem mannsdicken Stamm und weit ausgestreckten Ästen, deren Zweige und dicke Nadelbüsche sich als grüne Kuppel türmen, ragt am südlichen Abhang des Hügels empor. Weil wir bemerken, daß allerlei Leute dorthin gehen oder von dort kommen, begeben auch wir uns dahin. Je mehr wir uns dem Hügelrand nähern, um so weiter, schöner, beeindruckender wird die Aussicht: Wellen von Hügeln reihen sich aneinander. Darin eingelagert sanfte, ausgebuchtete Vertiefungen — dunkel im Grund, wo die Wasser sich sammeln, leuchtendgrün herauf zu den Höhen, satte, üppige Weiden, über die vereinzelt Schafherden ziehen. Und hinter den flachen Hügelwellen: hoch und höher steigende Wogen dunkler Gipfel, die aus der Ferne beinahe schwarz anmuten durch die dichten Tannen- und Fichtenwälder, die sie bis zu ihren oberen Rändern tragen — Rhodopen!

Nicht nur, weil Nikolai Chaitow mir seit langem schon kein Fremder ist, und

nicht bloß deswegen, weil mich sein Erzählen am Kaminfeuer im Haus von Jaw-
rowo, erst recht seine Erzählungen über die Gebirgler näher zu den Menschen,
die hier leben, näher zu den Bergen, aus denen er stammt, gebracht haben, sind
mir seine Worte, die er über sein Heimatgebirge geschrieben hat, stets gegen-
wärtig. Nein, weil ich auch die anderen Gebirge gut kenne, wiederholt in ihnen
gewandert bin, begreife ich, als ich vom Saewete-(Windschatten-)Hügel über
die Rhodopenlandschaft schaue, daß er so empfindet: „Wenn mich jemand fragen sollte, welches Gebirge mir am meisten gefällt, werde ich antworten: die
Rhodopen. Natürlich ist das Rilagebirge wunderschön, aber seine Schönheit ist
männlich, die unterwirft. Das Rilagebirge ist für Bergsteiger geschaffen, für Eroberer — die Rhodopen für Dichter und Schöpfer. Das Rila ist eine majestätische
Insel, die Rhodopen — ein großes Meer! Und was ist vom Piringebirge zu sagen?
Es ist wie eine stolze Verführerin; im Unterschied zum Rila hat es mehr Weib-
lichkeit und Sanftheit ... Seine Umarmung ist stark und erregend, seine Schönheit — verlockend und fesselnd, und doch fehlt ihm das Lyrische der Rhodopenlandschaft, ihre Gemütlichkeit und Wärme. Das Piringebirge schwingt mit Wild-
heit und Gefahren die Peitsche, die Rhodopen — niemals! Das Pirin ist nur wie
ein schönes Weib, die Rhodopen sind zugleich Weib und Mutter!"

Und wieder, wie schon oft vorher fühle ich mich geborgen im Arm der müt-
terlichen Rhodope, spüre ich die Wärme, die sie gibt durch die Natur, die um
uns ist, aber vor allem durch die Menschen, die uns aufnehmen, als seien wir
ihre geladenen Gäste: bei ihrem Fest und an ihrem Tisch. Dieser Tisch hat keine
hölzerne, polierte Platte, steht nicht auf hölzernen, getischlerten Beinen. Es ist
die Erde und das Gras der Saewete-Bergwiese, und weiße Leinentücher sind in
langer Reihe über sie ausgebreitet.

Es geht inzwischen auf Mittag zu. Die Festtafel wird gerichtet — mit Käse-
Pitka und Käse-Baniza (Hefeteig bzw. Blätterteig, gefüllt mit weißem Sirene-
Hartkäse); mit kaltem Lammfleisch, das als Tschewerme auf dem Drehspieß oder
in der Röhre gebraten worden ist; mit Kebaptscheta-Fleischbuletten, die man
bergeweise von den Grillrosten an den Zeltständen geholt hat und die deshalb
noch heiß sind; mit faustgroßen tiefroten Tomaten, die — wie die langen grünen
Gurken — mundgerecht zerschnitten und als Zukost aufgehäuft worden sind; mit
gedünsteten, von der Pelle befreiten kalten Paprikaschoten, denen geschnittene
Petersilie und gebröckelter Sirene-Schafskäse ein appetitliches Dekor geben; mit
Flaschen voll rotem thrakischem Wein, grünlichgelbem Trauben- oder strohgel-

bem Pflaumenschnaps. „Setzt euch doch zu uns! Und langt tüchtig zu!" hat der stämmige Bauer mit dem kurzgeschorenen Haar uns aufgefordert. Wir lassen uns — gleich den anderen — auf die Erde nieder, sind ohne jede Verlegenheit, denn nicht zum ersten Mal werden wir an solchen Festtisch geladen. Die Frauen reichen uns Teller, auf die sie besonders für uns ausgesuchte Fleischstücke gelegt haben, und Gabeln dazu. Die Pitka freilich wird mit der Hand gebrochen und aus der Hand gegessen. Es freut die Gastgeber, daß wir's wissen und ihnen gleichtun. Gläser werden uns gereicht. Ich lasse mir einen ordentlichen Schluck Grosdowa rakija, Traubenschnaps, eingießen, proste allen zu, und mein „Na sdrawe" wird mir von Männern und Frauen der Runde erwidert, uns, den Gästen, Glück und Gesundheit gewünscht.

Das ist natürlich bloß der Auftakt. Weil ich weiß, wie's weiterzugehen hat, beginne ich damit, zu erzählen: Wie wir vor Jahren erstmals in Schiroka Lâka angehalten hatten, daß wir seitdem noch öfter hier gewesen waren und mit eigenen Augen sehen konnten, wie das Dorf sich veränderte. Von den Kukerspielen rede ich — und natürlich von Doktor Karow, dem Zahnarzt, der uns eben zu ihrem Ilindenfest eingeladen hatte. Eine Alte, die neben mir sitzt, hebt den Kopf, richtet den Blick und die Hände zum Himmel, ruft mit hohem Diskant der Stimme: „Bai Damjan, schau her zu uns! Deine Gäste sind hier, sind bei uns! Und nun sind sie unsere Gäste!" Ohne irgendeinen Anflug von Pathetik ruft sie es, eher so, als rufe sie nur den Nachbarn über den Feldrain etwas zu. All das wirkt ganz selbstverständlich; man könnte meinen, sie glaube daran, daß Bai Damjan sie hören könne. Sollte indes jemand vermuten, es wäre unversehens etwas Schwermütiges in die Runde gekommen, der irrt: Leben ist Leben, und mit jedem Tag, den das Leben uns gibt, nähern wir uns denen, die gegangen sind. Daher: Nicht mit Tränen, sondern mit Lachen, sogar Beifall wird der Monolog der Alten, die ihn als lebendige Zwiesprache versteht, quittiert, und alle in der Runde schütten aus ihren Gläsern einige Tropfen zur Erde — auch wir.

Aber, aufrichtig bekannt, es ist gut, daß justament ein Dudelsackspieler, der zum „Nachbartisch" gehört, die Luft aus dem prallvollen Ziegenbalg in Brummröhren und Spielpfeifen drückt und mit langsamen, nahezu bedächtigen Fingerbewegungen das Instrument zum Klingen bringt. Ruhig dahinfließend beginnt die Melodie, als wolle sie, daß die Zuhörer sich erst versenken in die Stimmung des Liedes. Oder, vielleicht will der Gaida-(Dudelsack-)Spieler, ein Mann mittleren Alters mit dunklem Kraushaar und markantem Profil, zunächst die Finger lockern, damit sie später, bei den schnellen Griffen, ausreichend beweglich sind. Eine Weile geht es so, und mir scheint das Spiel eine phantasievolle Improvisation zu sein, wobei jedoch gewisse Wiederholungen — jeweils in unterschiedlicher Tonlage — irgendeine bestimmte Melodie offenbar schon andeuten. Doch die Zuhörer reagieren darauf noch in keiner Weise. In allen „Tischrunden" ringsum wird gegessen, getrunken, geredet und gelacht ... Aber dann, auf einmal, verschafft sich die Gaida mit einem brummenden Langton und mehreren schrillen Trillern nachdrücklich Gehör. Anstelle von musikalischen Fragmenten ertönt der Auftakt zu einer durchgehenden Melodie, und die Melodie kenne ich, weil ich sie in den Rhodopen schon oft gehört habe. Ja, sie ist es. Die Frauen beginnen als erste mit hohen Stimmen zu singen, und gleich fallen auch die Männer in das Lied ein: „Bela sâm, bela junatsche ..." — das Lieblingslied der Rhodopier, in dem ein Mädchen zu ihrem Auserwählten sagt: „Weiß bin ich wie weißer Schnee. / Die ganze Welt laß ich erstrahlen ..."

Das ist der Funke; er springt über, entzündet die Stimmung, entfacht die Laune — und das Fest beginnt. Eine Hirtenflöte gesellt sich zum Dudelsack. Irgendwo in der Nähe fällt eine Ziehharmonika — obschon mit „fremdartigem" Klang — in die Melodie ein. Und erst nach mindestens einer Viertelstunde finden das Singen und Musizieren eine vorübergehende Unterbrechung. (Es wird bis zur Nacht nicht zu Ende gehen. Doch da werden wir längst schon im Auto sitzen, denn wir wollen noch vor dem Abend in Bansko sein, am Fuße des Pirin.)

Fürs erste aber sind wir beim Fest dabei, reden und trinken mit unseren Gastgebern. So erfahren wir von ihnen, daß sie zu einer Feldbaubrigade der örtlichen Kooperative gehören, nicht aus Schiroka Lâka, sondern aus dem näher zum Saewete-Hügel gelegenen Dorf Gela kommen; daß die Musikanten und Tänzer von Gela nicht schlechter — ach, was: noch viel besser — als die von Schiroka Lâka wären und die Leute von Gela höchst zufrieden darüber seien, von den Touristen, die tagein, tagaus das Nachbardorf bevölkern, bislang weitgehend verschont zu bleiben. „Weißt du", sagt Bai Atanas, der uns vorhin in die Familien- und Brigaderunde eingeladen hat, „die vielen Ausländer bringen nicht nur Gutes ins Dorf — auch Schlechtes! Sie kommen nach Schiroka Lâka in solchen Scharen, daß man sich in keiner Kneipe, sogar im eigenen Haus nicht mehr ungestört fühlt. Sie gaffen dich an, wo du stehst und gehst, fotografieren alles und jeden, möchten dir am liebsten das Letzte unterm Hintern wegkaufen. Und im Sommer laufen ihre Weiber halbnackt herum. Aber auch viele Männer — in kurzen Hosen, sag selber: ist das nicht lächerlich?!"

Aufmerksam höre ich mir an, was Bai Atanas sagt, verzichte auf Einwände, denn ich denke bei mir, daß der brave Mann aus Gela das Unerfreuliche am Intertourismus (obwohl drittgrößter Devisenbringer im Lande) von seiner Warte durchaus treffend sieht. Doch behutsam lenke ich ihn vom Thema, indem ich das Glas erhebe und ein Prosit auf ihn, unsere festfröhliche Runde und alle guten Leute von Gela ausbringe. Bai Atanas setzt gleich noch einen drauf: „Alle Schlechten, weißt du, hat bei uns längst der Teufel geholt!"

Die Musiker sind gekommen, packen ihre Instrumente aus, und der Tanz beginnt alsbald. Die Kapelle läßt eine dissonante Kadenz erklingen. Aus dem Durcheinander der Instrumente erhebt sich mit langgezogenen Wechseltönen und strahlend schön die Klarinette; weit über die Bergwiese hallt ihr Klang. Das Schlagzeug gibt den Rhythmus an; Geige und Saxophon nehmen die Melodie auf. Alles Volk begibt sich augenblicklich in Richtung zum Festwiesen-Mittelpunkt — zum Choro. Als wir bei der Kapelle anlangen, spenden die Leute gerade einem Alten und einer Alten kräftigen Applaus. Denn der Tanzführer und die Tanzführerin eröffnen den Reigen. Die linke Hand des Mannes ergreift die rechte Hand der Frau; das Paar beginnt die Reihe. Männer und Frauen, jeweils im Wechsel, knüpfen mit Händen — und aus paarweisen Gliedern — die Menschenkette, die länger und länger wird, sich über den Tanzplatz schlängelt und windet, einen offenen Kreis entstehen läßt, der sich bis zuletzt nicht schließt.

Ich halte mich seitlich der Tanzenden, schaue in ihre Gesichter, versuche, mir das Prinzip der Schritte einzuprägen und beginne — verzeih mir, guter Atanas! — zu fotografieren. Da werde ich unversehens von zwei Frauen gleichzeitig zum Kreis hingezogen. „Chaide!" sagt die eine. „Chaide!" echot die andere. Vergnügt und lachend, meine Hände fest im Griff ihrer warmen Hände, zerren sie mich von meinem (Stand-)Platz. Die Fototasche bleibt stehen, der Fotoapparat schlägt mir scheppernd an die Brust. Mein Begleiter springt behende hinzu, ergreift von der Seite den Riemen der Kamera; ich tauche mit dem Kopf unter dem Ledergurt weg — das störende Utensil bin ich los, und ich tanze: Schritte voraus, Schritte rückwärts, Schritte nach vorn, Schritte zurück, wieder nach vorn, wieder … Musik und Bewegung und die Wärme der Hände feuern mich an. Heiß wird mir im Nacken, Schweiß rinnt mir über die Stirn. Ich werde vorwärts gezogen, vorwärts geschoben; die Griffe der Hände zu beiden Seiten sind fest, und ich lasse die Hände nicht los: eine halbe Runde, eine volle Runde, anderthalb Runden (Himmel, will die Musik nicht schweigen, der Tanz nicht enden!). Schon geht es in die zweite Runde. Als ich meinen Begleiter auf einmal neben mir sehe, tausche ich meine Hände gegen seine Hände aus und trete, mühsam nach Atem ringend, zur Seite, wische mir den rinnenden Schweiß von Stirn und Nacken. Doch bald wird mein Atem ruhiger, und der Wind kühlt die heiße Haut.

Wieso aber ist der Alte dort, der Tanzführer, nach wie vor an der Spitze des Reigens — die Brust gereckt, wedelnd das Tuch in seiner erhobenen Rechten? Woher nehmen er und die Alte, die mit ihm den Choro eröffnet hat, aber noch immer ihre Hand in seine Hand schlingt, die Kraft, den Choro so lange zu tanzen? Der weiße, buschige Schnurrbart des Alten wippt; der lange Rock der Alten weht und faltet sich bei jeder ihrer Bewegungen. Der Tanzführer und die Tanzführerin sehen aus, als ob der Choro sie verjünge: Würdevoll sind ihre Schritte, ihre Haltung. Die Frau folgt, mit erstaunlicher Leichtigkeit und beeindruckender Schmiegsamkeit, dem Mann. Dessen Knie sind nach vorn durchgebeugt; doch er tanzt und tanzt, obwohl seine Beine zweifellos längst nicht so geschmeidig sind wie die Beine der Jüngeren. Ich schätze sein Alter auf Ende 60, Anfang 70. Dennoch führt er, anscheinend unermüdlich, den Reigen an: hocherhoben den Kopf, die Schultern gereckt, Nacken und Kreuz gespannt. Und da, auf einmal, verschmilzt vor meinen Augen das Antlitz des Alten mit dem Gesicht Gatju Ignatows, den ich mir kleiner, gebeugter, doch ebenso würdig vorstelle, seit ich Chaitows Geschichte gelesen habe. Und mir kommt in den Sinn, was Gatju einst am Bjala Woda erlebt hatte: „Ich hielt damals gerade mit den Schafen Mittagsrast, saß unter einer Kiefer und schnitzte ein bißchen. Plötzlich hörte ich ein Brausen. Ich blickte auf: ein Adler! Er kommt vom Persenk herunter [ein Berggipfel, nahe bei Schiroka Lâka — H. P.] — tiefer, immer tiefer, rauscht über mich hinweg und — plumps — fällt er hinter der Kiefer zu Boden. Ich springe auf, um zu sehen, was los ist, und finde ihn auf der Lichtung mit weit ausgebreiteten riesigen Schwingen, ohne Wunde, ohne Schuß — tot! So, wie er flog, starb er! ‚Das, mein Sohn‘, sag ich, ‚das ist das Wahre: im Fliegen sterben!‘ "

Für den Alten und die Alte, die auf der Saewete-Bergwiese den Reigen anführen, scheint es bis dahin, wie ich meine, noch gute Weile zu haben …

ACHTE TOUR
NÖRDLICHES PIRIN-GEBIRGE

Bergfrühstück am Marmorthron Peruns

Die Buckelei eines hochbepackten, schweren Bergrucksacks rechnet, so meine ich, mehr zur sportlichen Seite des Bergwanderns. Der passionierte Gebirgswanderer geht in die Berge lieber mit leichtem Gepäck. Denn jedes Kilo an „Wanderlast", das man in die Tasche oder den Rucksack packt, wiegt am Morgen beim Aufbruch noch leicht; beim Rückmarsch aber, nachmittags oder abends, lastet es doppelt, dreifach schwer auf den Schultern. Erst recht, geht's zu einem der höchsten Gipfel …

Dabei soll man wissen, daß sogar alle „Pârwenzi" — die jeweils „Ersten" unter ihresgleichen in den bulgarischen Hochgebirgen — auch ohne Felshaken und Kletterseil zu erreichen sind, ungeachtet, daß es sich bei einigen von ihnen um alpine Bergsteigerobjekte handelt. Obendrein bringen vielerorts Lifts, in jedem Fall aber Busse die Bergwanderer bequem bis in die Nähe der erhabenen Gipfel samt ihren nächsten, zumeist nur um ein Weniges niedrigeren Nachbarn. Wer zum Beispiel in die Pirin-Kammregion beim Wichren-Massiv will, der kann sich an der Lift-Talstation von Bansko-Schiligarnika in 1 700 Meter Höhe auf einen der dreisitzigen Liftsessel schwingen und über weitere 700 Meter Höhenunterschied hinauf zum Todorin-Gipfel schweben. Oder er steigt im Zentrum der kleinen, nördlich zu Füßen des Pirin gelegenen und sich über die unteren Berghänge hinbreitenden Gebirgsstadt in den Linienbus, der mehrmals täglich bis zur Bânderiza-Baude fährt. Von ihr ist es bis zur benachbarten, noch knappe 200 Meter höher gelegenen Wichren-Hütte kaum eine halbe Stunde Fußweg. Beide Bergbauden sind günstige Ausgangspunkte für eine Pirinüberquerung von Nord nach Süd, Südost oder Südwest, gleichfalls auch für den Aufstieg zum Wichren, dem „Primus inter pares" seines Gebirges, zweithöchster Bulgariens sowie — nach Mussala und Olymp — dritthöchster der Balkanhalbinsel.

Wir hatten in der „Edelweiß"-Touristenherberge von Bansko die erste Nacht im Schatten des Pirin verbracht, waren am Montag herauf ins Gebirge gekommen, haben uns bei einigen kurzen Ausflügen in der Hochgebirgsluft und der Höhenlage um 2 000 Meter für den beabsichtigten Gipfelaufstieg ein bißchen akklimatisiert. Morgen wollen, nein müssen wir schon jenseits des Gebirges sein, genauer: an einer seiner südwestlichen Flanken — im Marmor-Steinbruch von Ilendenzi, um dort dem „Orbel", dem „Schneegebirge" (wie einst die Thraker das heutige Pirin-Gebirge nannten), ins glänzende Innere zu schauen. Daher bleibt uns nur dieser heutige Mittwoch, um den Wichren zu ersteigen, und die Meteorologen haben uns gestern abend im Wetterbericht zugesichert, daß uns der „himmlische Wettermacher" bei unserem Vorhaben zur Seite stehen wird. Doch solche Verheißungen sind, insbesondere im Hochgebirge, allezeit „ohne Gewähr".

Am wolkentragenden Himmel, der sein nächtliches Schwarzblau schon verloren hat, zusehends blasser wird und ins fahle Grau des erwachenden Tages wechselt, funkeln noch vereinzelt große, silber- und goldglitzernde Sterne. Da schultern wir unsere Tragetaschen (die wir wohlweislich um mehrere Kilo erleichtert haben), füllen am Quellbrunnen vor der Hütte die Reserve-Trinkflaschen mit eiskaltem Bergwasser (die beiden anderen sind mit Tee gefüllt), und dann steigen wir auf.

Von der Felsenschwelle am linken, steilen Ufer der rauschenden Bânderiza, wo sich die zweistöckige Wichren-Baude erhebt, bis zur Spitze des Pirin-„Pârwenez" sind nahezu 1 000 Meter Höhendifferenz zu überwinden. Der hohe, vielarmige Wegweiser-„Baum" auf dem Hütten-Vorplatz verspricht mit einem seiner rechten Richtungsschilder den Gipfelsteigern, daß dies in 3 Stunden zu bewältigen sei. Indes hat mich die vielmals gehabte Erfahrung längst darüber belehrt, daß solche Zeitangaben keineswegs mein Schrittmaß meinen. Deshalb zähle ich gleich mal eine Stunde für den Weg sowie eine weitere fürs Ausruhen, Schauen und Fotografieren hinzu. Dennoch müßten wir, so rechne ich mir aus, unsere Gipfelrast auf dem Wichren um die Zeit des zweiten Frühstücks halten können.

Das beruhigt mich insofern, weil es mich sicher sein läßt, daß wir die schwerste Wegstrecke des Aufstiegs — vom Kabata-Sattel zum Gipfel hinauf — noch vorm Einsetzen der heißesten Sonnenglut hinter uns bringen werden … Es sind die ersten Tage im August, und wir müssen — trotz der Höhenlage des Gebirges — neuerlich mit Mittagstemperaturen über 25 Grad Celsius rechnen. Doch weiß man ja, daß Meteorologen solche Temperaturwerte stets „im Schatten" messen. Wo aber sollte dort oben irgendwelcher Schatten sein: auf der kahlen, nach Süden und somit zur knalligen Sonne hingebreiteten Gipfelwand?

Der Weg, der gegenüber der Baude seinen Anfang nimmt und durch den unteren Rand einer Geröllhalde führt, ist von Schmelz- und Regenwassern ausgewaschen. Er beginnt breit, sanft ansteigend, und die Füße haben es bei den ersten Schritten leicht. Doch schon hinter der dritten Krümmung bricht er abrupt ab. Ein Pfad, hier und da treppenartig abgestuft, windet sich steil am Hang hinauf. Niedriges Gestrüpp und dünnhalmiges Gras säumen ihn; wo sie in den Weg hineinwuchern, spüren unsere Hände oder Beine die Nässe des Taus. Wiederholt geraten die Füße auf glitschigem Untergrund ins Rutschen. Doch jeder Schritt bringt uns höher, und wir möchten so hoch wie möglich kommen, bevor hinter den Bergen die Sonne aufgeht.

Eine breite Rinne quert den Pfad; sie teilt den oberen, kleineren Teil der Moräne vom unteren, größeren Geröllfeld. Welche Naturkräfte mögen wohl gewirkt haben, um diese ausgedehnte Gesteinswüste am untersten Abhang des Chwojna-(Wacholder-)Berges zu schaffen? Über seine nordöstlichen Vorsprünge windet sich der Pfad zwischen unterschiedlich großen Steinen und spärlich wurzelndem Gehölz nach oben.

Immer mal wieder habe ich auf meine Armbanduhr geschaut; mittlerweile zeigt sie — die vorgerückte Stunde der Sommerzeit eingerechnet — einige Minuten nach sechs. Ich halte im Steigen inne, verständige mich kurz mit meinem Begleiter, und gemeinsam suchen wir uns einen geeigneten Platz, um fürs erste Frühstück sowie für das bald zu erwartende Naturschauspiel des Sonnenaufgangs eine Rast einzulegen. Einige größere, oben abgeflachte Steine, die dicht beieinanderliegen, bieten sich dafür an: als Hocker und Tisch. Das „Menü" ist keineswegs üppig, und jeder wählt sich seine Kombination nach Belieben … Ich habe gerade die Wandertasche geöffnet, krame drin herum, entscheide mich für gekochtes Ei, Tomate, Sirene-Schafskäse und kalten Tee, als mich mein Begleiter anstößt und mit der Hand zum Himmel zeigt. Dort gleitet eine große, weißgraue, an ihren Säumen ausgefranste und zur Richtung ihres Fluges hin vom Wind gesträhnte Wolke einsam über den Bânderiza-Bergkessel, der, stumpf und grau, im dämmrigen Schatten liegt. Doch die rasch ziehende Wolke, deren Windmähnen die Grate der Gipfel zu streifen scheinen, hat begonnen, sich von ihren Fransen und Rändern zur Mitte hin mit einem rosafarbenen Schimmer zu umhüllen. Es ist ein erstes Anzeichen für das, was gleich kommen wird. Denn weit in der Ferne, zwischen Meer und Gebirgen, hat sich die Sonne aus ihrem purpurnen Wolkenbett erhoben; nun steigt sie über Küste, Land und Berge auf, sendet ihre Strahlen voraus, übergießt unterwegs alle Landschaften mit ihrem Licht, „nähert" sich uns mit kosmischen Siebenmeilenschritten, und binnen kurzem werden wir sehen, was sie in der uns umgebenden Bergkulisse zu inszenieren vermag ...

Nach der Himmelsrichtung — und die Jahreszeit mit bedacht — müßte unsere gute Sternmutter ihren Auftritt über den uns gegenüberliegenden, gipfelgekrönten Todorin-Bergrücken hinweg vollziehen. Und da ist es auch schon soweit: Die obersten Zacken und Zinnen sowie die Spitze des dahinterliegenden Gipfels färben sich rosa, rötlich, rot. Einige Augenblicke später nehmen sie harte Konturen an. Der Himmel und alle Wolken an ihm entflammen im Feuer des Morgens. Ich wende mich um, will sehen, was in diesen Momenten des Sonnenaufstiegs am Wichren geschieht: Ein karminroter Schleier aus Licht sinkt an seinem langen, weißen Rücken herab. Das dauert jedoch nur kurz, und schon streift er sich sein goldbrokatenes Morgengewand über.

Wieviel Milliarden und aber Milliarden Mal haben diese Berge, zu deren höchstem Gipfel wir unterwegs sind, das alltägliche Zusammenspiel unseres Muttersterns mit ihrem Planeten Erde, das Tagwerden, Tagsein, Tagvergehen schon gesehen?

Ich erinnere mich eines Dokumentarfilms der Thorndikes. Er beginnt damit, daß auf der Kinoleinwand eine sich drehende, größer und größer werdende Erdkugel erscheint, vor der ein stilisierter Sekundenzeiger kreist. Die Uhr tickt. Der Zeiger dreht seine Runde — und die Stimme eines Sprechers erzählt: 4,5 Milliarden Jahre seien seit der Geburt unserer Erde vergangen, würden nun gerafft zu einem Erdentag ... Von den letzten 30 Sekunden dieses Erdgeschichtstages habe der Mensch 28 Sekunden gebraucht, um sich aus dem Tierreich zu erheben und die Urgesellschaft zu bilden. Da wären vom ersten Tag der Erdgeschichte noch zwei Sekunden geblieben — die vergangenen 15 000 Jahre bis heute ...

In die erste der beiden Schlußsekunden dieser komprimierten Zeitrechnung fällt der Augenblick, als der Mensch begann, die Balkanhalbinsel zu besiedeln. Die Gebirge aber, auch den Pirin, hat es lange, sehr lange vor ihm — präziser: viele Jahrmillionen vor der ganzen Menschheitsentstehung überhaupt — schon gegeben, allesamt durch Hebung und Faltung entstanden: zwischen spätem Erdmittelalter (Obere Kreide) und früher Erdneuzeit (Unteres Tertiär), also beginnend vor rund 120 Millionen Jahren. Gerechnet nach der zum Erdentag gerafften Erdgeschichte, gegen elf Uhr zwanzig nachts (dabei halten die gebirgsbildenden-gebirgsverändernden Vorgänge nach wie vor an). Das Rila-Gebirge, ebenso das Pirin-Gebirge gewannen — gleich Alpen oder Kaukasus — ihre annähernd gegenwärtige Gestalt letztendlich erst im Pleistozän, und zwar durch dessen Vereisungs- und Zwischenwarmzeiten, während denen die Gletscher — eine Million Jahre hindurch bis zum Alluvium vor 20000 Jahren — die Gesteine stauchten und preßten, teilten und sprengten, formten und schliffen. Das fand erst ein Ende in der vorletzten Sekunde des symbolisierten Erdentages. Die Natur hatte damit auch die Schöpfung des Pirin vollzogen und ihm unter den benachbarten Gebirgen seinen endgültigen Platz gegeben: zwischen dem Stromtal der Struma im Westen und dem Flußtal der Mesta im Osten — ein Gebirge, das rund 80 Kilometer lang, etwa 40 Kilometer breit ist, mit 60 Gipfeln über 2600 Metern sowie etwa 160 kristallklaren Bergseen, in deren kleineren oder größeren Becken einst die kümmerlichen Reste der urgewaltigen Gletscher ihren letzten, eisigen Atem verhauchten, wobei sie dem Gebirge seine „blauen Augen" schenkten ...

Obwohl ich meinen Regenumhang auf den Steinhocker gelegt habe, ist mir beim Sitzen im Rücken etwas kühl geworden, und ich beginne zu frösteln. Das kommt gewiß von der Feuchtigkeit auf der Haut, denn vorhin, beim ersten Anstieg, habe ich schon einigen Schweiß vergossen (indes ist hier, im Windschatten des Wichren und des Chwojna-Berghanges, kaum ein Luftzug zu spüren). Aber vielleicht kommt das Kältegefühl auch daher, daß die höher steigende Sonne über den nahen Gipfel, den grünen Haufen der Chwojna-Bergvorsprünge sowie über Schulter und Rücken des Wichren ihr gleißendes Licht ausbreitet, das den Augen Wärme suggeriert, während uns weiterhin kühlender Schatten umgibt.

Rasch packen wir alles ein, setzen unseren Weg fort ... Nach einigen Minuten neuerlichen Steigens liegt auch das dritte, oberste Geröllfeld unter uns, und von hier ab gehen wir in der Sonne weiter. Inzwischen haben wir bereits ordentlich an Höhe gewonnen: Die Baude tief unten im Bânderiza-Quertal wirkt aus der Vogelperspektive klein und verloren inmitten der sie umgebenden, von Felsen überragten grünen Berghänge. Während wir zu ihr hinabschauen, können wir sehen, daß, herauf über den Chwojna-Hang, eine Menge von Bergwanderern unserem Weg folgt. Vor uns jedoch ist keine Menschenseele zu bemerken, sind von nirgendher irgendwelche Laute zu vernehmen (jede Stimme in den Bergen hallt weit). Demnach scheinen wir die ersten zu sein, die frühmorgens von der Baude aufgebrochen sind.

Der Bergpfad verbreitert sich, ist aber von unzähligen spitzen und kantigen Steinen übersät. Er führt durch eine kleine flache Mulde, hinter der sich hohe grüne Felsbuckel wölben. Und auf einmal sehen wir etwas Ungewöhnliches: Dort, wo die von den Wettern des Gebirges zernarbten, gefurchten Felswälle ins Grün einer kargen Alm übergehen, scheint es, als bewegten sich die großen runden Steine der Alm mit einemmal. Ein seltsamer Anblick! Die Schafe einer kleinen Herde, die — bis dahin unseren Blicken verborgen — im Gras gelegen haben, sind aufgestanden, sammeln sich, ziehen weiter. Das Bild wirkt außerordentlich romantisch: kleine schneeweiße Wolkenbüschel am Himmel über dem Wichren-Rücken und davor die Wollknäuel einer weidenden Schafherde auf der Hochalm, dazu leuchtender Sonnenschein.

Der Pfad wendet sich nach links, steigt am Felsbuckel zu dessen Höhe an — und da stehen wir beide auf einmal wie erstarrt: Mitten im Weg, den beiderseits mächtige Gesteinsquader einengen, hat sich ein Hund postiert, groß wie ein kleines Kalb und, gleich ihm, ebenso scheckig schwarz-weiß gefleckt. Sein Fell ist zottig, an Bauch und Läufen erdüberkrustet, sein Kopf kohlrabenschwarz. Höchstens vier, fünf Meter trennen uns nur voneinander. Wir rühren uns keinen Schritt weiter. Der Hund fixiert uns aus blitzenden Augen, steht in angriffsfreudiger Pose — wir könnten glauben: augenblicks zum Sprung bereit. Ich habe von Hütehunden gehört, die den Kampf mit Wolf oder Bär aufnehmen und ihn gewinnen. Was Wunder also, daß es mir im Magen krampft und mein Herz wild pocht? Mein Begleiter, der eher als ich über den ersten Schreck hinweggekommen ist, spricht auf den grimmig dreinschauenden Herden-Zerberus besänftigend ein. Der Hund hebt zwei-, dreimal den Kopf, als hätte er verstanden. Doch er rührt sich nicht vom Fleck. Es gibt für uns weder ein Vor noch ein Zurück. Denn wer möchte schon solch unberechenbarem Tier den Rücken kehren? Auf ihn zuzugehen aber riskieren wir erst recht nicht. Nochmals versucht es mein Begleiter mit gutem Zureden, und da streckt sich der Hund auf die Vorderpfoten nieder. Als wir jedoch auch nur die Andeutung eines Schrittes wagen, schnellt er mit Kopf und Schultern in die Höhe — als wolle er auf uns zuspringen. Das ereignet sich alles binnen weniger Augenblicke, aber sie erscheinen mir wie eine Ewigkeit. Da sucht mein Begleiter den Ausweg auf andere Weise. Er ruft den

Owtschar, den Schäfer, herbei. Der verläßt drüben zögernd die Herde, nähert sich uns freilich in einem Schrittempo, das mich an Zeitlupe erinnert. Endlich ist er bei uns, scheucht den Hund aus dem Weg, sagt: „Ein blödes Vieh! Sie sind heute die ersten hier oben, da spielt er sich auf!" Der solcherart Gescholtene klemmt den Schwanz ein, läßt die Ohren hängen, trollt sich beiseite und — umwedelt uns. Wir könnten weitergehen, doch weil es sich zufällig so ergeben hat, beginnen wir mit dem Schäfer ein kurzes Gespräch. Er sei mit den Jungtieren auf der Bergweide, sie sollten ein wenig das Klettern lernen; die Mutterschafe und Widder seien unten an der Bânderiza, erzählt er. Es wäre mit der Schäferei im Gebirge nicht mehr viel los — einerseits hätten die Naturschützer viele Hochalmen gesperrt, andererseits wollten die jungen Leute abends lieber vorm Fernseher sitzen, in die Kneipe oder zu ihren Mädchen gehen. „Im Gebirge, bei der Herde übernachten, die halbe, die ganze Woche oben bleiben — naja, das schlage mal einem der Jungen vor. Er wird dir an die Stirn klopfen und fragen, ob du noch bei Troste bist", vernehmen wir des Altschäfers Klagelied. Als wir uns von dem alten Owtschar verabschieden, gibt er uns noch einen guten Rat auf den Weg: „Kurz vorm Kabata-Sattel findet ihr die letzte Quelle. Denkt daran, sonst wird euch der Durst plagen. Bis zum Gipfel hinauf ist's kein Zuckerlecken. Aber seid unbesorgt, gefährlich ist's nicht ...“

Es ist das Schöne beim Wandern im Hochgebirge: Die Bilder, die Eindrücke wechseln immerfort. Vor Minuten noch haben wir zum Beispiel den hellen, hohen Rücken des Wichren und dessen zerklüftete Flanken dauernd vor Augen gehabt. Inzwischen jedoch hat er sich unseren Blicken verborgen, als wäre der ganze Berg im Felsengewoge des Gebirges untergetaucht. Hohe, grasbewachsene Gesteinsbastionen ragen vor uns auf. Der Pfad geht in Windungen hinauf zur Krone der ersten. Aber dahinter folgt schon die nächste, übernächste, jede höher als die vorherige. Wir steigen durch dieses felsgraue, mergelgelbe, gras- und moosgrüne Wallsystem, kommen gut voran, weil steilere mit flacheren Anstiegen öfter wechseln. Und hier, zwischen diesen naturgefügten Schanzen, reichen sich unter der Gras- und Moosnarbe sowie der dünnen Erdschicht, die den Fels bedecken, nicht nur Chojwna und Wichren, sondern zugleich zwei geomorphologisch vollkommen unterschiedliche Gebirgsteile des Nordpirin unsichtbar die Hand. Ich bemühe mich, im Gelände sichtliche Anzeichen für diesen Übergang zu entdecken, aber das gelingt mir nicht, weil die Steine und Felsen am Weg alle die gleiche, verschieden abgestufte grauweiße Färbung haben, grünbehaucht und erodiert von den Wettern des Gebirges. Erst ein wenig später, als wir erneut auf der „Brüstung" eines dieser hintereinander und übereinander geschichteten Bergwälle stehen, wird die geologische Unterschiedlichkeit des Gebirges dem Auge erkennbar: Nach Süden hin schimmern Felsen und Gipfel in bläulichem Grau, und der blaue Himmel über ihnen verstärkt noch diesen Eindruck. Nach Norden zu ragen die steilen, von flachen oder tiefen Riefen gezeichneten Flanken des Wichren-Rückens ins Himmelsblau — ein Felsengemisch von weißlichem Gelb und grünlichem Grau. Und eben irgendwo hier befindet sich die „Nahtstelle" zwischen dem Karst- und Granitteil der alpinen Region des Pirins, die drei Viertel des Gebirges ausmacht, sein Aussehen charakteristisch prägt und über deren Gipfel, Sattel und Grate der Gebirgskamm von Nordwest nach Südost verläuft.

Unmittelbar am Rande des Pfades, der weiterhin über terrassenartige Schwellen und Höcker hinaufführt, sind Erde und Felsen tief aufgespalten. Ungeheure Naturgewalt scheint sie regelrecht aufgesprengt zu haben. Kann sein, irgendwann hat ein Erdbeben diesen langen, metertiefen Spalt ins Gebirge gerissen. Oder sollte es allein die Kraft des am Grunde der Rinne talwärts fließenden Wassers gewesen sein, das den mergeldurchsetzten, brüchigen, in Lagen geschichteten Fels getrennt und auseinandergerissen hat? Weil uns die Berge darüber die Antwort schuldig bleiben, halten wir uns einfach ans Praktische. Denn ein Stück weiter oben verflacht die Rinne, und dort quillt — an verschiedenen Stellen und mit unterschiedlich hohen „Fontänen" — Wasser aus dem karstigen, feinkörnig granulierten Boden, bildet eine große Lache. Das Wasser ist glasklar; wir trinken einige Schlucke davon, vermögen jedoch wegen dessen eisiger Kälte keinerlei bestimmten Geschmack zu empfinden.

Das „Schneegebirge" der Alten ist seit Urzeiten ein Gebirge, das Wasser in reichem Maße aus den Niederschlägen empfängt und dem Meere zusendet. Entweder in die Struma oder in die Mesta, die ins Marmara-Meer münden, führen die Flüsse des Pirin, die sich aus Rinnsalen und Bächen speisen, das Wasser, das der Himmel über dem Gebirge verströmt: als Regen oder Schnee. Vom Oktober bis zum Mai tragen die Gipfel ihre winterlich-weißen Hauben, und ihre breiten Schneebrüste glänzen noch bis Juni im tauenden Firn. Deshalb glaubten die alten Griechen, daß Boreas, ihr Gott des kalten Nordwindes, seine „Wohnstatt" in diesem Gebirge habe; von dessen Gipfeln falle er im Herbst über sie her, dorthin zöge er sich im Frühling zurück, bliebe an seinem Göttersitz jedoch immer auf der Lauer. Ins Herrschaftsreich solch grimmen Gottes einzudringen hatte keiner der Alten gewagt, selbst nicht die Thraker, die in Fluß- und Bergtälern rund um das Gebirge siedelten. Und kein Kriegszug hat je das thrakische Orbel, griechische Orbelos, römische Orbelus überschritten. Allein entlang von Struma (Strymón) und Mesta (Néstos) zogen die Heerhaufen der Eroberer — unsagbar oft und unzählbar viele seit den Zeiten der Makedonierkönige Philipp II. und Alexander der Große (und das hielt an bis weit in unser Jahrhundert hinein).

Nach Thrakern, Makedoniern, Griechen und Römern, die das Gebirge zwischen den beiden von der Antike an tragisch berühmten Flüssen in ihren Sprachen einzig „Schneegebirge" nannten, erschienen im frühen Mittelalter die Slawen und Protobulgaren auf dem Schauplatz heutiger bulgarischer Erde. Für die Slawen war Perun, der Herr über Blitz und Donner, Erdbeben und Unwetter, ein Hohegott wie den Altgriechen-Altrömern der blitzeschleudernde, weltenerschütternde Zeus — Jupiter. Wo anders hätte er gotterhaben walten können als in jenem Gebirge, wo alle diese himmlisch-irdischen Unbilden unentwegt zusammentrafen? Darum gaben sie dem Gebirge den Namen ihres am meisten gefürchteten Gottes: Perun, Perin, woraus die sprachwandelnde Zeit letztendlich Pirin formte — Göttergebirge aus Karst und Granit. Sein höchster Gipfel, Sitz des Wetter- und Unheilgottes, ist ein Thron aus blendendem Marmor, umweht von Winden und Wolken, umtost von Stürmen und Gewittern …

Noch an einigen anderen, allerdings kleineren Wasserstellen, wo die Berge das von ihnen zeitweilig behütete himmlische Naß wieder hergeben, sind wir vorbeigekommen. An einer dieser Quellen haben wir unsere Trinkflaschen neu gefüllt (am Ende indes erweist es sich, daß diese noch nicht die letzte Quelle vorm Kabata-Sattel gewesen ist). Nach wenigen Minuten erreichen wir das Plateau unterm Wichren-Gipfel.

Vor allem während der letzten halben Stunde haben uns verschiedentlich Bergwanderer überholt. Im Moment gehen wieder drei an uns vorbei — und uns auf dem Pfad übers Kabata-Plateau voraus — zum hohen, himmelverdeckenden Südhang des Wichren-Gipfels. Ich schätze, daß uns ein Aufstieg von wenigstens 300 Metern bevorsteht, und die Steilheit des Hangs hinauf zum Kopf des trapezartigen Gipfels flößt mir doch gelinden Respekt ein. Über diesen nackten, gerölligen, schrägen Abhang sollen wir aufsteigen? (Man bedenke: wir sind schlichte Gebirgsausflügler, keine Bergaktivisten). Aber mein Begleiter schreitet munter vor mir aus, und ich hefte mich wacker an seine Fersen.

Zu Anfang, noch am Fuße des Gipfelhangs, erweist sich unser Vorhaben auch keineswegs als besonders schwierig. Gleich mehrere Trittspuren schlängeln sich, große Steine zumeist auf beiden Seiten umgehend, am Steilhang hinauf, vereinen sich wieder, wo Berg und Felsen es zulassen, zum breiteren Pfad, trennen sich erneut — und so geht es hang- und gipfelauf. Wiederholt nehme ich beim Steigen die Hände zu Hilfe, um mich an größeren Steinen festzuhalten, abzustützen oder hochzuziehen. Auf solche Weise mögen etwa 15, 20 Minuten vergangen sein. Ich setze mich auf einen Felsblock, möchte mal etwas länger verschnaufen, trinke einige Schlucke vom frischen Quellwasser aus der Flasche, und weil mir die Kehle recht trocken ist, trinke ich mehrmals in vollem Zug. Dabei schaue ich zum Kabata-Sattel hinab und stelle fest, daß wir inzwischen schon eine Höhe von ungefähr 100 Metern überm Plateau gewonnen haben. Doch noch mehr überrascht, ja beeindruckt mich, was ich in dem Moment zum ersten Mal bemerke — nämlich, daß die vielen Steine unten auf dem gras- und moosbewachsenen Plateau, an denen wir vorhin achtlos vorbeigegangen sind und die dort scheinbar wahllos verstreut liegen, mit Überlegung geordnet wurden. Ich lese — in großen, aus einzelnen zusammengetragenen Steinen gefügten Lettern — die Namen von Städten!

Es waren Bergliebhaber kreuz und quer aus dem Land — aber ebenso von weither —, die vor oder nach ihrem Gipfelaufstieg mit lokalpatriotischem Eifer die Namen ihrer Heimatstädte auf dem Kabata-Plateau „verewigten": Widin an der Donau und das nordbulgarische Schumen lassen grüßen, gleichfalls Kjustendil und Sandanski, die dem Wichren nahe liegen. Stara Sagora aus der Thrakischen Ebene empfiehlt sich sogar gleich zweimal — und zwar noch mit seinem altrömischen Namen Beroe. Auch die Städte im Balkangebirge, Gabrowo, Trjawna und Elena, sowie Jambol und Karnobat, gelegen am Weg zur südlichen Schwarzmeerküste, weiterhin die Rhodopenstädte Assenowgrad, Chaskowo und Dewin geben sich die Ehre. Und wie die alte Bulgarenhauptstadt Weliko Târnowo reiht sich auch die heutige bulgarische Metropole Sofia in den steinernen Reigen zu Füßen von Peruns Thron. Als Städte aus der Ferne erweisen Leningrad und Vilnius, Moskau und Minsk, Warschau, Liberec und Dresden ihre Reverenz. (Ich vermute, daß seit dem Sommer unserer Pirin-Wanderung noch so mancher andere Städtename hinzugekommen ist.) Und während ich da so sitze, schaue und fotografiere, steigen mehrere junge Leute an mir vorbei, und eines der Mädchen verkündet im schönsten thüringischen Dialekt: „Do miss' mer direkt noch

Gere [Gera — H. P.] hinlechen!" Ich muß an mich halten, ob solch heimatlichen „Mach-mit!"-Dranges nicht in schallendes Gelächter auszubrechen ...

Doch was ist auf einmal, ganz unversehens, mit der Sonne geschehen, die — auf ihrem Weg zum Zenit — bis vor kurzem noch grell am Himmel geleuchtet hat? Sie hat sich hinter einer dicken grauen Wolke versteckt, greift nach weiteren, die der Wind ihr zutreibt. Im Nu wird es auf dem Gipfelhang fühlbar kühl; Dunstfetzen, die sich vermutlich von den Wolken losgerissen haben, wehen nahe an uns in den Felsen vorüber ... Schlägt das Wetter unerwartet um? Mein Begleiter, der sich einige Meter über mir am Hang niedergelassen hat, rät dazu, rasch weiterzusteigen; oben flache der Hang ab, dort wären wir, falls das Wetter eine seiner Kapriolen im Sinne haben sollte, für jeden Fall besser aufgehoben. Doch sei es auch möglich, daß das Ganze bloß vom Nebel stamme, der sich in den Tälern aufgelöst hat und in den Bergen verfliegt ... Ja, wüßten wir, wie Himmel und Wolken hinter dem Gipfel aussehen, wären wir um einiges klüger! Doch bis wir dort hinaufkommen, müssen wir noch eine gehörige Hangstrecke hinter uns bringen. Deshalb bemühen wir uns um zügiges Tempo, und von nun an verweilen wir nirgendwo mehr auf dem geröllbesäten Steilhang.

Wie viele der stolzen Gipfel, die Brüder der Wolken sind, macht es auch der Wichren denen, die ihn ersteigen, auf dem letzten Abschnitt vorm Erreichen des Ziels verhältnismäßig leicht. Schon sehen wir, obschon noch ziemlich entfernt und ein beträchtliches Stück über uns, eine aus gekreuzten Gitterstäben montierte stählerne Konstruktion, die von weitem wie ein kleiner Sendemast aussieht, indessen wohl ein trigonometrisches Gipfelzeichen darstellt. Wir haben nunmehr einen Fixpunkt, an den sich die Augen halten und nach dem wir uns orientieren können. Doch es vergehen noch mehrere Minuten, bis wir das kleine Gipfelplateau und die obersten Grate des Wichren erreichen. Ich vergewissere mich über die Dauer unseres Aufstiegs: Von der Baude zum Gipfel haben wir vier Stunden 53 Minuten gebraucht; knapp viertel elf zeigt die Uhr, beste Zeit fürs zweite Frühstück.

Aber wird das in Peruns Sinne sein, daß wir im Moment unseres errungenen Gipfelsieges an gar nichts anderes als bloß ans Essen denken? Zumal wir ohnehin bedenken sollten, ob der Wettergott nicht womöglich längst darauf sinnt, uns — zwecks Belehrung über seine Macht (und als Bestrafung für unseren Frevel) — eine Blitz- und Donnerprobe seines Könnens zu geben.

„Ich habe den Wichren oft erstiegen, und jedesmal zeigte er ein anderes Ge-

sicht. Bald ist er still und sonnenüberflutet, mit einem unglaublich langgestreckten Horizont, so daß man die Schönheit des Gebirges in vollen Zügen genießen
kann, bald toben orkanartige Stürme auf seinem Gipfel, so daß Steinlawinen
donnernd zu Tale rollen. Dann wieder ist er in dichte Nebel gehüllt, so daß man
die Hand nicht vor Augen sehen kann ... Ich erinnere mich eines Erlebnisses auf
dem Wichren. Ich hatte mich mit einer kleinen Gruppe länger als gewöhnlich auf
dem Gipfel aufgehalten, denn wir warteten schon lange auf einen ruhigen Son-
nentag, um vom Gipfel aus zu fotografieren. So bemerkten wir nicht, wie es
plötzlich finster wurde. Ich drehte mich um und sah dichte, schwarze Wolken,
die in Windeseile auf uns zutrieben. Im selben Moment blendete uns ein Blitz,
und es begann in Strömen zu regnen. Der Gipfel und auch wir wurden vom dar-
auffolgenden Donner stark erschüttert. Alles ging so schnell, daß wir es nicht
schafften, die Wetterkleidung anzulegen. Binnen einer Minute waren wir durch-
näßt. Zu unseren Füßen flossen Bäche, die in großer Hast von diesen Felsen
flüchteten ..." — Ähnliches von dem, was meinem Sofioter Reporterkollegen
Christo Georgiew auf dem Wichren-Gipfel widerfahren war, kann an diesem
Sommervormittag im frühen August jederzeit auch uns in solch bedenklicher
Nähe der Wolken drohen. Das „Donnerwetter" des Wettergottes könnte schon
aus den nächsten Wolken über uns hereinbrechen. Wir wägen das Für und Wi-
der, guten Mutes auf dem Gipfel zu verweilen oder eilends wieder abzusteigen,
gegeneinander ab und entschließen uns fürs Bleiben. Vielleicht wird sich Perun-
Petrus gegen Mittag entscheiden, was er sich für heute vorgenommen hat ...
Nachdem wir auf diese Weise übereingekommen sind, uns von den tiefhängenden Wolken samt dem merklich auffrischenden Wind nicht schrecken zu lassen, bleibt uns fürs erste genügend Zeit. In aller Ruhe gehen wir auf dem Gipfel
umher, zunächst längs dem Grat zum westlichen Abhang. Uns vis á vis, nördlich
vom Wichren, reckt sich der breite Kutelo, hebt kühn sein Haupt (das nur sieben
Meter niedriger als das des Wichren ist) bis zum Rand der sich türmenden Wolken. Dahinter, gestaffelt wie die grauhäutigen Rücken von Elefanten bei einer
Zirkusnummer, reihen sich die Gipfel, Grate und Bergrücken des Nordwest-Pi-
rin, wo fern bei der Jaworow-Hütte in 1 740 Meter Höhe der Kammweg seinen
Anfang nimmt. Zwischen dem Banski Suchodol und dem Kutelo verläuft er —
das weiß ich von einem meiner Sofioter Bekannten, der den Übergang schon
mehrere Male unternahm — über die beängstigend schmale, stellenweise weniger als einen Meter breite Kontscheto-(Pferdchen-)Karst-Kante, wo die wildzer-

klüfteten Felswände jäh und furchterregend in 400 bis 700 Meter tiefe Abgründe beiderseits des „Pferdchen"-Rists abfallen.

Währenddessen sind wir bis zum äußersten westlichen Gipfelrand gekommen, und wir blicken hinab zu den dunklen Augen der Wlachini-Seen, über deren glattes Wasser die Schatten weißer und grauer Wolken huschen. Gen Südwesten in der Ferne liegt Sandanski, die „Stadt des Spartakus", wo wir morgen und übermorgen sein werden. In den Fluß- und Bergtälern des südlichen Pirin und der westlichen Rhodopen siedelten einst die thrakischen Meder, und irgendwo dort hatte sich Spartakus in den Kampf gegen die Legionäre des Marcus Lucullus gestürzt, war er in ihre Hand geraten und von ihnen als Sklave nach Rom verschleppt worden. Einige Jahre später lehrte er — durch den von ihm geführten legendären Sklavenaufstand und den monatelangen Siegeszug seines Sklavenheeres — die Römer das Fürchten ...

Nunmehr gehen wir zum Gipfelmast zurück — und von dort weiter auf dem Grat bis zu der kleinen pyramidenartigen Spitze, hinter der die breiten Schultern und der lange Rücken des Wichren ihren Anfang nehmen. Das Felsgestein des Gipfels, von Rauhwettern zernarbt und porös an der Oberfläche, ist mit Flechten bewachsen. Zwischen den Steinen zeigt sich dürftiges Moos. Es sind von der Mitte des Gipfelplateaus bis zur östlichen Gipfelspitze ungefähr 100 Meter, und von ihrer Höhe bietet sich den Augen ein beeindruckendes Panorama: Rechterhand unterm Wichren duckt sich die graugrüne Chwojna-Gipfelkuppe; ein kurzer Sattel führt von ihr hinüber zur graublauen Granitpyramide des Muratow wrách, erstere rund 280 Meter, letztere über 240 Meter niedriger als das Haupt der Pirin-Bergmajestät. Dahinter schließt sich eine Kette von Gipfeln, Sätteln und Bergrücken an, die sich mit ihren östlichen Nachbarn vereinen und den gewaltigen Bânderiza-Kessel umringen (die Bulgaren nennen solches Kar „Zirkus"). Von den Nordhängen aller dieser Berge — mit etwa gleicher Höhe wie Chwojna und Muratow — schimmern im Licht der Sonne, die diffus durch die Wolken scheint, vereinzelt größere oder kleinere Firnfelder. Weil wir gestern zu den Bânderiza-Seen gewandert sind, wissen wir schon, daß im August der Pirin drei Jahreszeiten vereint: In den Tälern zu seinen Füßen ist die sommerliche Ernte überwiegend schon vorbei, am Ribno-Esero (Fischsee) aber — dem größten der Bânderiza-Seen — blühen überall im Gelände noch Frühlingsblumen, bunte sprießende Primeln und verwelkte gelbe Himmelschlüsselchen. In den Falten unter den Gipfeln indes glitzert nach wie vor Firn, lauert der Winter, der

noch immer nicht gegangen ist — oder besser: niemals aus dem „Schneegebirge"
geht.

Wir sind wieder beim Gipfelmast angelangt. Soeben erreicht ihn vom Südhang her eine kleine Gruppe junger Leute, die sich in seiner Nähe niederlassen.
Weil wir hören, daß die jungen Bergwanderer Deutsch sprechen, setzen wir uns
zu ihnen, und ich versuche, ein Gespräch mit ihnen anzuknüpfen, um mich ein
bißchen nach ihrem Woher und Wohin zu erkundigen. Wie sich's herausstellt,
sind es Studenten aus Berlin, künftige Ökonomen, Soziologen und Lehrer einer
Jugendtourist-Gruppe. Sie haben wie wir in der Wichren-Hütte übernachtet, von
der sie nach dem Frühstück zum Gipfel aufgebrochen sind. Die meisten ihrer
Gruppe allerdings haben die Mühe des Aufstiegs gescheut. Morgen wollen die
jungen Bergtouristen durchs Gebirge weiterziehen — auf dem Weg über die
Damjaniza-Baude bis zuletzt nach Melnik, hören wir. So plaudern wir eine
Weile miteinander, und dabei erweist sich, daß sich die Bergfreunde noch unschlüssig darüber sind, ob sie wieder auf der südlichen Route — oder über die
nördliche — zur Hütte zurückkehren wollen. „Wir steigen über den Nordhang
ab", sagt mein Begleiter, der, wie mir scheint, auf eines der Mädchen wohl ein
Auge geworfen hat. Über die Vor- und Nachteile der jeweiligen Wegvariante
entspinnt sich ein kurzes Palaver.

Derweil bin ich aufgestanden und zum Gipfelmast gegangen, bei dessen Bau
die Felsen aufgebrochen worden waren und den am Fuße ein steinerner Sockel
stützt, suche mit den Augen den Boden ab und hebe einen kleinen länglichen,
rundum mehrfach gesplitterten Stein auf: zur Erinnerung an das Ersteigen meines ersten (Beinahe-)Dreitausenders. Als ich den Wichren-Gesteinssplitter in
meine Wandertasche stecken will, richtet das Mädchen, das die Sympathie meines Begleiters offenbar erwidert, gleichermaßen an ihn wie an mich die Frage:
„Stimmt es, daß dieser ganze Berg aus Marmor ist? Ich sehe hier oben nur graue
Steine ..." Daraufhin zeige ich ihr und den anderen meinen Fund, befreie ihn
im feuchten Moos von seinem Verwitterungsbelag, reibe ihn mit einem Stück
zerknitterter Alufolie blank — und schon beginnt er seine marmorne Struktur zu
offenbaren. Wenn auch nicht so glänzend und schillernd wie die Marmorblöcke
und Marmorplatten, die wir morgen im Steinbruch von Ilendenzi sowie bei den
Steinsäge- und Steinschleifaggregaten im Marmor-Verarbeitungswerk von Sandanski sehen werden. Aber einen Schimmer davon gibt er durchaus zu erkennen,
zeigt deutlich die feine Marmorierung.

Es ist, nach der Sommerzeit gerechnet, kurz vor Mittag. Die Sonne, immer weiter zu ihrem Scheitelpunkt aufgestiegen, läßt die in dichten Haufen übers Gebirge ziehenden Wolken erglühen. Wo der Wind sie zerreißt, blickt grell die Sonne hervor und schickt sengende Strahlen zur Erde. Trotz des Windes, der uns beim beginnenden Abstieg kräftig ins Gesicht weht, fängt es an, drückend und schwül zu werden.

Der Weg vom Wichren, hinab in den Kessel zu dessen Nordseite, verläuft über die Nordostkante. Der Weg? Es ist nicht mehr als eine Trittspur, die zwischen großen, kantigen Steinen entlangführt. Zu Beginn, direkt unterm Gipfelhang, ist das Terrain nur wenig abschüssig. Doch das währt nur einige Schritte. Schon hinter der nächsten Felsenecke klafft seitwärts unter uns die Tiefe; es sind wenigstens 300, vielleicht sogar 350 Meter bis hinab zum Premkata-Sattel, der den Kutelo mit dem Wichren verbindet. Stellenweise hat der Steilhang ein Gefälle zwischen 60 und 70 Grad. Und über diesem abschüssigen Hang „schwebt" der Gipfelpfad, der offenbar mit dem Pickhammer von Bergfreunden in die Felsen geschlagen wurde: eine schräg angelegte Treppe in schwindelerregender Höhe. Unterschiedlich hoch sind die einzelnen Absätze und Stufen. An verschiedenen Stellen, wo's bis zum Hangrand und zur Tiefe kaum ein Schrittbreit ist, sind zwischen eingeschlagenen Stahlpflöcken Drahtseile gespannt. Und ausgerechnet hier kommt uns vom Premkata-Sattel ein junges Paar entgegen, hochbeladene, schwankende Bergrucksäcke buckelnd. Mein Begleiter, der uns voran als erster absteigt, ruft den Entgegenkommenden zu, daß sie dort unten, wo sie gerade sind, warten sollten. Ihr Schulterzucken und ihre hilflosen Gesten machen ihm indes deutlich, daß sie kein Wort verstanden haben. Da versucht er es instinktiv auf Deutsch, und das klappt (obwohl, wie sich alsogleich herausstellen wird, die beiden jungen Leute Tschechen sind — aus Rumburk). Das gegenseitige Passieren geschieht so, indem sich beim Vorbeigehen der beiden jeder von uns eng an den Steilhang lehnt, während die Aufsteigenden das Drahtseil schützt.

Der Pfad, der schräg und steil abfallend den Wichren-Nordwesthang trassiert, geht weiter unten in lange, enggekrümmte Schleifen über, die sich abwärts winden. Überraschend schnell kommt uns der Premkata-Sattel näher. Von der nächsten Pfadkrümmung aus können wir bereits weit in den großen cañonartigen Gebirgseinschnitt hineinblicken, der den Wichren und den Kutelo zum einen voneinander trennt, zum anderen mit mehreren langgestreckten schwellenartig abgestuften Felsenhöckern verbindet. Bald erreichen wir ein ausgedehntes Ge-

Der Glasne bei Bansko, dahinter Todorin Wrâch und Wichren

Sandanska Bistriza bei Popina Lâka
Frühlingsblüher im Wichren-Massiv (Krokus und Petluga)
Bajkuschewa Mura, 1300 Jahre alt

Blick auf die verschneiten Gipfel des Nordpirin

Gipfel Sinaniza

Gemsen im Pirin

Waljawishki und Mosgowishki Tschukar

Dshangal

Tewno Esero mit der gleichnamigen Hütte, dahinter Momin (links) und Kralew Dwor
Enzian und Edelweiß · Bergowiza-Tal im alpinen Nordpirin

Alm unterhalb der Kameniza
Baude am Wichren

Auf dem Wichren

Chwojnati Wrâch und Wichren

Wassilaschko Esero

röllfeld aus grauen, verwitterten Steinen, die von dichtem Moos umwachsen sind. Unser Pfad, der sich zusehends verbreitert, führt durch den unteren Rand dieser Steinschüttung — hinein in den beiderseits von hohen Gipfelhängen und -wänden eingeengten Bergkessel. Der Große wie der Kleine Kasan ("Kessel") müssen zur Winterszeit wegen ihrer langen, nicht zu steilen Abhänge ein wahres Skifahrerparadies sein.

Weshalb ich ausgerechnet jetzt in sommerlich drückender Schwüle auf das winterliche Vergnügen komme? Weil sich eben in diesem Moment zwei ausgedehnte Firnfelder vor unseren Augen im bewegten Gelände ausbreiten. Das eine schmiegt sich, wohl einen halben Kilometer lang, dicht an den steil aufsteigenden Wichren-Nordhang; das andere erstreckt sich als Schneebarriere inmitten des Kasan-Einschnitts, bedeckt auf wenigstens 200 Meter Länge mit kniehohem, vereistem Schnee den Wanderpfad zu Tal. Wir könnten dieses Firnfeld weitläufig umgehen, versuchen es auch, an dessen rechtem Rand vorbeizukommen. Doch der moosige Boden ist glitschig vom abrinnenden Wasser des tauenden Firns. Deshalb entschließen wir uns zum Frontalvorstoß, tapsen in den Schnee, brechen bei den ersten Schritten tief ein, haben unterm Schnee erneut die Schuhe im Wasser, wollen eigentlich schon resigniert aufgeben und umkehren, als die beiden an der Spitze Gehenden auf einmal festeren Halt unter den Füßen gefunden haben. Das rufen sie uns zu, und wir sehen es auch. Also ändern wir unseren Entschluß, folgen ihnen. Und da hockt sich mein Begleiter nieder, greift "paddelnd" mit den Händen in den Schnee und ... gleitet! Folglich wissen auch wir anderen, wie wir am besten über das Firnfeld kommen, und eifern — rutschend und schlitternd — dem Beispiel nach. Das löst ein großes Hallo und viel Gelächter aus (aber leider, leider: zuletzt lachen alle auf meine Kosten) ... Ich habe die Tasche vor die Brust genommen, bin gleichfalls in die Hocke gegangen und — fein drauflos geschlittert! Mal zu dieser, mal zu jener Seite balancierend, habe ich bereits die gute Hälfte der Naturrutschbahn hinter mich gebracht, als mit einem vernehmlichen knarrenden Geräusch die Naht an meinem Hosenboden reißt: vom Zwickel am Schritt bis hoch zum Bund! Mir bleibt daher nunmehr nur eins: meinen jungen Landsleuten einen guten Weg sowie weiterhin eine schöne Tour durch den Pirin zu wünschen und mich seitwärts "in die Büsche" zu schlagen. Allerdings kann ich hier, noch oberhalb der Baumgrenze, nirgendwo einen Strauch oder Busch finden. Also muß mir ein Felsblock dienlich sein, in dessen Schutz ich meine lädierte Hose abstreife und mit Hilfe einer Sicherheitsnadel dafür sorge, daß meine rückwärtige Blöße nicht gleich jedermann ins Auge fällt. Dann kehre ich zu meinem Begleiter zurück, nehme die Trinkflasche aus der Tasche, möchte daraus trinken, weil mir die Kehle wie ausgedörrt ist, aber bereits nach dem ersten ordentlichen Schluck ist sie restlos geleert.

„Wir sollten uns mal nach einer Quelle umsehen!" sage ich zu meinem Gefährten, der mich daraufhin verdutzt anschaut. „Daraus wird nichts", antwortet er. „Nördlich vom Wichren ist alles trocken. Nirgendwo gibt's hier eine Quelle. Erst an der Bânderiza-Hütte werden wir wieder Wasser finden!" (Doch glücklicherweise habe ich noch einige „Pfeffis" in der Jackentasche, die mir helfen, wenigstens den ärgsten Durst zu dämpfen.)

Ein wenig weiter zum Tal hin legen wir eine kurze Rast ein. Denn schon bald werden wir den oberen Kasan verlassen, und von seiner letzten Felsenschwelle bietet sich ein vortrefflicher Blick auf den ganzen nördlichen Wichren …

Als wir durch die Enge des Bergeinschnitts gegangen sind, vorbei an himmelwärts ragenden, fast senkrecht aufsteigenden Wänden, haben wir von den Höhen des Berges auch nicht das geringste sehen können. Das holen wir nun nach, zumal mir in Erinnerung ist, daß die bulgarischen Alpinisten die Winterbesteigung der Wichren-Nordwand mit einem winterlichen Kletteraufstieg an der Eiger-Nordwand in den Alpen vergleichen.

„Im Unterschied zu den steilen Granithängen des Rila-Gebirges gibt es hier hauptsächlich verwitterte Marmorgrate auf erodierten Wänden. Die Nordwand des Wichren ist die höchste Kletterwand in Bulgarien (500 Meter). Ihr Gestein ist glatt und brüchig und im Winter vereist. Die Alpinisten betrachten sie mit Recht als das schwierigste Winterobjekt bei uns. An dieser Wand trainieren sie für schwere Aufstiege in den Alpen, im Kaukasus und im Pamir", erzählt Doitschin Wassilew, Alpinist und Meister des Sports über die beliebte, inzwischen x-mal erstiegene Bergwand.

In der Wichren-Baude hatten wir, noch in der ersten Stunde nach unserer Ankunft, ein großes Schwarzweißfoto gesehen, auf dem die beiden Kletter-Haupttrassen zum Wichren-Gipfel mit schwarzgetuschten, geschlängelten Linien eingetragen sind. Ich bemühe mich, die linke „Coloir"- sowie die rechte „Trichter"-Route am Berg ausfindig zu machen, und das fällt auch gar nicht schwer: „Coloir", das ist links die tiefe Rinne, die oberhalb des etwa 50, 60 Meter hohen Schuttkegels eines gewaltigen Bergsturzes beginnt, an ihren unteren Felsen liegt stellenweise noch Schnee. Wie's in ihr weiter oben aussieht, ist von meinem

Blickpunkt jedoch nicht zu erkennen. Besser ist der „Trichter" überschaubar: mehrere Falten, die östlich vom Gipfel zu einem schmalen Spalt in der Wand herabführen, in den das von der Höhe abfließende Schmelz- oder Regenwasser mündet. Der „Trichter" war erstmals 1952 im Winter erstiegen worden, und zwar innerhalb von 13 Stunden. Die Route, die sich nach oben hin in zwei Klettertrassen teilt (was ihr ein trichterartiges Aussehen gibt), hat sommers den alpinistischen Schwierigkeitsgrad III-B, winters aber V-A. Es muß jedoch auf einer anderen Alpinistentrasse des Wichren gewesen sein, wo am 4. April 1950 die beiden Bergsteiger des Sofioter Alpinistenklubs, Peo Charalampiew und Dimitâr Neschew, „den Tod bei der alpinistischen Besteigung" fanden, wie wir es an der kleinen Tafel auf dem Gipfel vor unserem Abstieg gelesen haben. Auch den Alpinistik-Instrukteuren Mischo Kotzew und Angel Sweschtarow sowie dem Alpinisten Entscho Kusmanow, die am 20. März 1964 von einer Lawine begraben wurden, ist auf dem Wichren-Gipfel eine gedenkende Inschrift gewidmet ...

Unterhalb der beiden Bergkessel wird der Weg nochmals beschwerlich: Es geht runter, rauf, runter ... Das felsige Terrain ist gefaltet, zerklüftet und überhaupt stark bewegt. Doch nunmehr steigen wir schon abwärts an Niederholz vorbei, das beiderseits des Pfades an Felshängen sowie im steinigen Boden wurzelt. Als sich zunehmend höherer Baumwuchs zeigt — struppige, langnadelige Weißkiefern und zerzauste, windschiefe Wacholderbüsche —, verspricht uns der Wegweiser an einer Pfadgabelung, daß wir die Bânderiza-Baude binnen der nächsten halben Stunde erreichen werden.

Ohne es recht zu bemerken, überschreiten wir die Grenze zum Hochwald, die, wie überall in den Hochgebirgsregionen, eine „fließende Grenze" ist. Und beide sind wir regelrecht überrascht, als uns mit einem Mal bewußt wird, daß wir schon seit Minuten entlang ungewöhnlich dickstämmiger Nadelbäume gehen, die mit ihrem gleichmäßigen hohen Wuchs mächtigen dorischen Säulen gleichen. Wir sind wieder eingetreten ins sanftere, grünend-blühende Areal des Pirin-Nationalparks, der 2 650 Quadratkilometer des Gebirges einschließt. Außerordentlich reich sind in ihm Fauna und Flora: Wildschweine, Rehe und Hirsche, Füchse, Luchse, Schlangen und Eidechsen, Auerhähne und Falken, sogar Wölfe und Bären, Gemsen und Adler finden hier Nahrung und Unterschlupf. Und 2 115 von den rund 3 400 in Bulgarien vorkommenden Pflanzenarten gedeihen im Pirin, darunter Seltenheiten der Gebirgsflora wie Nelkenwurz und Trollblume, Alpenmohn und Akelei, Enzian und Edelweiß sowie einige auf unserem Kontinent lediglich noch endemisch wachsende Baumarten. Zu ihnen gehören die Panzerkiefern des Waldes rings um die Bânderiza-Hütte — vorwiegend 200- bis 300jährige Bäume, deren rifflige Rinde wie der Panzer urzeitlicher Echsen anmutet. Das Prachtexemplar des Bânderiza-Forstes jedoch ist „Bajkuschewa Mura", in deren Schatten wir vorgestern gesessen haben und an der wir nachher wieder vorbeigehen werden ...

Irgendwann um die Wende zu unserem Jahrhundert war der Biologe und Naturschützer Kosta Bajkuschew, bei einem Ausflug in den Pirin, zufällig auf den Baumriesen aufmerksam geworden (dieser steht am Rande der Bergstraße, etwa auf halbem Weg zwischen Bânderiza- und Wichren-Baude). Als der Gelehrte den Baum erblickte, war er starr vor Staunen. Einige Zeit später ließ Bajkuschew verschiedene Untersuchungen an der offensichtlich jahrhundertealten „Pinos leucodermis" vornehmen, die nach der bulgarischen Gattungs- und Sammelbezeichnung „Mura" genannt wird. Was die Experten herausfanden, ist auf einer Tafel bei der „Bajkuschewa Mura" zu lesen: Durchmesser 2,38 Meter; Umfang 7,47 Meter; Standort 1 930 Meter ü.d.M.; Alter 1 260 Jahre. Seitdem er so exakt vermessen wurde (bedauerlicherweise gibt die Tafel keine Auskunft darüber, wann genau das geschah), ist der Baum-Methusalem selbstverständlich noch um etliche Jahre älter geworden. Sei's drum. Eines steht fest: Er ist mit seinem respektheischenden Alter von rund 13 Jahrhunderten ein Zeitgenosse der gesamten alt- wie neubulgarischen Geschichte. Das Samenkorn, das ihn hervorbrachte, flog vielleicht im Wind und fiel zur Erde, als Khan Aspâruchs Reiterscharen über die Donau setzten, um in den Landen diesseits des Stromes das erste Reich der Bâlgari zu schaffen ...

Wer sagt mir, wieviel ein Mensch trinken kann, wenn er durstig ist? Ich weiß nur, daß mich ein wahrer Höllendurst peinigt, als ich den Quellbrunnen im Hof der Bânderiza-Baude sehe, auf ihn erschöpft und schweren Schrittes zustapfe, mein Gesicht in den fließenden kalten, erquickenden Wasserstrahl tauche und trinke, trinke, trinke ...

NEUNTE TOUR
MITTLERES RILA-GEBIRGE

Mit Mönchen unter einem Dach

Der glatte, nur hier und da mit verirrten, weißen Wolkenfedern besprenkelte Himmel über dem Bachgrund der Rilska reka glänzt in strahlendem, blendendem Blau, und hinter den hohen, breitköpfigen Kuppen der zerklüfteten Berghänge, hin zum Flußtal der Struma — von wo wir spätnachmittags herauf ins Gebirge gekommen sind — staut sich alle Lichtflut dieses heißen, langsam vergehenden Augusttages. Die Sonne, über die westlichen Rila-Gipfel zur Ebene hinabgestiegen, umkränzt die oberen Ränder der waldgrünen Bergwände, in deren Schutz das Rila-Kloster steht, mit einer gleißenden Aureole. Doch die ehrwürdigen Klostermauern und die bewaldeten Brüste der Berge haben sich, obwohl es erst zeitiger Abend ist, schon das schattige Unterkleid ihres Nachtgewandes übergestreift. Das verwundert uns indes nicht, weil wir von Iwan Wasow, der vorzeiten drei Wochen lang Gast im Kloster gewesen war — wie wir es für drei Tage sein wollen —, wissen, daß beim Rila-Kloster die Sonne volle vier Stunden früher untergeht als im nahen Kotscherinowo. Der Ort, an dem wir von der Fernstraße Sofia-Saloniki bergwärts abgebogen waren, liegt eine knappe halbe Autostunde unterhalb des Klosters im Tal: jenseits der Berge, zu Füßen des Rila.

„Zum erstenmal sah ich das Rilagebirge! Ich weiß nicht, warum dieses Gebirge für mich seit jeher von einem eigentümlichen Zauber umgeben war ... Es schien mir eine andere Welt, fremd und unerreichbar. Meine Phantasie gaukelte mir unbezwingbare gespenstische Gipfel vor, die sich im Himmel verloren. Und zwischen ihnen eingebettet ein Kloster. Das war alles. Ein Schleier des Geheimnisses ist über dieses Gebirge ausgebreitet. Es wird auch kaum in Volksliedern erwähnt. Der heilige Iwan, sein erster Siedler, bewahrte es eifersüchtig vor dem Eindringen weltlichen Lärmens und Treibens, und so wurde unter seiner Obhut das Gebirge zu einer heiligen Stätte; lange Jahrhunderte hindurch war unseren Vätern und Vorvätern der Begriff Rila gleichbedeutend mit dem Kloster, dem das Gebirge den Namen gab wie umgekehrt dieses ihm seinen Ruhm. In anderem Zusammenhang wurde es gar nicht genannt. Man sah in ihm so etwas wie den Athos, den Heiligen Berg", schilderte Wasow seine Gedanken, die ihn in jenem Augenblick bewegten, als er erstmals „die erhabene Einöde des Rila" aus der Nähe erblickte. Auch durchs Tal von Kotscherinowo, das er als „ein herrlich grünes, von dem Flüßchen Rila benetztes Stück Erde, fruchtbar wie die Ufer des Nils" ansah, war Iwan Wasow an jenem 3. Juli 1891 gefahren, allerdings — anders als wir — in einer vierspännigen Kutsche. Und bis zum Erreichen der schützenden Klostermauern ängstigte ihn das seinerzeit hartnäckig umherstreichende Gerücht, daß in der Gegend Räuber ihr Unwesen trieben. Nicht minder bangte er, sein Gefährt könnte auf der grobgepflasterten, schmalen, abenteuerlich gewundenen Straße unversehens in die Tiefe stürzen.

Wer heutigentags zum Rila-Kloster fährt — im Auto oder Bus —, der findet eine breite, asphaltierte Straße vor, die, am Kloster vorbei, sogar noch ein Stück weiter hinauf ins Gebirge reicht. Und beabsichtigt er länger zu bleiben als lediglich für eine Stippvisite, dann hat er im Zwei-Sterne-Hotel „Tourist" ein Zimmer oder auf einem der klosternahen Campingplätze ein Zeltquartier zum Übernachten bestellt (oder, sofern er durchs Gebirge wandert, trägt er seine Nachtbehausung als Bergzelt auf dem Rücken). Nichts von alledem gilt für uns. Denn wie schon beim allerersten Herkommen — mir scheint, es war vor einem halben Leben — ist uns wiederum Herberge im Kloster zugesagt.

„Das doppelflügelige große eiserne Tor stand offen. Wir hielten mit unserer Kutsche auf der Lichtung vor dem Gebäude, und ich trat barhaupt durch den ausgemalten Eingangsbogen, wo mich ein Mönch und ein alter Pandur in abgetragenem rotem Wams begrüßten, in den Hof", beschrieb Wasow sein Eintreffen im Kloster. Uns hingegen empfängt eine junge Frau. Von dem dicken Schlüsselbund in ihrer Hand nimmt sie zwei Schlüssel, die uns hernach die Türen zu unseren Zimmern öffnen. Kopfnickend bestätigen wir ihr alle Verhaltensregeln, die sie uns aufgibt: nicht im Zimmer zu rauchen, kein elektrisches Kochgerät zu benutzen, nicht zu singen oder gar zu lärmen; keinesfalls die Ruhe des Klosters zu stören, unbedingt die Würde der Mönche zu achten, sie nicht in ihren Zellen zu behelligen. „Falls Sie es wünschen, einen Mönch in seinen Räumen zu besuchen, müssen Sie ihn vorher darum bitten. Er wird es Ihnen bestimmt nicht abschlagen", wird uns bedeutet. Dann ziehen wir mit Sack und Pack ins Kloster ein, um, sozusagen hautnah, für ein verlängertes Wochenende seine Atmosphäre zu erleben: mit Mönchen unter einem Dach. Es gibt, das werden wir alsbald gewahr, nicht mehr viele Klosterbrüder hier; überdies sind die meisten von ihnen schon recht betagt. Beides bemerken wir, nachdem einer der Mönche das Läutebrett geschlagen hat und die frommen Brüder sich zur Abendandacht in eine der kleinen Kapellen des Klosters begeben …

Unsere Körper, stundenlang sengender Sonne ausgesetzt gewesen, sind vollgesogen von der brütenden Hitze des Tages. Die abendliche Frische des Gebirges erweckt zuweilen Schauer auf der Haut, doch wir empfinden die Kühle als wohltuend. Zunehmend dunkler werden die Schatten, die sich über Bachgrund und Berghänge breiten. Ein leichter Wind weht auf.

Eine Weile sind wir über die Wege beim Kloster promeniert, schließlich kehren wir im Restaurant des benachbarten „Tourist"-Hotels ein, finden auf der Terrasse am letzten noch freien Tisch Platz, bestellen uns das für den Abend Landesübliche — Gegrilltes plus frischen Salat — und, worauf sich unsere Kehlen schon seit Tagen gefreut haben, Himbeerwein, gekeltert nach uraltem Rezept der Rila-Mönche. Doch selbst der feurige, tiefrote, würzig mundende Wein ist außerstande, uns noch aufzumuntern.

Die Sonne, die den Bachgrund zwischen dem Maljowiza-Massiv im Norden und dem Britschebor-Höhenzug im Süden am Abend früh verläßt, geht am Morgen spät über den Rila-Gipfeln beim Kloster auf. Als sie mit ihren Strahlen durchs Fenster unseres im Erdgeschoß gelegenen Zimmers tastet und die Lichtblitze über unsere Gesichter zucken, werden wir wach. Da steht die Sonne schon hoch am Himmel, ist es längst heller Tag. Das Schlagen des Läutebretts, mit dem sowohl morgens als auch abends ein Mönch im Klosterhof seine Runde dreht, ist von uns ungehört geblieben, ebenso die übrigen Stimmen des Klosters, allmorgendlich zu Tagbeginn. Das erste Geräusch, das wir wahrnehmen, ist dumpfer auf- und abschwellender Motorenlärm von Autos und Bussen, die am Kloster auffahren: Ein neuer Touristentag für das Rila-Kloster hat begonnen …

Zum Frühstück begnügen wir uns mit einem Glas dicker Kisselo mljako. Und unverzüglich brechen wir auf. Durch den hohen Bogengang des Samokow-Tors, den Ausgang des Klosters nach Osten, drängt eine Reisegruppe in den Klosterhof. Wir schlängeln uns an den Leuten vorbei nach draußen, haben es eilig. Doch als wir an dem ebenerdigen Flachbau der Bäckerei des Klosters vorbeikommen, wo uns der verlockende Duft von Frischgebackenem um die Nase weht, können wir nicht umhin, schnell mal in die Backstube reinzuschauen. Denn der Onkel meines Begleiters (er stammt aus der Gegend des Rila-Klosters) ist der Bäcker, und Bai Goscho zieht gerade eine neue Partie Pitka aus dem Ofen. Die Pitka Onkel Goschos wird so gebacken wie die Klosterbrüder sie seit jeher bevorzugten: sehr fettreich. Darum hat sie auch nicht die übliche, hochgewölbte Brotform, sondern gleicht eher einem zwei-, dreifingerdicken Fladen. Bai Goscho wickelt zwei davon für uns in Papier; aber wir werden sie erst mitnehmen, wenn wir von unserem Morgenausflug zurückkehren.

Vom Weg, der ostwärts in den Nadelwald führt, zweigt nahe bei der Klosterbäckerei ein schmaler Steig nach links ab: zu kleinen, mit Flechtzäunen umgebenen Gärten, die terrassenartig am Hang angelegt sind. Gemüse und Blumen gedeihen darin; Obst- und Nußbäume, Brombeerhecken und Haselnußsträucher tragen reiche Frucht. Flotten Schrittes steigen wir zur Anhöhe hinauf. Denn wir wissen: Die beste Sicht auf den gesamten Klosterkomplex mit seinen massigen, kompakten Bauten bietet sich von der Höhe des Kreuzfelsens. Vor kurzem hatten wir aus gipfelhoher Vogelperspektive — vom Bergsattel beim Elenin wrăch — ins Flußtal der Rilska reka hinabgeschaut, und im Blick von dort oben wirkt das Kloster klein und verloren inmitten dunkler Schluchten und wogender grüner Hänge. Nun dagegen, von der Anhöhe aus, wo ein windschiefes hölzernes Kreuz einen der vorspringenden Felsenköpfe überragt, zeigt sich die heilige Stätte des Glaubens, dieser Zufluchtsort des Geistes in den bittersten Jahrhunderten bulgarischer Geschichte, als das, was das Kloster, versteckt in der wegelosen, kaum durchdringlichen Rila-Einöde, gleichfalls durch alle Zeiten gewesen war: eine wehrhafte Bergfestung.

Zu dieser Stunde zwischen Morgen und Mittag blickt die Sonne tief in den Klosterhof hinein; sie hat die letzten Schatten von ihm fortgewischt und leuchtet ihn vollends aus. Steigt sie jedoch noch höher zum Zenit, wird sich die feingliedrige architektonische Struktur am südlichen Klosterflügel erneut in Schatten hüllen (überdies ist es für farbgetreue Colorbilder beinahe schon der letzte Augenblick). Deshalb muß die Arbeit eilends getan werden. Erst danach können wir uns ruhig ins Schauen und Nachsinnen versenken … Wie viele Menschen mögen wohl schon hier herauf zum Kreuzfelsen gestiegen sein? Gäste des Klosters, Pilger am Wallfahrtsort, namhafte Reisende, die dem Kloster die Ehre eines Besuchs erwiesen, wie namenlose Touristen, die Tag für Tag die vormals stillen Klostermauern mit Unruhe und Unrast erfüllen.

Das Aussehen des heutigen Klosters ist seit Mitte des vorigen Jahrhunderts faktisch unverändert (die Klostergeschichte jedoch reicht mehr als ein Jahrtausend zurück): Burg des Glaubens, Feste der Standhaftigkeit. Die 24 Meter hohen, aus behauenen Fels- und unbehauenen Flußsteinen erbauten Außenmauern der vierstöckigen Klostergebäude, die den Innenhof — mit Chreljo-Wehrturm und Gottesmutter-Kirche — umschließen, bestärken durch ihre schießschartenartigen, schmalen, oben gewölbten Fensterblenden und -nischen sowie ihre zahlreich verstreuten, tatsächlichen Schießscharten den Eindruck ständig wehrbereiter, unerstürmbarer Mauern. Flache, rote Schrägdächer, über denen die Reihen hochgemauerter weißer Schornsteine wie Zinnen anmuten, reflektieren das Sonnenlicht, heben durch ihr Leuchten die massig-trutzige Klosteranlage aus der Tiefe des Flußtals und der sie überragenden Hänge und Wälder kühn hervor. Malerisch-verspielt wirken die dreistöckig übereinander angeordneten Säulen- und Rundbogenreihen vor den Wandelgängen der inneren Klosterfronten (diese architektonische Gliederung verleiht ihnen gleichermaßen Leichtigkeit wie Harmonie). Es fällt schwer, sich von dem Anblick loszureißen, der Kulisse, die durch winzige Menschlein — die im Klosterhof umhergehen — wie in einem miniaturisierten Historienspiel belebt wird.

Ebenso wie die bekannten Urlaubs- und Bergtouristikzentren Maljowiza und Borowez, gelegen nördlich der Hauptgipfelkette des Rila, Jakoruda auf der südöstlichen Gebirgsschwelle zu den Rhodopen oder Raslog am südlichen Fuße des Rila-Vorgebirges ist auch die Gegend ums Rila-Kloster ein beliebter Ausgangspunkt für Gebirgstouren oder Bergwanderungen. Wer im Wandern und Steigen ein wenig geübt ist, erreicht den Britschebor-Gipfel, gleichfalls die Partisanenwiese (Partisanska poljana) in zwei, den Trockenen See (Suchoto esero) in vier, die Iwan-Wasow-Baude in fünf, die Fischseen (Ribni esera) in sechs Stunden. Hinweg über den Gebirgskamm führen vielbegangene Routen — nach Maljowiza sowie nach Borowez. Weiterhin gibt es rings ums Kloster eine Vielzahl romantischer Wege und nahegelegene, lohnenswerte Wanderziele.

Wir waren, bald nach dem Mittagessen, zum Spaziergang aufgebrochen, sind auf beständig ansteigenden, schattigen Wegen durch Nadel-, Laub- und Mischwald gegangen, haben — ein wenig unterhalb unseres Zieles — die Asphaltstraße zur Partisanenwiese erreicht, sind ihr ein kurzes Stück gefolgt. Am Wegweiser, der schräg nach links zeigt, beginnt der Weg zur Grotte, dem wir folgen. Er ist unbefestigt, reichlich ausgetreten, steigt steil am Hang hinauf. Die aus der Erde ragenden Baumwurzeln und Felsbrocken, durch die Schritte von Millionen Schuhen glattpoliert, machen das Gehen zusätzlich beschwerlich, lassen uns fortwährend rutschen und stolpern, und die „300 m", die das Richtungsschild verhieß, scheinen kein Ende zu nehmen. Uralte, dick- und silberstämmige, zur Wetterseite hin grünbemooste Buchen säumen den Weg. Ihre Rinden sind, zuweilen bis zu anderthalbfacher Mannshöhe, mit den Narben und Wunden von eingekerbten Initialen, Namen, Daten und Ortsnamen geradezu übersät. „Bald waren die Stämme zu beiden Seiten buchstäblich von ihnen bedeckt, so daß ich, als ich mich ebenfalls auf diese Weise verewigen wollte, keine freie Stelle mehr fand", klagte bereits Iwan Wasow. Und ich frage mich, wie die armen Bäume dieses fortwährende, grobe Hand-an-sie-legen ein ganzes weiteres Jahrhundert bis in unsere Tage ausgehalten haben und wohl noch weiterhin aushalten müssen.

Durch das Laubwerk von Bäumen und Büschen schimmern die weißen Mauern sowie das niedrige graue Dach einer kleinen Kapelle (sie ist der heiligen Grotte vorgebaut). Auf dem engen Vorplatz warten schon einige Leute; offenkundig sind es sogenannte Individualtouristen, denn ich sehe Fotoapparate; einer trägt eine Video-Kamera in der Hand (Pauschaltouristen, vom Reiseführer belehrt, haben solche Utensilien im Bus gelassen). Mit dem Foto- und Filmgerät befaßt sich just ein Mönch; er sorgt dafür, daß es in den Taschen verstaut wird. Der Klosterbruder, ein Mann mittleren Alters, trotz des wallenden, weiten Mönchsgewands als schlank erkennbar, trägt eine randlose Brille, die ihm einen Ausdruck von Belesenheit und Gebildetsein verleiht. Das scheint er zweifellos auch zu sein, denn wir hören, daß er mit den Besuchern Französisch spricht. Als er unsere Stimmen vernimmt, spricht er uns in Deutsch an, bittet uns um ein wenig Geduld; es seien momentan noch Besucher in der Grotten-Kapelle, sobald diese herauskämen, könnten wir eintreten — er werde uns führen.

Das Warten dauert nicht lange. Wir gehen über einige Stufen, und schon stehen wir in der Grotten-Kapelle. „In einem Winkel sieht man eine viereckige niedrige Mauer, ähnlich einer Sitzbank — sie steht an der Stelle, wo die sterbliche Hülle des Heiligen lange Zeit begraben lag. Fromme Besucher können den Arm durch eine enge Öffnung zwängen und etwas Erde entnehmen, der man Heilkraft zuschreibt", schilderte Wasow seine ersten Eindrücke von der Kapelle und der ihr benachbarten Grotte. Der Flackerschein Dutzender brennender, dünner hoher Kerzen empfängt uns; die Flammen verbreiten spürbare Wärme und gleißende Helligkeit. Der Mönch, offenbar darauf vertrauend, daß jeder, der hierherkommt, die Vita des heiligen Iwan Rilski aufs beste kennt, begnügt sich mit einigen Sätzen, erwähnt zwei, drei Jahreszahlen, deutet auf die einstige Grabstelle und sagt, daß der Heilige sieben Jahre seines Einsiedlerlebens in der Grotte verbracht habe, daß er hier im Alter von 70 Jahren gestorben sei, hier eine Zeitlang begraben gelegen habe und daß Sweti Iwan Rilskis Einsiedelei als Ursprung des Rila-Klosters gelte. Sollte jemand noch Fragen haben, sagt der Mönch, dann wolle er sie gern beantworten, und bereitwillig erteilt er dann auch — nachdem er uns, außerhalb der Kapelle, über einige Steinstufen im Fels hinauf zur Grotte geführt hat — mehreren Besuchern kurze, freundliche Auskünfte.

Nun, das wär's! denke ich, ohne von der Heiligkeit des Ortes besonders ergriffen zu sein, allerdings durchaus davon berührt, an einer authentischen Stätte bulgarischer Glaubens- und Volksgeschichte zu stehen ... Aber nein, da fehlt noch was (immerhin habe ich meinen Wasow doch gründlich gelesen): „In der finstersten Ecke gähnt das bekannte, verheißungsvolle Loch, durch das jeder in die Höhle eingetretene Wallfahrer kriechen muß, um oben auf den Felsen zu gelangen. Diese Übung dient seiner Gesundheit und läßt zudem erkennen, ob eine Sünde auf ihm lastet — ist das der Fall, so kommt er nicht durch! Der Mönch trug die Kerze zu der Stelle, wir folgten ihm und hoben den Blick. Das Loch befand sich hoch über der Erde in der Felswand. Es war nur wenig breiter als ein menschlicher Körper und führte als schräger Gang nach oben; ein paar schlecht ausgehauene Stufen im Gestein dienten dazu, Händen und Füßen Halt zu bieten ... Dem Neuling wird bänglich zumute, wenn er sich der groben, kalten Umarmung des Felsens anvertrauen soll, der einen zu erdrücken scheint. Aber der geheiligte Brauch mußte erfüllt werden" — und das gilt bis heute. Der Mönch nimmt das Welterhaben-Würdevolle aus seinen Gesichtszügen; er kennt, was sogleich beginnen wird: das Kichern, Zögern, Ermuntern, Sich-Ermannen. Und da ist der erste bereits in Iwan Rilskis Luft- und Fluchtschacht! Denn wer möchte sich schließlich durch eine Verweigerung der Sünde zeihen lassen? Meine Erinnerung jedoch reicht bis zu der Zeit begangener Sünden einfach nicht zurück; es drängeln sich auch die anderen genug — ich kann's also lassen. Der fromme Bruder gibt mir überdies durch ein Augenblinzeln zu verstehen, daß er meiner Meinung ist. Ich sehe das als „himmlischen Wink" an und vertraue der Autorität des

Klostermannes. Obendrein weiß ich, wie unbehaglich Wasow sich beim Durchsteigen der schrägen Felsenröhre einst fühlte: „Als ich durch den Kamin kroch, eingezwängt in den Stein, konnte ich mich doch eines gewissen Gruselns nicht erwehren ... Man erschrickt bei den Gedanken, es könnte jemand die beiden Ausgänge mit Steinen zustopfen, so daß man in dem Felsen lebendig begraben wäre. Ich atmete erleichtert auf, sobald ich oben an die freie Luft kam, froh und glücklich, als hätte ich einen großen Sieg errungen ... Aber im allgemeinen kommt jeder durch, der sich Mühe gibt. Es müßte schon ein sehr gewichtiger Sünder sein, den der Stein nicht passieren ließe." Demnach, auch von dieser Seite her gesehen, konnte ich mir die Sportübung und Seelenprüfung ohne weiteres sparen.

In die Kloster-Herberge zurückgekehrt, erwartet mich eine Nachricht, die, noch eher als ich es gehofft habe, meinen Wunsch erfüllt: Der Prior des Rila-Klosters, Archimandrit Leonid, wäre meiner Bitte, ein Gespräch mit ihm zu führen, geneigt und sei bereit, nach der Abendandacht ein wenig mit mir zu plaudern (ein Archimandrit nimmt in der bulgarisch-orthodoxen Kirchenhierarchie die Würde eines Vizebischofs ein). Ich finde die Art, wie der Klosterherr sein Einverständnis zum Ausdruck bringt, eine schöne, gemessene Umschreibung für das, was ich von ihm haben möchte: ein Interview. Die Andacht, so wird uns von dem Überbringer der Nachricht, der kein Klostergewand trägt, bedeutet, sei bereits vorüber, und wir sollten uns bereithalten.

Nach einigen Minuten klopft jemand an die Tür, als ich öffne, blicke ich in das Gesicht eines jüngeren Mönches; ich bitte ihn einzutreten, aber er verharrt zurückhaltend an der Schwelle, sagt nur, daß er gekommen wäre, uns zu geleiten. Er führt uns schräg über den Hof, an Chreljo-Turm und der Gottesmutter-Kirche vorbei zum Westflügel des Klosters. Dort steigen wir über eine breite Treppe zum zweiten Stockwerk hinauf. Als wir eine offene Nische im turmartigen Vorbau des Wandelgangs erreichen, lädt der Mönch uns ein, auf den niedrigen Schemeln im Tschardak Platz zu nehmen. Es dauert nur einen Moment. Schon hören wir hinter unserem Rücken Schritte, die das ausgedorrte Holz der Wandelgang-Dielen knarren lassen. Dann steht der Prior, von dem jungen Mönch begleitet, vor uns: hochgewachsen, im schwarzen Talar, aufrecht in seiner Haltung, würdevoll-verhalten in Gestik und Sprechweise, ohne jedoch herablassend zu wirken. An einer langen, feingliedrigen Kette trägt der Vizebischof ein großes, schweres, kunstvoll gearbeitetes silbernes Kreuz vor der Brust. Unter seiner hohen Kalimjawka, der Priesterkappe, quillt dunkles, welliges Haar hervor, das, wie sein kurzer, krauser Bart, von silbrigen Fäden durchwirkt ist. Nachdem sich der Archimandrit zu uns gesetzt hat — wohlüberlegt mit dem Rücken zum Hof, damit das Licht in unsere Gesichter scheint und er besser in unseren Mienen lesen kann —, läßt sich Hochwürden mein Anliegen ausgiebiger erläutern, sagt, daß er sich über mein Interesse, das ich für das erhabene Leben des heiligen Iwan und die geschichtliche Rolle des Klosters bekunde, freue, und er wolle mir gern erzählen, was er darüber weiß. Es gäbe eine Anzahl älterer Bücher und neuerer Schriften, die davon berichten. Eine Arbeit aus jüngerer Zeit, die er als äußerst gründlich und sachkundig einschätze, möchte er mir gleich als erstes empfehlen. Ich notiere mir Verfasser und Titel des Buches, das 1979 im Verlag der Bulgarischen Akademie der Wissenschaften erschienen war („Volkslegende über Iwan Rilski").

Beim ruhigen, bedächtigen Erzählen des Priors erstehen vor meinen Augen lebendige Bilder fern-ferner Zeiten: wie der Mönch Iwan, ein aufrechter Diener des Glaubens, fest in seiner Überzeugung und hingebungsvoll in seiner Selbstlosigkeit, der inneren Stimme folgend, sich ins selbstgewählte, asketische Leben zurückzieht — zunächst vermutlich in den Witoscha, danach in eine entlegene Gegend der Konjawska-Berge, bis er hier unter den nahen, hohen Felsengipfeln, die dem harten, kalten Nordwind wehren, die Höhle am Südhang der Berge und zugleich am wasserreichen, rauschenden Fluß findet; wie junge Mönchsbrüder, erleuchtet vom Vorbild Iwans, zu ihm in die Einöde gehen, um mit ihm Verzicht und Entbehrungen zu teilen; wie der sich rasch verbreitende Ruf Iwan Rilskis (Iwan vom Rila) selbst den Zaren dazu bewegt, als Bittsteller bei dem heiligen Mann Rat zu suchen; wie das Volk schon zu Iwans Lebzeiten an dessen Gottgesandtheit und Wundertätigkeit glaubt und wie es nach Iwan Rilskis Tod die Wunderkraft auch seinen Gebeinen zumißt. Archimandrit Leonid spricht ebenfalls von der Odyssee dieser Reliquien, bis sie — über Sofia, Esztergom (Ungarn) und Târnowo — wieder ins Rila-Gebirge heimkehrten: ins Kloster, das seitdem Weihe- und Wallfahrtsstätte ist. Noch von vielem erzählt der Prior — von Iwans Nachfolger, dem Mönch Georgi, der die Rila-Bruderschaft gründete, vom Patriarchen Ewtimi aus Târnowo, der — vom osmanischen Sultan zu lebenslanger Verbannung im Batschkowo-Kloster „begnadigt" — in der Rhodopen-Abgeschiedenheit als erster die Vita des heiligen Iwan aufschrieb; von Wladislaw Grammatik, dem großen Volksaufklärer, der die Rückführung der Reliquien ins Rila-Kloster mit solcher Detailtreue und Eindringlichkeit schilderte, daß man daraus den Schluß ziehen kann, er ist Augenzeuge dieses glaubensstärkenden, volksaufrüttelnden Ereignisses gewesen.

Es mag, so meine ich, eine reichliche Stunde vergangen sein. Gern möchte ich den Abt noch zu diesem und jenem befragen, vor allem über Einzelheiten zur Rolle des Klosters in der Vergangenheit, worüber ich einiges weiß, jedoch noch mehr Einzelheiten und historische Begebenheiten zu erfahren hoffe. Doch der Redefluß des Archimandriten beginnt schon häufiger zu stocken … Einige Worte zu seiner eigenen Lebensgeschichte erbitte ich noch von ihm. Aber er sagt mir dazu lediglich, daß er schon als Junge ins Rila-Kloster gekommen sei und seitdem beinahe fünfzig Jahre hier lebe. Ich spüre, daß es geboten ist, nicht weiter in ihn zu dringen, und als ich mit dankenden Worten behutsam zur Verabschiedung überleite, bittet mich der Prior, ihm mein Notizbuch und mein Schreibgerät zu geben. Ich zögere, weiß mit dem Wunsch nichts Rechtes anzufangen, reiche ihm indes das Erbetene. Als er es in Händen hält, verstummt er, legt das Notizbuch auf sein Knie und beginnt, mit konzentriertem Nachdenken einen Text hineinzuschreiben. Während ich zuschaue, wie sich Zeile an Zeile reiht, vermute ich, es könne eine religiöse Epistel oder ein Segenswunsch sein, den der Prior mir auf den Weg geben will. Ohne das in hohen, geschwungenen Buchstaben Geschriebene zu lesen, bedanke ich mich, und mit dem Segen des Glaubenshirten, dem Kreuz, das er — als Geste seiner ausgestreckten Finger — für jeden von uns schlägt, zieht sich der Klosterherr ins Dunkle des Wandelganges, das heißt zu seinen Amts- und Wohnräumen, zurück.

Erst unten, im Zimmer, werfe ich auf den mir zugeeigneten Text einen flüchtigen Blick. Er beginnt mit drei Punkten, den Worten „Moshe smelo da se kashe …“ und endet mit einer Unterschrift. Als ich sie erkenne, glaube ich meinen Augen nicht zu trauen — denn da steht, deutlich und unverkennbar: „G. Dimitroff"! Zwar reicht meine Kenntnis des Bulgarischen für eine Übersetzung beileibe nicht aus, doch immerhin erfasse ich, das Geschriebene überfliegend, einigermaßen den Sinn. Welche Worte Dimitroffs könnten das wohl sein, überlege ich. Und weshalb hat mir der Kirchenmann Gedanken eines Kommunisten aufgeschrieben? Flugs gehe ich ins Nebenzimmer, zeige meinem Begleiter die Notizen. Er hat, wie ich, die Niederschrift für einen religiösen Text gehalten, und weil ich vorhin nicht von ihm verlangt habe, diesen zu übersetzen, hat er gemeint, ich wolle es dabei bewenden lassen. Allerdings zeigt sich mein Reisegefährte vom Inhalt gar nicht überrascht: „Diese Worte Dimitroffs sind bei uns bekannt", höre ich. „Er hat sie im Jahre 1946 dem Kloster zum 1 000. Todestag Iwan Rilskis gewidmet!" Weil ich davon bislang nichts wußte, höre ich mir die Übersetzung mit gespannter Aufmerksamkeit an (wir haben den Text, den der Prior aus dem Gedächtnis notierte, später mit dem Original verglichen; er stimmt korrekt überein — in jedem Wort):

„Es kann kühn behauptet werden, daß wir das heutige, demokratische Bulgarien der Vaterländischen Front nicht haben würden, wenn es in jener dunklen, finsteren Zeit unterm Joch nicht unsere Klöster, wie das Rila-Kloster, gegeben hätte, die unsere nationalen Gefühle, die nationalen Hoffnungen und den Stolz der Bulgaren wahrten und sie als Nation nicht zugrunde gehen ließen ..."

Es ist Sonntag, der Tag des Herrn, Sonntagmorgen im Kloster. Noch zeitiger als an den übrigen Tagen beginnt die Auffahrt von Autos und Bussen, zu denen sich sonntags regelmäßig zahlreiche Pferde- und Maultiergespanne gesellen. Und noch massenhafter als sonst ist am Sonntag der Zulauf von Ausflüglern, Touristen — und Gläubigen. Die beiden Klostertore sind schon geöffnet, obwohl die alte Uhr am Chreljo-Turm noch nicht die achte Stunde geschlagen hat, und der heutzutage bloß noch über Nacht stille Klosterhof ist erfüllt vom Gedränge der Leute und dem Lärm ihrer Stimmen.

In das bunte Bild der Besucherscharen, deren sommerlich luftig-leichte Kleidung — insbesondere die der Ausländer, die viel Brust, freie Schultern und nackte Schenkel sehen läßt — nicht allein nur die Mönche recht exotisch anmutet, mischen sich am Sonntagmorgen allerlei gedämpfte, dunkle Einschübsel: Bauern der Umgebung, überwiegend Alte in krummer, gebeugter Haltung, sind zum sonntäglichen Kirchgang ins Kloster gekommen. Die Frauen tragen zumeist schwarze oder dunkelfarbene Kopftücher, Kleider, Röcke und Blusen; viele der Männer sind mit Poturi, den braunen Bauernhosen bekleidet, dazu mit schwarzen oder braunen Wickelgurten und grauen, grobgewebten Hemden. Mehrere der Bauern, gleichfalls einige ihrer Frauen, hüllen sich trotz der Sommerwärme in pelzgefütterte Westen, und ihre Köpfe schützen sie vor der Sonne mit dunklen, hohen oder flachen Kalpak-Pelzmützen.

Ohne Hast, denn bis zum Beginn der Messe ist beinahe noch eine geschlagene Stunde Zeit, begeben wir uns ins benachbarte „Tourist"-Hotelrestaurant zum Frühstück. Und rechtzeitig, wie uns scheint, kehren wir ins Kloster zurück. Doch während dieser knappen Stunde hat sich das Bild zwischen den ehrwürdigen

Klostermauern völlig verändert: Wandelgänge, Treppen und Klosterhof sind nahezu menschenleer. Schnurstracks gehen wir vom Samokow-Tor zur Gottesmutter-Kirche und müssen erkennen: Wir kommen zu spät, viel zu spät. Im Bogengang vorm Kircheingang, ja, selbst noch bis im Hof davor, drängen sich Menschen eng aneinander. Aus dem Innern der Kirche klingt, von einer sonoren Männerstimme gesungen, die Liturgie. Wiederholt fallen andere Männerstimmen in den Meßgesang ein. Einer der Umstehenden raunt meinem Begleiter auf dessen Frage zu, daß Archimandrit Leonid die Messe zelebriere. Schade, das hätte ich gern erlebt. Ob wir uns vielleicht behutsam nach vorn drängeln möchten? Nein, denke ich, das hätte keinen Zweck — wir kämen durch die dichte Menschenmauer wohl noch nicht mal bis zum Kirchenportal. Und eigentlich ist es wohl auch gerecht: Wir, Außenstehende im Glauben, wären zwischen den andächtigen Kirchgängern nichts weiter als unbeteiligte, der Riten unkundige Zuschauer — wie so mancher andere nichtgläubige Tourist. Wir können später, nach der Messe, das prachtvolle Innere der Gottesmutter-Kirche noch ausgiebig und in aller Ruhe sehen ...

Ins Museum des Rila-Klosters — das Kloster insgesamt ist übrigens Bulgariens größtes Freilichtmuseum — hatten wir gestern schon mal hineingeschaut. Aber in den Räumen drängten sich gleich mehrere Reisegruppen. Die Stimmen der Museumsführer sowie der Reiseleiter — wir hörten sie ins Russische, Griechische und Englische übersetzen — schwirrten durcheinander; im Gedränge und Geschubse der vielen Leute wäre an Schauvitrinen und Schaukästen kaum ein Rankommen gewesen, und deshalb machten wir eilends kehrt. Dem Museum — vor Jahren mit Geldern des staatlichen Kulturfonds eingerichtet, um wertvolle Gegenstände des Klosterfonds zu exponieren — sind wir daher unseren Besuch noch schuldig. Der Zeitpunkt ist günstig, denn im Moment richtet sich die Aufmerksamkeit der meisten Besucher auf die ausgedehnte, prunkvolle Zeremonie der Sonntagsmesse. Also steigen wir erneut zu dem unterirdischen Gewölbe hinab, das den Klosterbrüdern ehedem als Wein- oder Vorratskeller gedient hat, in vorhergegangener, frühester Zeit des Klosters eine tief im Fels verborgene kleine Kapelle gewesen sein soll ...

Noch im ersten Raum nimmt uns eine zierliche junge Frau in Empfang. Mein Begleiter und sie begrüßen sich mit großem Hallo, umarmen sich, und ich erfahre, daß sich beide seit der gemeinsamen Schulzeit kennen ... Als erstes erzählt uns Frau Iwanka (Johanna), daß aus der Ursprungszeit des Klosters — von den

Reliquien des heiligen Iwan Rilski abgesehen — keinerlei Sachzeugen auf die heutigen Generationen überkommen wären. Glücklicher sei man daran, was das 14. Jahrhundert beträfe, als der Feudalherr des Struma-Gebietes, Chreljo Dragowola, das Kloster am jetzigen Standort hatte erbauen lassen. Bald schon sei er — gezwungen von seinem Lehnsherrn, König Dušan, der an Chreljos Vasallentreue zweifelte — selber samt Familie ins Kloster eingezogen. Die Chronisten wären sich aber uneins, ob als Stifter und Hausherr oder tatsächlich als Mönch namens Chariton. Der Chreljo-Turm, das einzige noch erhaltene Bauwerk aus jener Zeit, sei jedoch ein steinernes Zeugnis dafür, daß der Bauherr, eingedenk der bedrohlichen Stürme seines unruhevollen Jahrhunderts, dem Kloster von vornherein den Charakter einer mittelalterlichen, bewehrten Festung gegeben hatte, und wir sollten, wenn wir nachher wieder am Turm vorbeikämen, keinesfalls versäumen, uns die steinerne Inschrift anzuschauen, die bekundet, daß Chreljo den Turm 1334/1335 hatte erbauen lassen ... „Dort steht geschrieben, daß dies ‚mit viel Mühe und Aufwand‘ geschehen war“, erzählt die Museumsführerin und erwähnt dabei, daß die Inschrift auf einem alten, längst vergessenen Kalender fußt und sie deshalb die uns Heutigen rätselhafte Jahreszahl „6843 fünfter Induktus“ als Erbauungszeit nennt. Die erste Klosterkirche wäre ungefähr zur selben Zeit errichtet worden. Von ihr existiere noch die holzgeschnitzte Eichentür, die wir nun betrachten sollten, und da stehen wir auch schon davor (denn Frau Iwanka hat uns zielstrebig zu diesem überaus kunstvollen Erbstück aus der bewegten Klostergeschichte geführt). Es ist ein zweiflügeliges, ornamental-filigranes Schnitzwerk von seltener Schönheit und künstlerisch-meisterhafter Handfertigkeit. Das vielfach durchbrochene, unterschiedlich verknüpfte Flechtwerk hebt sich als eindrucksvoll-plastisches Relief vom Untergrund ab. Die flachen Löwen und Greife zu beiden Seiten wirken, als wären sie darin eingewoben. Kalt, klobig, nahezu schmucklos — und durch seine Inschrift bedrückend — ist dagegen das nächste Exponat: Chreljos Grabstein. Der Text läßt eine Tragödie ahnen, denn er vermerkt, daß der edle Feudale und gebefreudige Stifter, erdrosselt von schurkischer Hand, im Jahre 1342 ein tragisches Ende gefunden hat ...

Wir gehen weiter, betrachten die Kopie der königlichen Bulle des letzten mittelalterlichen bulgarischen Zaren, Iwan Schischman, der, so ist es verbrieft mit goldenem Siegel, im September 1378 dem Rila-Kloster reiche Besitztümer überschrieb: Wälder, Ländereien und Dörfer, letztere mit allen ihren Bewohnern, die sich fortan für die Klosterbrüder als Leibeigene und Fronbauern abrackern mußten. Und wir erfahren von Frau Iwanka auch noch dies: „Mehr als 30 000 Bücher und Schriften, darunter zwei besonders kostbare handgeschriebene Evangeliare [Meßbücher — H.P.] aus den Jahren 1577 und 1640, gehören zu den Schätzen des Klosters", berichtet die Museumsführerin, und geduldig zeigt, erklärt sie uns Meßbücher, Kultgegenstände, Meßgewänder und Ikonen, die dem Kloster aus nah und fern verehrt worden waren. Viele sind Geschenke von Kirchenfürsten und Zaren des brüderlichen Rußlands. Die Rila-Mönche hätten bereits 1558 erstmals Kontakte zum Moskowiter Staat aufgenommen, sogar Iwan Grosny („der Schreckliche") höchstselbst habe sie empfangen. Von Vorrechts- und Schutzbriefen osmanischer Sultane erzählt Frau Iwanka; doch diese wären — bei den wiederholten Überfällen und Brandschatzungen durch reguläre Truppen und irreguläre Banden — für die Klosterbrüder im Ernstfall ganz und gar nutzlos geblieben. Deshalb auch hätten die Mönche ihr Kloster von Jahrhundert zu Jahrhundert auch immer wehrhafter befestigt und ausgebaut ...

Die Augen beginnen müde zu werden vom dauernden aufmerksamen Betrachten, die Beine vom anhaltenden Stehen und langsamen Gehen. Überdies drängen, nachdem wir bereits über eine Stunde im Museum verweilen, mehr und mehr Besucher in die Räume des Gewölbes. Es wäre mir daher recht, den Rundgang zu beenden. Da jedoch bedeutet uns die kenntnisreiche junge Frau, daß sie uns nun zu dem Museumsexponat führen möchte, das für sie unter all den Kostbarkeiten das schönste und berührendste Werk von Menschenhand sei: das Kreuz des Mönches Rafail. Ich hatte die feine Holzarbeit und die Geschicklichkeit ihres Schöpfers schon bei früherer Gelegenheit bestaunt. Doch erst Frau Iwanka öffnet mir für das einzigartige Kleinod wirklich die Augen. Es ist aus Lindenholz geschnitten: Aus einem zweistöckigen Sockel, so geformt, daß er nebeneinander gereihten, winzigen Büchern gleicht, wächst ein schlanker, wie aus aufrecht stehenden Schnüren geschaffener Schaft empor, der das Kreuz trägt. Langschwänzige, geflügelte Drachen stützen die Querstrebe, die beiderseits in sterngeschmückten, kronenartigen Gebilden endet. Ähnliche Kronen flankieren das Oberteil der Längsstrebe, und eine bildet auch die Spitze. In den ikonenartigen „Fenstern" des Kreuzes — keines größer als eine Briefmarke — sind verschiedene biblische Szenen zu sehen, wimmelt es geradezu von Bauwerken, Gegenständen und Gestalten. 32 solcher miniaturisierten Szenen schnitzte Rafail ... nein: stach er aus dem Holz. „Sein einziges Handwerkszeug war eine Nadel. 12 Jahre, von 1790 bis 1802, hat Rafail an seiner Schöpfung gearbeitet — und danach, so erzählt die Überlieferung, soll er erblindet sein. Ohne Lupe, sogar ohne Brille hat er sein Wunderwerk vollbracht", hebt Frau Iwanka hervor, und jede einzelne der 600 Figuren, die jeweils bestenfalls Millimeter mißt, scheint sie zu kennen. Da agieren Christus und die Jungfrau Maria, alle Apostel, viele Heilige, unzählbare Menschen aus dem Volk. Jede Gestalt ist in individueller Haltung, mit individualisierten Gesichtszügen dargestellt: bewundernswerte Schöpfung von der Hand eines autodidaktischen Meisters, eingestochen ein Leben — alle Seufzer und Sehnsüchte, Träume und Visionen, alle Glaubenstiefe und Weltverklärung des Mönches Rafail.

Es sind noch anderthalb Stunden bis zum Mittag, und wir wollen die Zeit nutzen, haben uns dankend von Frau Iwanka verabschiedet, sind aus dem Gewölbe wieder ans Licht gestiegen.

Unmittelbar neben dem Museumseingang erhebt sich, im Kontrast zu den lichthellen, farbverzierten, vielgestaltigen Klosterfassaden, der aus Bruch- und Flußsteinen erbaute Chreljo-Wehrturm, ein grauer, düsterer Monolith. Zu dieser Vormittagsstunde überdeckt er den Zwischengang sowie die Mauer der benachbarten Klosterkirche mit seinem breiten, schweren Schatten. Das Spiel des Lichts symbolisiert sinn- und augenfällig seine einstige Funktion: Schutzbau der Kirche und des Klosters zu sein. Dem Rat Frau Iwankas folgend, suchen wir die von ihr erwähnte Inschrift, hätten sie ansonsten gewiß übersehen. Denn die aus schmalen Ziegeln gestalteten, verschnörkelten altbulgarischen Buchstaben wirken beim flüchtigen Hinschauen eher wie eine ornamentale Verzierung am Bau.

Und dann steigen wir im Turminnern über die enge, lediglich einem Menschen Platz gebende, ausgetretene Steintreppe, die beiderseits von rauhgeputzten, schachtartigen Wänden eingeengt wird, hinauf bis ins oberste, fünfte Geschoß. Die Treppengänge und -absätze sind von einzelnen elektrischen Lampen diffus beleuchtet. Ehedem jedoch fiel lediglich durch die schmalen Schießscharten im meterdicken Mauerwerk schwacher Lichtschimmer in die Gänge und Räume des Turms, worin voreinst die Verteidiger des Klosters sich des räuberischen Feindes erwehrten oder ihm im Kampf unterlagen. Wieviel Blut mag wohl in diese dicken Holzbohlen geflossen sein? Während ich beim Treppensteigen darüber nachdenke, empfinde ich im kühlen Hauch der historischen Mauern den heißen Atem der Geschichte — schicksalhafte Jahrhunderte für die Bulgaren.

Der Chreljo-Turm hat die wechselnden Geschicke des Klosters und die Wirren der Zeiten überdauert.

Die Steintreppe führt bis ins Dachgeschoß. Es liegt unter den Zinnen des Turms. Der Raum, ungefähr viereinhalb Meter im Quadrat, innen von einem Wehrgang und Bogenöffnungen umgeben, habe — so vermerken die Klosterannalen — bereits Chreljo und seiner Familie als Kapelle gedient, geweiht der „Auferstehung Christi". Das drängt die Frage auf, ob Chreljo — sein eigenes wie das Schicksal seines Volkes vorausahnend — den Namen womöglich mit Überlegung gewählt hatte: erhoffend die Auferstehung seines Leibes in himmlischen Gefilden und die Wiederauferstehung seines Volkes auf der heimatlichen Erde.

Die Wände der Kapelle bewahrten durch die finsteren Jahrhunderte bulgarischer Geschichte, gleich Leuchtzeichen erblühter Kunst in großer Vergangenheit, einige Fragmente von Fresken aus dem 14. Jahrhundert. Vielfache Übermalungen hatten sie verdeckt, verborgen, doch damit zugleich auch bewahrt, und unter den Händen von Restauratoren (die nunmehr schon seit Jahrzehnten unablässig im Rila-Kloster wirken) erlebten sie, obgleich nur blaß und unvollständig, ihre „Auferstehung". Die am besten erhaltenen Abbildungen illustrierten den Psalm „Jeder Atemzug lobe den Herrn". Doch nicht so sehr biblisch, eher mehr weltlich gibt sich die Szenerie: Menschen des Volkes feiern in der Gnade des Allmächtigen. Es ist ein fröhliches Fest mit Musik und Tanz, lebenerfüllt; Trommel und Zither, Mandoline und Langflöte vereinen sich zu lärmendem Klang; lebendig bewegt wirken die Gestalten, gekleidet und frisiert nach der Mode ihrer Zeit. Ausdrucksvolle Gesichter blicken uns an, ähnlich den Fresken in der Kirche der 40 Märtyrer von Weliko Târnowo oder in der Bojana-Kirche bei Sofia. Ihre Züge zeigen Lebendigkeit, Individualität, sind nicht leblos erstarrt, wie es vordem und danach der Kanon byzantinischer Kirchenmalerei vorschrieb ...

Wir sind vom Turm herabgestiegen, gehen einige Schritte über den Klosterhof zu einer anderen Treppe; sie ist breit, hat bequeme, flache Stufen. Über ein System mehrerer solcher Treppen gelangen wir ins Obergeschoß des nördlichen Klosterflügels. Dort steht eine Tür offen, gewährt Einblick ins Zimmer, aber eine dicke, von einer Seite des Türrahmens zur anderen gespannte Kordel versperrt den Zutritt. Auf einem Holzschild über dem Türrahmen lesen wir, daß es sich bei dem großen, kunstvoll ausgeschmückten und folkloristisch dekorierten Raum um das Kopriwschtiza-Zimmer handelt. Pflanzen-, Tier- und Früchtemotive zieren die Wände. Über sie erhebt sich ein prächtiger Plafond aus hellem, bemaltem Putz und rötlichem, geschnitztem Holz. Den Mittelpunkt des Holzschnitzwerkes bildet eine Rosette aus Akanthusblättern, jener anspruchslosen subtropischen

Pflanze des Mittelmeergebietes, die schon ein Halbjahrtausend vor unserer Zeitrechnung griechischen Künstlern für Steinreliefs als Gestaltungsmittel gedient hatte. Zwischen ihr und dem äußeren wellenförmigen, achteckigen Rahmen entfalten sich die geschwungenen Blätter einer stilisierten Blüte, womöglich stellt das Ganze auch ein überdimensionales viereckiges Kleeblatt dar. Längliche und dreieckige Lünetten mit Blumen, Ähren und anderer Pflanzenornamentik vervollkommnen das Kunstwerk. Mir scheint, das ist die schönste holzgeschnitzte Decke, die ich jemals gesehen habe; sie übertrifft, wie ich meine, in ihrer Phantasie und Kunstfertigkeit noch die berühmten „hölzernen Sonnen" von Kopriwschtiza oder Trjawna.

Es gibt im Rila-Kloster mehrere derartige Gästezimmer. Ihre Ausschmückung und Einrichtung vermitteln eine Ahnung davon, wie die geldscheffelnden Tschorbadshi aus solch wohlhabenden Orten wie Kjustendil, Pasardshik, Slatiza, Samokow, Panagjurischte, Kopriwschtiza, Gabrowo oder Tschirpan sich — durch das Zurschaustellen ihrer gottgefälligen Wohltätigkeit und zahlungskräftigen Spendefähigkeit — gegenseitig zu übertreffen suchten. Was macht's? Dem Kloster und den heutigen Generationen bleibt der Nutzen, daß sich jene merkantilrührigen, bauernschlau-berechnenden, im Herzen freilich wenig reuigen Sünder bei ihrer Wallfahrt zum Kloster von den übrigen armen Pilgern zu separieren wünschten. Das Tschirpan-Zimmer befindet sich gleich nebenan, und uns wird, weil mein Begleiter darum gebeten hat, die ersehnte Tür aufgeschlossen.

Das also ist sie: Wasows Nachtbleibe im Kloster, das Tschirpan-Zimmer! Seine Wand- und Deckenmalerei läßt die Farbe und die Sonne Thrakiens strahlen. Rebenblätter und Weintrauben ranken sich über unseren Köpfen in hellem Kranz, gleich einer schattigen Weinlaube, wie es sie an oder über den Terrassen vieler bulgarischer Häuser gibt. Die holzgeschnitzte Decke, im Detail weniger üppig als im benachbarten Kopriwschtiza-Zimmer, besteht aus länglich geformten Blättern, die, von der Rosette ausgehend, als leuchtende Strahlen erscheinen. Ein kupferner Wärmeofen, auf dem über Glut einst Speisen warmgehalten werden konnten, beherrscht die Mitte des Raums, zwei niedrige, dreibeinige Schemel stehen daneben ... „In mehreren übereinander angeordneten Regalfächern neben der Tür standen Wasserkrüge, Kerzenleuchter, eine Waschschüssel und andere Hausgeräte; ein großer Schrank an der Wand enthielt das übrige Bettzeug. Er war dicht mit Namen und Daten bekritzelt wie im übrigen auch jedes Brett an der Wand. Überall hatte sich jemand mit Bleistift verewigt, ich konnte mich davon überzeugen, daß unser Zimmer schon Gäste aus allen Enden und Völkerschaften der Balkanhalbinsel beherbergt hatte", beschrieb Iwan Wasow, der hier logierte, das damalige Interieur des Raumes. Alle die von ihm genannten Gebrauchs- oder Einrichtungsgegenstände vermisse ich jedoch. Allerdings blieb, wie eh und je, das von ihm mehrfach erwähnte Fenster, es ist von weißen Tüchern verhangen. Ich gehe durchs Zimmer, schiebe das dünne Gewebe beiseite, schaue aufs Panorama der Berge und weiß, daß uns beiden im Kloster derselbe Ausblick zuteil geworden ist. Nur sah Wasow alles aus erhöhter Position, und das kommt diesem Großen der Literatur schließlich auch zu. Seit den frühen 80er Jahren des vorigen Jahrhunderts hatte er begonnen, systematisch sein Land zu bereisen und die heimatlichen Gebirge zu durchwandern, um deren Schönheit zu erleben und den Menschen seiner Zeit — als erster! — von seinem Fasziniertsein in der rauh-abweisenden wie malerisch-einladenden Natur zu berichten. Dieses Bemühen hatte ihn unter anderem auch ins Rila-Kloster samt dessen reizvoller Gebirgsumgebung geführt. Es ist somit kein Wunder, daß sich unsere Wege inzwischen schon etliche Male gekreuzt haben. Nur zu gern überlasse ich daher dem uns Vorausgegangenen auch den Vortritt aus dem Tschirpan-Zimmer: „Tritt man aus ihm hinaus auf den Wandelgang, so überschaut man den Hof samt den viergeschossigen Zellenreihen, der Kirche und dem Chreljo-Turm. Man erkennt das Kloster in seiner Anlage als ein unregelmäßiges Viereck [Experten sind inzwischen der Ansicht, daß es eher einem unregelmäßigen Fünfeck gleiche — H. P.]. Seine Ostseite ist länger als die anderen, bedingt durch die steil abfallende, von den Bergen und dem Fluß eingeengte Örtlichkeit. Der Bau bietet von innen wie von außen einen gleichermaßen imposanten Anblick. Man sieht, daß er mit hohen Kosten und Anstrengungen eines ganzen Volkes errichtet wurde ... Dicke Steinsäulen tragen die Last der schier endlosen, zu allen vier Seiten übereinanderliegenden Wandelgänge; die oberen werden gestützt von schlanken Säulen, die durch elegant geschwungene, weiß verputzte und mit Arabesken oder Kunstmarmorplatten verzierte Bögen miteinander verbunden sind. An der obersten Etage wölben sich in großer Höhe schöne Balkone vor, und auf den Dächern ragen zahllose Ziegelschornsteine sowie die Kuppeln von mehreren zwischen den Zellen eingebauten Kapellen empor. Die Gesamtzahl der Zimmer beläuft sich auf etwa dreihundert ..." Und so stehen wir nun an gleicher Stelle im Rundgang der Großen Ordnung (so werden die rund um alle Klosterflügel führenden Laufgänge genannt), stützen uns auf dieselbe Brüstung des Geländers, haben alles — so, wie einst Wasow — vor Augen: Eindrucksvoll wie je blieb der Blick. Doch vielleicht ist das Ganze heute sogar noch schöner; dank sorgsamer Restaurierung und beständiger Erhaltung verjüngter, heller, leuchtender.

Muß das Rila-Kloster heutzutage auch der vieltausend Pilger entbehren, die einst — an herausragenden kirchlichen Festtagen — zur Gottesmutter-Kirche und den Reliquien wallfahrten, so erfreut es sich doch, vor allem in den Reisemonaten der wärmeren Jahreszeit, insbesondere an Samstagen und Sonntagen, gemeinhin zwischen 3 000 und 5 000 Bet- oder Schauwilliger. Aber auch an den übrigen Tagen strömt viel Volk zuhauf. Die Kolonne von Autos und Bussen, vollgepfropft mit Besuchern des Klosters, reißt von früh bis spät nicht ab. Und jeder, aber auch jeder, tritt ein ins Allerheiligste, verweilt, ehrfürchtig betend oder neugierig schauend, in der Gottesmutter-Kirche unter den bleigedeckten Kuppeln, vor dem handgeschnitzten, vergoldeten Ikonostas ...

Die Messe ist längst vorbei. Der Menschenzulauf hat sich verstreut. Aber noch immer knien betend einige Gläubige auf den ornamentierten großen Marmorfliesen im Kirchenschiff. Die Kerzenlampen in den mächtigen, barocken, vielarmigen Lüstern sind verloschen. Doch auf den hohen, breitfüßigen sowie den niedrigen, hockerähnlichen Kerzenständern flammen und flackern unzählbare Lichter. Ihr warmer rötlicher Schein verleiht dem bis zur obersten Deckenwölbung reichenden, vergoldeten Ikonostas einen altgoldenen Glanz, belebt die Gesichter und Augen der Heiligen in den beiden übereinander liegenden Reihen der Ikonen. Gold, Gold, so viel Gold um uns her! Eingedenk, daß jedes Detail, jegliche Verzierung, jeder Schnörkel an Ikonostas, Kanzel und Altären von Menschenhand aus Holz geschnitzt wurde, schlägt man ehrfürchtig die Augen nieder. Doch hebt man den Blick wieder, richtet ihn hinauf zur Höhe, himmelwärts, dann fühlt man sich von Himmlischen und Heiligen nachgerade erdrückt. Auch nicht ein einziges Fleckchen an Wänden, Decken, Gewölben, Nischen, Gesimsen ist ohne Freskenschmuck. Die Bilder schwelgen in Farben; vorherrschend ist tiefes Rot. Die Holzschnitzer und Maler, Steinmetze, Kupfer- und Messingschmiede, Intarsientischler, Ziseleure, Vergolder und viele andere Handwerkskünstler aus dem Volk haben, im Bewußtsein ein ebenso gottgefälliges wie patriotisches Werk zu vollbringen, dem Rila-Kloster eine würdige Weihe- und Wallfahrtsstätte erbaut.

Dennoch will in meinem Innersten die rechte Ergriffenheit nicht aufkommen. Kann sein, daß ich mich Wasows despektierlicher Hintergrundfahndung und seinen Schlüssen daraus, die mir natürlich im Kopf sind, einfach nicht entziehen kann. Denn der „Patriarch der bulgarischen Literatur" mißbilligte entschieden, was die Klosterbrüder sich in der Vergangenheit haben — nach seiner Überzeugung — zuschulden kommen lassen: „In ihrem Eifer um eine möglichst schöne Gestaltung ihres Klosters begingen sie jedoch einen unverzeihlichen Fehler: Ihr Entschluß, ein neues, modernes Gotteshaus zu errichten, gab ihnen den unglücklichen Gedanken ein, die alte Chreljo-Kirche, die ihnen nicht mehr gefiel, abzureißen. So zerstörten die Mönche selbst ein historisches Denkmal, das Schicksal und die Türken verschont hatten — eine Tat, die sich nur durch die völlige Unkenntnis des Wertes solcher Altertümer und Denkmäler der bulgarischen Kunst erklären läßt. Die jetzige Kirche ist reich an bunten Farben ausgemalt und wirkt sehr stattlich mit ihren fünf Kuppeln, aber sie sagt uns nichts über die Vergangenheit, es umweht sie nicht der Hauch der alten Zeiten und Traditionen; ich finde sie sogar zu strahlend schön … Sie vermag ohne Zweifel in ihrer Herrlichkeit einfältige Pilger zu bannen und das Prestige des Klosters zu heben, aber um wie vieles größer wäre dessen Ruhm wie auch der der Brüder, gäbe es auch die alte Kirche noch!"

Nun ja, geehrter Iwan Wasow, doch momentan geht bereits ein weiteres, neues Jahrhundert zur Neige, und die Zeit dazwischen hat, durch Krieg und Verfall, in aller Welt so vieles Unwiederbringliche vernichtet. Der Ruhm des Rila-Klosters ist, auch wegen der heiligen Gebeine, die gleichfalls in der neuen Kirche bewahrt sind, ungeschmälert, und die heutige Gottesmutter-Kirche ist zum Bau-, Kunst- und Geschichtsdenkmal geworden. Keiner der Heutigen möchte sie missen.

Nach Osten und Westen, zur aufsteigenden und sinkenden Sonne — in der Richtung nach Byzanz wie nach Rom —, hält das Rila-Kloster seit alters den Menschen und der Welt seine Tore offen. Im religiösen Geist, gleichermaßen schöpfend aus den östlichen wie westlichen Quellen des christlichen Glaubens, wirkten die frommen Männer vom Rila — jahrhundertelang. Sie nahmen kirchliche Lehre und weltliches Wissen auf, gaben Gläubigkeit und Wissen weiter — von Generation zu Generation: an Männer der Kirche, an Menschen des Volks. Wenigstens 40 Generationen von Novizen, Mönchen, Priestern, Kloster- und Kirchenherren haben im Kloster gelebt und gewirkt. Das bestimmte seine Rolle in der Geschichte: als Wallfahrtsort und Geisteshort …

Durchs westliche Dupniza-Tor waren wir ins Rila-Kloster gekommen. Durchs östliche Samokow-Tor werden wir es verlassen, weil der Fahrer, der uns abzuholen gekommen ist (er verbrachte das Wochenende bei seiner Familie im 120 Kilometer entfernten Sofia), den Wagen hinterm Ostflügel, wo unsere Zimmer liegen, geparkt hat. Doch können wir dem Kloster den Rücken kehren, ohne in die Zelle von wenigstens einem der noch im Kloster lebenden Mönche geschaut zu haben? Die Sache ist arrangiert, und so erwartet uns, kurz vorm Aufbruch, im ersten Stockwerk des Westflügels der Altmönch Dimitâr in seiner Behausung. Eine schmale Holztür, ein kleines, holzvergittertes Fenster daneben. Behutsam klopfen wir an; aber anstelle eines Rufes, der uns zum Eintreten auffordern würde, vernehmen wir im Innern des Raumes Schritte, die sich der Tür nähern. Die Klinke wird von innen heruntergedrückt, und im Türspalt erscheint die Gestalt des Mönches. In dem faltigen, weißbärtigen und von langem Weißhaar umwallten Gesicht des Alten leuchten zwei wäßrigblaue, neugierig und freundlich blickende Augen, und aus dem langen, lockeren Ärmel seines Mönchsgewandes streckt uns Altmönch Dimitâr seine Rechte entgegen. Wir küssen sie nicht, wie der Klosterbruder es gemeinhin von Gläubigen gewohnt ist, sondern drücken sie fest; unser Gastgeber heißt uns mit einladender Geste, in seine Klause einzutreten.

Der vordere Raum, in dem wir einen Moment stehenbleiben, ist mit dem dahinterliegenden ohne Wand und Tür verbunden; lediglich zwei Schrägbalken zu beiden Seiten deuten eine Art Trennung an. Die Räumlichkeiten, obschon mit jeweils einem Fenster zum Wandelgang und nach draußen versehen, sind trotz des sonnigen Tages nur schwach erhellt. Nahezu düster wirkt der Vorraum; die rußige Herdstelle unter dem Abzug der Esse zeigt, daß sie zuweilen noch immer als Koch- und Heizstelle genutzt wird. Früher, so berichtet der Alte, hätte es jedem der eingestammten Mönche oblegen, einen Novizen zu bilden und ihn für das Kloster- bzw. Priesterleben zu erziehen. Seinerzeit habe es für den Klosterschüler, der dem Mönch diente, im Vorraum eine eigene Schlafstatt gegeben. Aber das sei lange, lange her. Es gäbe heutzutage nur selten noch Jungen, die sich zu einem Leben in klösterlicher Abgeschiedenheit und dienender Gläubigkeit entschlössen. Deshalb sei auch er schon seit vielen Jahren allein. Während der Altmönch, ohne irgendwelchen Anflug von Resignation, eher gelassen, gottergeben, über diese Unabänderlichkeit spricht, führt er uns Schritt für Schritt weiter durch seine Heimstatt. Sie zeigt sich in der Einrichtung bescheiden, ist jedoch nicht schmucklos: Eine Ikone sowie Drucke mit Heiligenmotiven, sogar einige bunte Postkarten zieren die Wand beiderseits des Außenfensters; Bett und Tisch,

Stühle und Hocker gehören zum Mobiliar. Auf dem Tisch liegt eine geöffnete, unberührte Schachtel voll Pralinen. Der Gastgeber bittet uns, von der Süßigkeit zu nehmen, und weil wir wissen, daß es in jedem bulgarischen Heim uralter Brauch ist, dem Gast wenigstens etwas Süßes (zumeist noch etwas Erfrischendes) anzubieten, greifen wir höflich zu. Dann erfordert es die Gewohnheit, etwas von uns zu erzählen: über das Woher unseres Kommens, das Warum unseres Kloster-besuchs, das Wie unserer Eindrücke und das Was unseres Vorhabens. Als der Mönch sich das alles angehört hat, empfiehlt er uns dem Segen des Herrn. Und wir trennen uns mit Ehrerbietung von dem Alten.

Das Gepäck ist im Kofferraum des Autos verstaut. Noch ein paar Hände gibt es vorm Abschied zu drücken. Wir sollten unterwegs keinesfalls versäumen, empfiehlt man uns, im Restaurant des nahen Fischzuchtbetriebes anzuhalten, um zumindest einmal von den köstlichen Rila-Forellen zu probieren (sie werden in Becken, die das Wasser der Rilska reka durchfließt, aufgezogen und gemästet); also kehren wir dort ein, verzehren jeder eine Mini-Forelle, gebraten auf dem Holzkohlengrill, und entrichten für die kulinarische Feinschmeckerei einen sündhaften Preis. Wir müßten dem sagenhaften Teufelsfelsen, der rechterhand am Wege hoch und drohend über der Talstraße aufragt, unbedingt einige Blicke schenken, schon deshalb, weil ihm die auf seinem Gipfel gedrehte, erschütternde Schlußszene von Chaitows „Ziegenhorn"-Film (in tragischer Verzweiflung und beginnendem Wahnsinn schleudert der ungewollt zum Mörder seiner Tochter gewordene Vater riesige Felsbrocken zu Tal) gewissermaßen zu Weltberühmtheit verholfen hat; also halten wir an. Wir sollten unbedingt einen Abstecher zu den Erdpyramiden von Stob unternehmen, die als ähnliches Naturwunder gelten wie die berühmten Sandpyramiden von Melnik; also zweigen wir von der Haupt-straße ab, fahren zu ihnen hin, steigen über den Höhenweg, der am südlichen Dorfrand beginnt, bergauf — und sehen: Die kolossalen Naturgebilde lohnen die Mühe des Aufstiegs. Denn auch hier hat die Natur in jahrhunderte-, jahrtau-sendelanger Erosion mit Hilfe von Regen und Sonne, Frost und Wind den „Meißel" geführt, um das Wunderbare zu schaffen: eines der vielen Naturwun-der, an denen die Gebirge Bulgariens so reich sind.

„Besucht das Rila und seht die Wunder und die Majestät der Natur! Ersteigt seine Gipfel, damit ihr von dort aus erkennt, wie groß und schön unser Bulga-rien ist!" schloß Iwan Wasow seine Reiseskizze vom Rila-Kloster. Wir haben die Aufforderung als Einladung genommen; sie gilt immerfort.

ZEHNTE TOUR
MITTLERES WITOSCHA-GEBIRGE

In der Fußspur eines Glückspilzes

An den Hecken und Büschen rings um die Manastirska liwada, die Klosterweide von Dragalewzi, sind die Brombeeren, Hagebutten und Schlehen reif, warten darauf, gepflückt zu werden. Und hinter den Zäunen der umliegenden Hausgärten ernten Leute saftige, goldgelbe Augustbirnen sowie faustgroße, rotwangige Äpfel, die eben zur Hocherntezeit von Melonen, Paprikaschoten und Tafeltrauben reifen.

Die hohen, graugeränderten Wolkenberge, die sich aus Nordwest, von Ljulin- und Balkangebirge her, über die Ebene wälzen, wo ein scharfer Wind sie zerteilt und bizarre Gebilde aus ihnen formt, tragen in ihren Säumen Regen. Wenn sie sich vor der grünschwarzen Wand des Witoscha erneut zu vereinen suchen, wobei sie zuweilen die Sonne verdunkeln, die bereits zum Kamm des Gebirges herabsteigt, kühlt der Wind fühlbar die Haut, und uns fröstelt, sobald längere Wolkenschatten über Berghänge und Klosterwiese gleiten.

Wir waren vom Dimitâr-Blagoew-Boulevard im Stadtzentrum mit einer Tatra-Straßenbahn der Linie 9 bis zur Chladilnika-Endstation am südlichen Sofioter Stadtrand gefahren. Dort stiegen wir in einen Ikarus-Autobus der Vorstadtlinie 64 um, der wenige Minuten vorher proppevoll aus der Richtung des Gebirges gekommen war, gewendet hatte und aufs neue gestürmt wurde. Denn um diese Zeit — samstags, spätnachmittags — löst sich an dem Tram- und Busübergangspunkt, auf halbem Weg zwischen Bergen und City, der Rückstrom von Witoscha-Tagausflüglern mit dem Wochenend-Massenauszug der Großstädter ab, die es zu ihren Datschen unter den Hängen des Witoscha zieht. Die drangvoll-fürchterliche Enge im Bus wird regelmäßig noch verstärkt durch die Menge von Vorstädtern, die nach Wochenendeinkäufen in der Stadt heimwärts fluten ...

Felder, Wiesen, schmale Waldstreifen beiderseits der Straße nach Süden: zum Gebirge. Nur dreimal hielt der Bus unterwegs. Schließlich hatte er eine lange, zuletzt schwere, steile Steigung zu nehmen, und wir waren am Ziel: Dragalewzi. Der Vorort, vormals ein Dorf — und früher, wie alle Dörfer im Weichbild Sofias, hauptsächlich von der bodenstämmigen Volksgruppe der Schopen bevölkert (sie verehrten der Welt den Schopska-Salat!) —, ist zugleich Anfang und Ende der Millionenstadt, die hier gen Süden hin keinesfalls weiter wachsen kann, weil oberhalb der obersten Häuser von Dragalewzi schon der dichte Buchen- und Eichenwald des Gebirges beginnt. Es ist Sofias größte Naherholungszone und genießt als Volks- und Naturschutzpark strengen Schutz. Von hier, am Fuße der Berge, beginnen die meisten Bergwanderer den Aufstieg — oder, für die Mehrheit treffender gesagt, die Lift-Auffahrt — ins Gebirge: nach Aleko, dem Plateau unterm Stenata-Steilhang, und zum Massiv des Tscherni wrâch, dem 2290 Meter hohen, wolkenumwehten Schwarzen Gipfel, der von den zehn Witoscha-Gipfeln über 2000 Metern NN der allerhöchste ist.

Dragalewzis Marktplatz, basaltsteingepflastert, schräg abfallend, zur Talseite hin von einer hohen Mauer gestützt, an den übrigen drei Seiten von wenigen ein- und zweistöckigen Häusern umsäumt, ein enges Geviert, auf dem ein Auto Mühe hat zu wenden, empfing uns mit einem eigenartig-bunten Bild: Ringsum auf Bänken, Einfassungsmauern und Bürgersteigen saßen, hockten, lagen unzählbare Bergwanderer, die ihre hohen, grellfarbenen Bergrucksäcke neben sich abgestellt hatten. Und an den Marktbrunnen, der von einer lebensgroßen bronzenen Gemse bewacht wird und wo aus zwei Röhren unablässig quellfrisches Wasser hervorsprudelt, war kaum ein Rankommen.

Die nächsten Busse brachten weitere Neuankömmlinge. Doch dann tauchte jemand in der Menge auf, ließ seine Stimme durch ein batteriebetriebenes Megaphon verstärken, übernahm das Kommando, verteilte per „Flüstertüte" allerlei nachdrückliche Hinweise, gab endlich das Zeichen zum Aufbruch … Die Bergstraße, steil hangauf, kostete ein wenig Atem. Aber wir waren im Steigen schon geübt, und daher schritten wir in der langen Kolonne, die schwatzend, lachend, sogar singend bergan zog, munter fürbaß. Der Menschenstrom vor uns bog nach links in eine sanfter ansteigende Nebenstraße. Dann querten wir eine Hangwiese, und bald waren wir angekommen: Ein mit Girlanden, Blumen und grünen Zweigen geschmücktes Transparent, zu beiden Seiten von hohen Stangen getragen, bildete eine Art „Triumphbogen". Wir trippelten, begleitet von Marschmusik vom Band, in lockerer Marschordnung unter ihm hindurch und zogen ins Bergwanderlager auf der Klosterweide ein.

Rechterhand vom Eingang erhebt sich eine Bühne; Mikrofon und Lautverstärker-Boxen stehen darauf. Und von hochoben an der zeltplanverkleideten Bühnenrückwand schauen aus würdig-ernsten Augen Aleko Konstantinow und Iwan Wasow mit väterlich-forschenden Blicken auf die Neuangekommenen herab, die sich auf der Wiese verteilen. Linkerhand, unter einem hohen, windzerzausten Birnbaum, stehen ein Tisch und Campingstühle. Wir sind an den Tisch gebeten worden, haben ein Halbdutzend Hände geschüttelt, allerlei Namen und Funktionen gehört. Aber gleich haben sich die Honoratioren — die Organisatoren des morgigen Gebirgsaufstiegs — empfohlen. Derweil sich die Wanderfreunde vor der Bühne ins Gras lagern, harren wir der bevorstehenden Dinge. Schon beginnt es; die Musik bricht ab, und an der Bühnenrampe erscheinen all die Männer, die vorhin am Tisch gesessen haben. Einer hantiert am Mikrofon; in den Lautsprechern scheppert und knallt es, und dann erklingt, laut über die Wiese hallend, die Stimme des Mannes. Er begrüßt die Ankömmlinge, hebt hervor, daß ihnen — als Auserwählte ihrer Klubs — die Ehre zugefallen wäre, nach Sofia entsandt zu werden, stellt sich und die übrigen Mitglieder der Lager- und Wanderleitung vor. Dann ruft er vielerlei Klubnamen aus mancherlei Städten des Landes auf, und jedesmal erhält er eine laut gerufene Zahl zur Antwort — die Anzahl der jeweiligen Klub-Abgesandten für den morgigen Gedenkaufstieg zum Tscherni wrâch. Danach folgen einige Hinweise zu Programmgestaltung, Lagerordnung und Zeltverteilung; eine Gruppe nach der anderen bricht auf, um die für sie vorbereiteten Zelte zu beziehen.

Inzwischen kehren die Männer an den Tisch zurück, und wir kommen miteinander ins Gespräch. Der Wortführer in der Runde und Leiter des Org.-Stabes ist Sekretär des Sofioter Touristik-Klubs „Planinez" („Bergwanderer"), der das Bergwanderfest zu Ehren des ersten Massenaufstiegs zum Schwarzen Gipfel organisiert. Todor Pankow, ein muskulöser, sehr beweglicher Mann, dessen Jahre schwer zu schätzen sind, setzt uns, fortwährend von Herbeikommenden durch Fragen unterbrochen, über einiges Wissenswerte ins Bild. Also erfahren wir von ihm: daß die Tradition des morgigen Festes — alljährlich am letzten Sonntag im August — vor einer Reihe von Jahren wieder erneuert worden war; daß die jeweils 300 Teilnehmer ausgewählte Delegierte der aktivsten Touristikklubs des Landes sind; daß die Klubs in allen Gebieten Monate und Wochen vorher darum wetteifern, ihre Vertreter zum Gedenkaufstieg zu entsenden ...

Auf der nahen Bühne wechseln Szene und Programm. Anstelle der Bandmusik erklingen Berglieder live, und das erzeugt im Zeltdorf auf der Klosterwiese — vorm Panorama der Stadt im Tal — erst die zünftige Atmosphäre. Die Wanderfreunde kommen aus ihren Zelten, sind Zuhörer und Mitwirkende in einem, denn viele stimmen in die Lieder ein. Die Melodien gehen leicht ins Ohr; es sind zumeist marschartige, wie sie zum munteren Ausschreiten beim Wandern passen. Auch Volkslieder werden angestimmt, aber sie bleiben in der Minderzahl. Und die Sonne, die sich glutrot gefärbt hat, sinkt herab zum Scheitel des Gebirges, berührt ihn zwischen den beiden Uschite (Die Ohren), zündet den Himmel an und geht in flammendem Feuer unter. Der kühle Atem der Berge wird spürbar kalt und kälter. Wir haben uns zwar schon die Anoraks angezogen, aber vielleicht zu spät; uns beginnt regelrecht zu frieren.

„Gleich werden wir das Lagerfeuer anzünden, dann können Sie sich wärmen", sagt Todor Pankow und lädt uns obendrein ein: „Wenn Sie möchten, können Sie auch in einem der Zelte übernachten. Luftmatratzen und Schlafsäcke sind genug vorhanden." Aber dankend lehnen wir ab, denn wir wären zum Bergaufstieg allzu schlecht vorbereitet, verabschieden uns, bevor das Lagerfeuer entfacht wird, eilen zügigen Schrittes zu Tal. Als wir schon im Weggehen gewesen sind, hat Todor Pankow uns noch eingeschärft: „Seien Sie morgen früh punkt sieben Uhr am Sessellift. Wir werden die ersten sein, die hinauffahren. Wenn Sie zu spät kommen, oh je, dann müssen Sie bestimmt lange warten!"

Am Morgen steht das bestellte Taxi pünktlich vor der Tür. In schneller Fahrt geht es durch die noch verkehrsruhige, sonntagmorgenstille Stadt, und nach einer guten Viertelstunde steigen wir an der Sessellift-Talstation von Dragalewzi aus dem Wagen. Wir sind vor den anderen da, mit denen wir heute Aleko ehren wollen, indessen bei weitem nicht früh genug, um die ersten zu sein: Auf den Wegen bei der Liftstation herrscht ein Gedränge und Geschiebe wie auf den Gehsteigen der Einkaufs- und Flanierstraße Boulevard Witoscha um die Nachmittagszeit. Nirgendwo auf der grasbestandenen kleinen Lichtung im Witoscha-Wald ist ein freies Plätzchen zu entdecken. Kofferradios dudeln, viel lautes Stimmengewirr. Die Tür zur Liftstation ist noch verschlossen. Doch eine vieldutzendköpfige Menschenschlange wartet bereits darauf, daß sie geöffnet wird und sich der Ansturm auf den Billettschalter ungehemmt entfalten kann.

Einige Minuten vor sieben Uhr trifft die Spitze der Bergwanderer-Marschkolonne auf dem Stations-Vorplatz ein; die übrigen drängeln und schieben nach.

Die Ankommenden vermischen sich mit den Wartenden, die es vermutlich wenig freut, beim gleich beginnenden Liftstart fürs erste ins Hintertreffen zu geraten. Dennoch gibt's, als die unvermutet hier Aufgetauchten sich an der inzwischen noch länger gewordenen Reihe der Wartenden vorbeischlängeln, kein Knurren und kein Murren. Einige Zurufe sind zwar zu hören, aber sie klingen eher leutselig und scherzhaft-ermunternd. Unsere Bergaktivisten bleiben die Antwort auf die freundlichen Anspielungen und Sticheleien nicht schuldig ... Wir werden durch das dichte Menschenknäuel mit nach vorn gelotst, erreichen die Startplattform. Von der Wald- und Bergeshöhe schweben Liftsessel herab; sie wenden an dem dickspeichigen Führungsrad, das sich, geschützt unterm Stationsdach, im Hintergrund der Plattform dreht. Nun schwankt auch für uns ein Liftsessel heran, und von unsichtbarer Kraft gehoben, beginnt die Schwebefahrt, der Liftsprung in die Berge ...

Waldesstille, Bergesschweigen. Nur Vogelgezwitscher als leise Stimme der Natur. Wohltuend ist diese Stille. Unter uns Strauchwerk, wuschliges oder riedähnliches hohes Gras, eingesprenkelt darin blaue und gelbe Blumen, und neben uns ausladende Äste von Laub- und Nadelbäumen, deren Zweige mitunter so nahe sind, daß wir sie mit den Händen greifen könnten. Wenn das armdicke Seil, das den Liftbügel trägt, über die Rollen der Stützmasten gleitet, ist zuweilen ein Knarren und Schmatzen, Klirren und Scheppern zu hören, und der Liftsessel vibriert und schwankt dabei für einen Moment. Höher und höher schweben wir durch die Waldschneise hinauf zu den Bergen. Nun weitet sich die Sicht; links eine geröllübersäte Bergwiese, Niederholz und Haselnußbüsche. Eine Weile schweben wir nahezu eben dahin. Die Bergkuppen zur Rechten sind umstrahlt von gleißender Sonne, doch die steilen Hänge unter ihnen liegen noch im Schatten; der Wind, der über das Plateau streicht, hat sich in Nachtnebel und Morgentau gekühlt, ist empfindlich kalt. Beiderseits der Lifttrasse beginnt wieder Hochwald; die Schneise wird enger, verjüngt sich in unserem Blick nach oben zu einer schmalen Kerbe im Wald, verliert sich hinterm oberen Waldessaum. Wieviel Mühe, wieviel Kraft haben die Lifterbauer wohl aufgewandt, damit die Menschen auf derart bequeme Weise in die Berge gelangen? geht es mir durch den Kopf ...

Der Witoscha gehöre so „untrennbar zu Sofia wie der Vesuv zu Neapel", urteilte einst der weitgereiste Wiener Geologe Hochstetter, ergriffen von Sofias Gebirgskulisse. Zu jener Zeit, als er dies sagte, wagten sich nur die Schafhirten zu den Almen, Holzfäller in die Wälder, Goldwäscher zu den Bergbächen und Heiducken in Höhen und Höhlen des Gebirges. Die übrigen Stadtbewohner erfaßte, wenn über den Gipfeln Blitze zuckten und die Berge mit Donner grollten, ein unbezwingbarer Schauder. Ungestüm und unberechenbar, rauh, gefährlich und abweisend ist der Witoscha. Er braut die Frühjahrs- und Herbstnebel, breitet sie über die Ebene aus, stemmt sich gegen den Wind, hält die grauen, tiefhängenden Wolken über der Stadt zurück. Von den Witoscha-Gipfeln steigt der Winter an den Hängen herab zu Tal, zieht sich erst spät in die Berge zurück, beläßt jedoch — als Mahnung, daß er wiederkehrt — in ihren Falten seine Schneereste mitunter durch den ganzen Sommer. Die Gipfelhöhen des Witoscha sind ein Steinmeer, eine Geröllwüste, eine Bergeinöde, grau und trostlos, wenn Wolken auf ihnen lasten, sie einhüllen, Wind über sie pfeift, Sturm sie umtost, Regen- und Hagelschauer auf sie niederprasseln. Und wer es ehedem wagte, tiefer in die Witoscha-Wälder, höher in die Witoscha-Berge vorzudringen, den mußte, so meinten die Leute, wahrhaftig der Teufel reiten; im günstigeren Falle wurden ihm Waghalsigkeit oder Verwegenheit zugestanden — bis, nun eben bis zu jenem 28. August, der im Jahre 1895 auf einen Sonntag fiel ...

„Nein, meine Herrschaften, es ist wirklich eine bedauerliche Erscheinung, dieses dreimalverfluchte Kartenspielen!" ließ Aleko Konstantinow, der Schriftsteller, einen der von ihm im „Bai Ganju" erdachten Studenten wettern, aus dessen Worten zweifellos Aleko selber sprach: „Wir sind dadurch verknöchert, unsere Gehirne haben sich dadurch mit Schimmel und Spinnweb überzogen. Ich bitte euch, ich habe ein paar Freunde, die nun schon zehn Jahre — zehn Jahre, Herrschaften, ohne Spaß! — ununterbrochen mit den Karten in der Hand in den verräucherten Winkeln des ‚Panach' hocken und dabei langsam vermodern. Dicht vor ihrer Nase aber grünt und blüht der herrliche, malerische Stadtwald ... Und was gibt es außerhalb von Sofia für wunderbare Fleckchen! Aber wir sitzen in den Cafés und schwärmen von der Schweiz, während wir doch nur ein bißchen Entschlußkraft brauchten, und die Schweiz, die bulgarische Schweiz, läge vor uns — Witoscha, Rila, Rhodopen! Der allerärmste von den Ausländern in Sofia hat schon den erhabenen Anblick vom Schwarzen Gipfel des Witoscha genossen, aber sagt selbst, gibt es einen einzigen, du lieber Gott, einen einzigen unter euch, der schon mal auf den Witoscha gestiegen wäre?"

Doch Aleko Konstantinow, der sich — zum Hohn für seine Widersacher vom Bai-Ganju-Schlag — in seinen bissigen, hintergründigen, sarkastischen Feuille-

Trigrad-Klammen

„*Tschewermeto*" *in Pamporowo* · *Die* „*Wunderbaren Brücken*" *in den Rhodopen*
Dospat-Stausee in den Rhodopen

1899–1959

НА ЩАСТЛИВЕЦА
"Б Т С Д-ВО АЛЕКО"
СОФИЯ

Gedenkaufstieg zum Tscherni Wrâch

Partisanenwiese oberhalb des Rila-Klosters
Arkaden im Rila-Kloster

Rehe im Rhodopen-Wald

Am Rila-Fluß

Begegnung auf dem Weg zur Mussala-Hütte
Lift zum Jastrebez

Bei der Mussala-Hütte

Am unteren Mariza-See

Wandern im Rila-Gebirge

Samokow, Moschee-Museum mit Minarett

tons das Pseudonym „Schtastliwez" („Glückspilz") gab, beließ es nicht nur bei eindringlichen Vorhaltungen und nachdrücklichem Reden. Er, der schon 1889 zur Weltausstellung nach Paris gefahren war, reiste ebenfalls zur Chicagoer Weltausstellung (und begründete mit seinem Buch „Nach Chicago und zurück" die bulgarische Reiseliteratur). Kaum, daß er sich daheim seine Erlebnisse von der Seele geschrieben hatte, verfaßte er eine Zeitungsannonce, deren erhoffte Wirkung ihm außerordentlich am Herzen lag: „Brüder, verlaßt eure weichen Betten, die verqualmten Cafés und die staubigen Straßen, verlaßt für einige Tage die Stadt, wandert durch die Wälder, ersteigt das Gebirge, um, wenn auch nur für kurze Zeit, ein wahres Vergnügen zu genießen, und ihr werdet euch wandeln, werdet als bessere, gesündere, ausgeglichenere und lebensfreudigere Menschen zurückkehren."

Alekos Ruf verhallte nicht im Leeren; 400 ihm Gleichgesinnte, unter ihnen Lehrer, Handwerker, Schankwirte, Apotheker, Ärzte, Juristen, Journalisten, Schüler und Studenten, zogen am Samstagmittag vom Treffpunkt vorm Nationaltheater los, übernachteten in Quartieren zu Füßen der Berge und begannen Sonntagfrüh, gegen fünf Uhr, den ersten Massenaufstieg ins Gebirge, und 298 von ihnen, geführt von Aleko Konstantinow und Iwan Wasow, die an der Spitze gingen, erreichten noch vorm Mittag den Tscherni wrâch …

An der Lift-Zwischenstation Bai Krâstju (benannt nach dem Gründer und ersten Wirt der nahen Ausflugsbaude) müssen wir umsteigen. Während unser Liftsessel talwärts sinkt, um weitere Bergfreunde herauf ins Gebirge zu tragen, wechseln wir zu einem Schwebesitz der oberen Liftstrecke. Und weiter, höher hinauf in die Region der Berge, geht die Liftfahrt. Spärlicher und kleiner werden die Laubbäume. Lediglich krüppelige Eichen zeigen sich noch vereinzelt zwischen hochstämmigen, dichtbenadelten Kiefern, Fichten und Tannen. Schon gleiten wir in einer Höhe zwischen 1 600 und 1 700 Metern dahin, nähern uns der Obergrenze des Bergwaldes, der von grünen, blumenbesäten Wiesen und nackten graugelben Felsen überragt wird. Und da, auf einmal, so unvermittelt, als hätte jemand plötzlich ein Radio eingeschaltet, das auf volle Lautstärke eingestellt ist, ertönen inmitten der Berg- und Waldesstille neuerlich die Stimmen jener beiden älteren Frauen, deren Lied wir schon bei der Fahrt auf der unteren Liftstrecke von fern vernommen haben. Aber nunmehr schweben sie unmittelbar im Liftsessel vor uns. Ihr Singen in hohem Diskant verweht nicht entfernt im dunklen, dichten Tann, sondern hallt weithin durch den Waldeinschnitt zwischen Bäumen und Bergen. Das Lied hat viele Strophen, und sind es auch nur Wortfetzen, die uns vom endlosen Text erreichen, um so nachhaltiger schleicht sich uns das beim Auftakt zu jedem Refrain mehrmals wiederholte „Dai, dai ..." ins Ohr. Von schweigender Ergriffenheit angesichts der romantischen, faszinierenden Bergwelt kann bei den sangesfreudigen Wanderfreundinnen keine Rede sein. Und ich denke mir: Warum auch? Denn die Berge lieben wohl gleichermaßen die Mutigen, die zu den Gipfeln streben, wie die Fröhlichen, die unbeschwert von Hast und Last erlebnisbereit zu ihnen kommen.

Die Sessellift-Bergstation Goli wrâch (Kahler Gipfel) zeigt sich hochoben überm Hang; gleich wird die Liftfahrt zu Ende sein — den Stenata-Berghang, der zur Winterszeit Sofias größte, schönste und beliebteste Skipiste ist, sowie das Aleko-Plateau unter ihm samt Aleko-Bergbaude und Schtastliweza-Ferienhotel sehen wir schon ... Und da schleifen unsere Füße über Beton; wir sitzen vom Liftsessel ab, folgen den Vorausgehenden zur kleinen Bergwiese am Quellbrunnen, wo sich alle sammeln, um Frühstücksrast zu halten.

Wieder einmal bin ich im Witoscha, und ein weiteres Mal werde ich seinen höchsten Gipfel, den Tscherni wrâch, erreichen. Wiederum stehe ich auf einer der Bergwiesen unter den Felsbrüsten und -schultern des Gebirgskammes, dort, wo auch Iwan Wasow einst stand und er sich „eins fühlte mit dem Leben des unendlichen Alls. Denn auf diesem Hang des Witoscha keimte schon vor Tausenden und aber Tausenden von Jahren dasselbe Leben, schon bevor Serdica dort unten entstand, als das Tal noch der Grund eines riesigen Sees war."

Als wir vor einer reichlichen Stunde durch die Straßen der Stadt unten im Tal fuhren, hatten wir den Eindruck, daß der Himmel, an dem der Wind einzelne, dahinschwebende Büschel lockerer Wolkenwatte sachte bewegte, einem zwar mattblauen, ansonsten jedoch makellos blanken Spiegel gleiche. Nun aber bietet sich uns ein vollkommen anderes Bild, und es fällt nicht schwer, sich in Wasows beflügelte Phantasie hineinzufühlen, die ihn den urzeitlichen Anblick des gewaltigen Sees, den die Gipfelketten von Gebirgen einuferten, wahrnehmen ließ: „Seine blauen Gewässer widerspiegelten die schroffe Felsenwelt der Gebirgszüge und beherbergten in ihren Tiefen vorsintflutliche Ungeheuer — die Ichthyosaurier. Bei Sturm warfen sich die tosenden Wogen auf die felsigen Abhänge des Balkan- und Witoscha-Gebirges ..."

Zu dieser frühen Stunde des Augusttages (die vorgestellte Stunde der Sommerzeit weggerechnet, ist es eigentlich erst halb sieben Uhr), da die hochsteigende Sonne den Nachttau der Ebene zu Frühdunst verdampft, den sie in Schwaden zwischen den Bergen ausbreitet, sieht es aus, als existiere der Urzeitsee noch immer: Glattgespannt, weißlichgrau ist seine Oberfläche — gleich der fahlen Farbe des Meeres im verhangenen Dunst eines windlosen Morgens; auf dem Grunde der stillen, durchsichtigen Fluten ruht die Stadt, ein versunkenes Vineta, das aus der Tiefe schimmert. Doch hier und da peitschen, um an sich zu erinnern, die Urungeheuer des Sees das Wasser in hochschäumendem Schwall zu weißer Gischt; es sind die in den Talnebeln eingelagerten, ziehenden Wolken. Und diese Dunstsee, die sich vor den gegenüberliegenden Bergen mit dem wogenden Nebelmeer vereint, überragen — stolz und erhaben — die Gipfel der jenseitigen Küste: die Kette der Berge des Balkangebirges.

Durch die Gruppen der Bergwanderer, die, im Gras sitzend, sich an ihrer Wegzehrung stärken, aus Thermos- oder Wanderflaschen trinken, dabei schwatzen, lachen, singen, pflanzt sich der Ruf fort: „Prijateli, pâteschestwenizi — chaide, chaide!" („Freunde, Wanderer — los geht's, los geht's!") Die Wandertaschen und Rucksäcke werden geschnürt; die Gesänge verstummen; alles Volk drängt von der Wiese zum Weg am Quellbrunnen. Weil er — vorm Erreichen des Gipfels — die letzte Möglichkeit bietet, etwas Trinkbares zu finden, war er während der ganzen Rastpause dauernd dicht umlagert. Ich hatte bis zuletzt gewartet, um die geleerte Thermosflasche mit frischem Bergwasser nachzufüllen, das allerdings zu dieser Spätsommerzeit bloß noch als dünnes Rinnsal aus dem fingerdicken Rohr rinnt. So geraten wir als „Schlußlichter" in die abmarschbereite Wanderkolonne. Dabei kommen wir direkt neben dem Wegweiser zu stehen, an dem drei Richtungsschilder die Wege zum Hotel „Prostor" sowie zu der ihm benachbarten Talstation des obersten, dritten Witoscha-Sessellifts, zum Aleko-Plateau mit der gleichnamigen Bergbaude und zum Moreni-(Moränen-)Steinfluß sowie dem dahinterliegenden „Schtastliweza"-Ferienhotel zeigen. Und bei der Gelegenheit, im Moment des Aufbruchs, gewahre ich das kleine, viereckige Schild am Wegweiser-Pfahl, dessen sloganartiger Kurztext im Imperativ, obgleich ohne Ausrufungszeichen, dazu auffordert: „Oposnaj rodinata sa da obiknesch" („Lerne dein Land kennen, um es zu lieben"). Immerhin weiß ich bereits, daß an jedem wetterschönen Sommer-Wochenende allein im Witoscha zwischen 130 000 und 150 000 Bergausflügler der wohlgemeinten Aufforderung folgen ...
Der steinige Weg, auf dem wir gehen, windet sich im ausholenden Bogen zur

Höhe; der Anstieg scheint, beim weiten Blick über die ausgedehnte, leicht gewellte, spärlich begrünte Hochalm, geradezu sanft zu sein. Doch Herz und Lunge, Waden und Oberschenkel merken durchaus, daß der Gebirgsaufstieg, der bislang einem gewöhnlichen Weekend-Bergausflug in den Witoscha geglichen hat, zunehmend zur zünftigen Bergtour wird (und überhaupt bin ich mir im Zweifel, ob Aleko Konstantinow die vorhergegangene bequeme Liftfahrt tatsächlich als würdige Ehrung für sich akzeptiert hätte!). Der Charakter der Gebirgslandschaft verändert sich zusehends, wird karger, rauher. Schon ist die Grenze des Höhenwaldes überschritten; nur vereinzelt noch stehen — gleich einsamen, stummen Wächtern — niedrige Tannen verstreut auf der Alm; kaum noch brusthoch zeigen sich die Krüppelkiefern; schütteres Gras und bemooste Steine säumen den Weg.

Wir steigen aufwärts zum Bergkönig des Witoscha, dem Tscherni wrâch, über seine der Ebene und der Stadt zugewandte linke Bergschulter. Der Weg zum Schwarzen Gipfel, von geländegängigen Autos befahrbar, führt an dieser Stelle nahe dem Grat der steil abfallenden Stenata-Bergwand über die Höhe, und im Steigen überblicken wir den Moreni-Steinfluß in ganzer Länge: von seinem Ursprung unter den zinnenartigen Felsen bis zu seiner Mündung drunten im Witoscha-Wald, wo sich die Lawine gigantischen Gerölls zwischen hohen Nadelbäumen ins Nichts verliert. Das Schtastliweza-Ferienhotel mit seinen beiden sprungschanzenähnlichen Dächern lehnt sich, tief unter uns, an den Stenata-Berghang. Wir gehen nahe am oberen Gerüst eines Ski-Schlepplifts vorbei, sehen die kleine Schutzhütte seitwärts von ihm (sie hat der Klub „Akademik" gebaut, deshalb trägt sie seinen Namen). Danach wird der Anstieg ein wenig steiler, beschwerlicher. Aber das scheint die beiden älteren Bergfreundinnen, deren "Dai-dai"-Lied wir mittlerweile schon etliche Male gehört haben, keineswegs zu stören. Wir schreiten eifrig aus, um zu ihnen aufzuschließen, und als wir sie erreichen, erfahre ich, daß sie aus Bansko — der Stadt zu Füßen des Wichren-Massivs im Dreigebirgstal zwischen Rila, Pirin und Rhodopen — zum Gedenkaufstieg für Aleko Konstantinow gekommen sind, daß ihr Lied eigentlich dem Rila, doch im Grunde allen Gebirgen gelte. Ich notiere mir, was einigermaßen mühsam ist beim Gehen, wenigstens den Text des Refrains: „Dai, dai, dai — dai, wodatschu, dai, naschata ekskursija da njama kraj, chei!" ... Als mir mein Begleiter die Worte übersetzt, erkenne ich, daß es sich bei jenem wiederholten „Dai, dai, dai ..." — das ich für schlichte Vokalisen gehalten habe — in der Tat um die Aufforderung „dai" („Gib", im Sinne von: „Mach's") handelt, der Text demnach so zu verstehen ist: „... mach's, Wanderführer, mach's, daß unsre Wandertour kein Ende hat, hei!" Das lerne ich, obwohl's nicht leicht ist beim Steigen, im Nu, und nun singen wir den Refrain des Bergliedes bereits im Quartett: „Dai, dai, dai ..."

Der Wander- und Fahrweg zum Gipfel geht mit einemmal in Windungen über, steigt jäh am Hang zum Malâk Resen, dem 2 191 Meter hohen Kleinen Resen, hinauf. Unsere Wanderkolonne wendet sich jedoch nach rechts, folgt dem zwar ausgetretenen, allerdings beträchtlich schmaleren Pfad, der, gleichfalls ansteigend, durch den Grund einer langen Mulde zwischen den Berghängen in direkter Richtung zum Gipfel führt. Zur Linken, oben auf der Malâk-Resen-Höhe, sehen wir vollbesetzte Liftsessel über den Felsenkamm und das kleine Gipfelplateau zur Bergstation des obersten Sessellifts schweben. Buchstäblich bis in Gipfelhöhen reicht das Verkehrsnetz der Millionenstadt (die Sessel- und Kabinenlifts im Witoscha gehören zum städtischen Nahverkehrsbetrieb). Vor uns aber zeigt sich das krönende Bauwerk des Tscherni wrâch, das unter seinem Dach Meteorologie-Station und Bergbauden-Trakt vereint, in immer deutlicheren Konturen ... Irgendwo in den vorderen Reihen der Wanderschar beginnt ein Kawal, eine Hirten-Langflöte, zu tönen — mal langgezogen, wie klagend, dann wieder schnell, ermunternd; mir scheint, daß ich die Melodie schon öfter gehört habe, bin mir jedoch nicht sicher, weil sich für ungeübte Ohren die alten Hirtenlieder in Tonfolge und Klangfarbe zumeist recht ähneln. Die Kawal-Töne klingen durch den Bergeinschnitt und hallen über die Hänge.

Schon winkt der Goljam Resen, der 2 277 Meter hohe Große Resen, von der linken Seite her, mit seiner Felsenkrone zu uns Gipfel-„Erstürmern" im Muldengrund, und wir erweisen unsererseits dem Zweithöchsten des Witoscha die gebührende Reverenz, indem wir noch zügiger ausschreiten.

Der Pfad verläßt nach einer Weile die Senke, windet sich im Zickzack hangauf. Für die Gebirgsausflügler, die, von der Liftstation kommend, über den Pfad der wasserrinnengefurchten, felsblockübersäten Berghöhe zum Gipfel wandern — für uns in der Entfernung winzige kleine Wesen in der felsigen Einöde —, muß es ein eigenartiger Anblick sein, unsere weit auseinandergezogene Wanderkolonne zu sehen: Eine endlose, vielgekrümmte Menschenschlange kriecht und windet sich am Hang gipfelwärts ...

Der Wind, von der höher gestiegenen Sonne aus seinem Morgenschlaf erweckt und zu kräftigem Pusten ermuntert, hat den Dunst- und Nebelschleier, der sich frühmorgens über die Ebene gebreitet hat, aufgehoben und fortgeweht. Unmittelbar vor unseren Augen das weit gedehnte Panorama der bizarren Bergwelt. Dahinter steigt Sofia, die Riesenstadt, aus der Tiefe, breitet, reckt und streckt sich. Der tief ausgebuchtete Platoto-Felsenkamm im Vordergrund und die Berge der Stara Planina im Hintergrund umschließen das Häusermeer in der Ebene wie in einem ovalen Rahmen. Es fällt schwer, sich von diesen Eindrücken abzuwenden; noch einige Male blicken wir uns um, doch wir müssen weiter und weiter, noch höher und höher … Das Felsengeröll, das weithin über die Hänge verstreut liegt und den schmalen, stellenweise glitschigen Pfad von beiden Seiten einengt, verdichtet sich, wird zu einer breiten, langgestreckten Gesteinslawine, die der erhabene Tscherni wrâch — irgendwann, in unbestimmbarer, grauer Vorzeit — grollend hangab geschleudert hat. Das Vorankommen wird beschwerlicher, mühsamer. Aber die kolossalen Felsblöcke, die, wehrtürmegleich, den — wie Wasow sagte — „Thron der Wolken und der Adler" schützend umgeben, zeigen uns an, daß wir dem Gipfel, dessen Plateau sich hinter den Steingiganten verbirgt, ganz nah sind. Nur noch wenige Schritte, nochmals ein kräftiges Durchatmen, ein leichtes Keuchen und Schnaufen und — es ist erreicht: Wir stehen auf dem Tscherni wrâch!

Doch wo sind Bergesruhe, Gipfeleinsamkeit? Ein Menschengewimmel, Menschengewoge wie bei einem Volksfest; eine große buntgeschmückte Bühne erhebt sich unter den haushohen verwitterten, zerklüfteten Felsblöcken, die das trigonometrische Gipfelzeichen tragen. Scharen von jungen Leuten haben sie erklettert und fühlen sich dort oben, in diesem Moment zu Recht, als die Allerhöchsten im Witoscha. Mehrere Hauszelte sind aufgeschlagen. Ein zeltplanüberdachter Stand ist zu sehen — vier lange Schlangen von Leuten stehen davor. Wir gehen hin, um zu sehen, was es da zu erwerben gibt, und dann sind wir überrascht: Vier Ärzte sitzen unterm Zeltplandach und messen jedem, der sich zu ihnen drängt, den Blutdruck. Es ist gut, denke ich, daß die Organisatoren des Berg- und Gipfelfestes solche Vorsorge treffen, denn dieser oder jener der Gebirgswanderer könnte beim Aufstieg womöglich Herz und Kreislauf überstrapaziert haben. „Ja, für die älteren Leute ist das nicht schlecht", sagt Todor Pankow, der Chef des Org-Komitees, als er zufällig bei uns vorbeikommt und ich ihm für die prophylaktische Fürsorge meine Anerkennung zolle. Aber gleich klärt er uns auf: „Die Ärzte sind ehrenamtliche Helfer der Bergwacht, sind selber Freunde der Berge, und sie haben bei ihrem Dienst etwas Besonderes im Sinn: Jeder, der zu ihnen kommt, soll sich davon überzeugen, wie gut das Bergwandern für ihn ist — sogar das Ersteigen des höchsten Gipfels!" Weil ich fühle, daß mein Puls kräftig, aber ruhig schlägt, höchstens um zwei, drei Schläge in der Viertelminute verstärkt, verzichte ich darauf, mich in meiner Überzeugung von der wohltuenden Wirkung der Berge noch ausdrücklich bestärken zu lassen. Vor allem aber auch deshalb, weil Todor Pankow seinen spontanen Einfall unverzüglich verwirklichen möchte: uns mit dem ältesten Berg- und Wanderfreund beim heutigen Gipfelfest bekannt zu machen ...

Wir schließen uns Todor Pankow an, gehen mit ihm übers menschenvolle Plateau zu einem der olivfarbenen Hauszelte, neben dem ein Jeep und ein Sankra der Bergwacht, des Spezialdienstes des Bulgarischen Roten Kreuzes, parken (am vereinigten Rot-Kreuz- und Edelweiß-Symbol ist es zu erkennen). Unser Führer verschwindet im Zelt, und nach einigen Augenblicken erscheint zuerst ein freundliches, gesund gerötetes, zwar faltiges, aber keineswegs runzliges Gesicht in der Lücke des Zeltvorhangs. Lebhaft und neugierig blicken die Augen des Alten. Dann tritt er in ganzer Gestalt aus dem Zelt. Wie denn, was denn? Er soll der Älteste sein? Ein Mann von kerzengerader Haltung; er ist schlank, wirkt jedoch kräftig, sehnig, keineswegs altersschlaff. Als ich nach meiner Gewohnheit von dem Bergwander-Veteran als erstes Namen und Geburtsjahrgang erfrage, fürchte ich, mich bei der Altersangabe verhört zu haben. Deshalb schaue ich Nikola Christow und Todor Pankow (der nach dem Alten aus dem Zelt gekommen ist) verwirrt und fragend an. Nein, es stimme schon, bestätigen beide: Im kommenden März begehe Nikola Christow ein Jubiläum — den 95. Geburtstag!

„Doch im vergangenen Frühjahr habe ich bereits ein anderes Jubiläum gefeiert", erzählt der Alte. „Denn vor 50 Jahren hatte ich begonnen, regelmäßig zu wandern. Bald danach war ich Mitglied in einem Touristikklub geworden ... Wie oft ich auf dem Tscherni wrâch gewesen bin? Sie werden es vielleicht nicht glauben, aber es ist die reine Wahrheit: Mehr als tausendmal war ich schon hier oben. Denn viele Jahre habe ich als Wanderführer des Klubs ‚Witoscha' Gruppen durchs Gebirge geführt. Als ich damit aufhörte, war ich schon weit über 80 ..." Kann das denn wahr sein? frage ich mich im Stillen. Womöglich gibt es — ebenso wie bei Anglern und Jägern — auch ein „Bergwandererlatein"? Deshalb mache ich aus meinem Zweifel kein Hehl, stelle mich ungläubig. Und da sagt mir der Alte: „Naja, ganz genau stimmt's nicht. Zuletzt bin ich nämlich im vorigen Jahr bei einer Gruppenwanderung einer der Wanderleiter gewesen ..." Todor Pankow bestätigt kopfnickend die Aussage seines bejahrten Wanderfreundes, der nach den Lebensjahren ein Greis, vom Greisenhaften jedoch noch sichtlich weit entfernt ist.

Wie er überhaupt zum Wandern gekommen sei? Das wolle er mir gern erzählen, sagt Nikola Christow, und ich solle es unbedingt aufschreiben. Und so hören wir aus seinem Mund die seltsame, jedoch ganz und gar wahre Geschichte: „Ich war Lokheizer, dann Lokführer. Sie können sich leicht vorstellen, wie das gewesen ist: unregelmäßiger Dienst, wenig Schlaf, schwere Plackerei auf der Lok. Das kostete viel Kraft, viel Nerven. Eines Tages spürte ich Stiche in der Brust. Andauernd wurde mir der Atem knapp, manchmal wurde mir sogar schwindlig. Als ich mit dem Meister im Lokschuppen darüber sprach, sagte er: ‚Koko, geh zum Arzt!‘ — ‚Unsinn!‘ knurrte ich. ‚Was wird schon groß sein?!‘ Bin noch nicht mal Mitte 40. Ich nehme Urlaub, erhole mich. Danach ist bestimmt alles wieder in Ordnung!‘ War's aber nicht ... Ich rannte von einem Arzt zum anderen — und das kostete früher viel Geld! —, wurde krankgeschrieben, gesundgeschrieben, arbeitete eine Weile, mußte bald wieder aussetzen. Das Schlimmste waren die Nächte! Manchmal glaubte ich, daß es mir das Herz abdrücke und alles zu Ende wäre. Eines Tages sagte der Eisenbahnarzt zu mir: ‚Schluß! Sie müssen aufhören!‘ — ‚Auf der Lok?‘ fragte ich ihn. ‚Nein, mit der Arbeit!‘ Als er meinen entsetzten Blick sah, meinte er: ‚Freuen Sie sich doch, jetzt können Sie Ihr Leben genießen. Ich beantrage für Sie die Pensionierung.‘ — ‚Aber wie soll ich von der jämmerlichen Rente leben?‘ — ‚Zwar bekommen Sie wenig Geld, dafür haben Sie viel Ruhe!‘ sagte er, und ich wurde pensioniert. Ich verwünschte das Leben, verfluchte mein Schicksal: Pensionär mit 44 — abgeschoben, ausgeschlossen! Am liebsten hätte ich mit dem Leben Schluß gemacht. Aber bringe dich mal um, wenn du Frau und Kinder hast ... Wochenlang hockte ich daheim herum, ging kaum aus dem Haus, wollte keinen sehen, keinen hören. Ich hatte Ruhe, mehr Ruhe, als ich brauchte, aber meine Gesundheit besserte sich überhaupt nicht. Meine Frau weinte, redete mir zu, bettelte: ‚Versuch es, geh an die frische Luft, setz dich im Park auf eine Bank, geh ein bißchen spazieren. Und wirklich, ich ließ mich endlich dazu bewegen. Die kurzen Spaziergänge, das merkte ich, bekamen mir nicht schlecht. Ich dehnte sie aus — nach Zeit und nach Entfernung: erst im Park, dann im Stadtwald, schließlich fuhr ich sogar zum Gebirge. Das wirkte, wenn auch nicht von heute auf morgen, wie eine Kur. Ich begann mich nach und nach besser zu fühlen; die Atemnot wurde geringer, und die Herzschmerzen spürte ich seltener. Da begriff ich, daß ich für meine Krankheit die beste Medizin gefunden hatte: Viel Bewegung in der frischen Luft und in der freien Natur! Na, und wie's weiterging, das wissen Sie schon: Der Wald, die Berge und das Wandern haben mich gesund gemacht, haben mir die Freude am Leben wiedergegeben und mir die vielen, vielen Jahre geschenkt! … Schreiben Sie das, schreiben Sie das nur — vielleicht wird mein Beispiel auch anderen nutzen."

Ich bin wahrhaftig kein Gesundheitsprediger, auch kein Bergwanderapostel; allerdings: ich spaziere, wandere gern — doch ohne Verbandskarte in der Tasche, ohne Wanderprogramm, allein weil ich Freude daran habe, Entspannung dabei finde. Doch die Bitte des Alten — mir auf dem Gipfel des Tscherni wrâch ans Herz gelegt — erfülle ich gern.

„Haben Sie früher geraucht, getrunken?" erkundige ich mich noch. „Viel geraucht — ja. Viel getrunken — nein. Das ist bei den meisten Lokführern so: Alkohol paßt schlecht zu dem Beruf; aber für das Rauchen ist die Versuchung groß. Was das Rauchen angeht, habe ich sogar noch manches Jahr gesündigt. Doch darin will ich keinem ein ‚Beispiel‘ sein."

Wir sind auf dem Gipfelplateau hin- und hergeschlendert, haben uns in der Baude den obligaten Bergkräutertee „erstanden", trinken ihn jedoch draußen im Freien. Dann begeben wir uns zu dem mächtigen Felsblock, der unmittelbar vorm Gipfel den vom Sessellift kommenden Bergpfad flankiert. Eine Gruppe junger Leute kommt uns entgegen; beim Vorbeigehen hören wir ein schlankes, blondes Mädchen im reinsten Berlinisch fragen: „Wat jeht denn hier los?!" Denn da hat der Bergwanderchor „Planinarska pessen" („Gebirgslied") soeben sein Programm, das zu einem stundenlangen Singen wird, begonnen. Menschentrubel, Musik und Gesang assoziieren die Atmosphäre eines Volksfestes, und ich bemühe mich, der hübschen Christine, die Ökonomin bei Berliner Turbinenbauern ist, die Ursache des Massenzulaufs auf dem Gipfelplateau zu erklären. Von ihr wiederum erfahre ich, daß ihre „Jugendtourist"-Gruppe eine Woche an der Kamtschija-Mündung, also an der reizvollen bulgarischen Südküste des Schwarzen Meeres, gewesen sei, und die zweite Reisewoche verbrächten die Mädchen und Jungen im Gebirge — in einem der Berghotels beim Aleko-Plateau. Für heute hätte sich die feriengestimmte Schar vorgenommen, zum Schwarzen Gipfel zu gehen. Während die jungen Meer- und Gebirgsurlauber weiterziehen, verharren wir einen Moment vorm Aleko-Gedenkfelsen, an dem ein bronzenes, ovales Relief mit dem Porträt des Volksschriftstellers und Bergtouristikpioniers angebracht ist. Von dem Tag an gerechnet, an dem Aleko Konstantinow den ersten Massenaufstieg zum Schwarzen Gipfel anführte, hatte der vielgeehrte und vielgelesene, vielgehaßte und vielverfolgte Schriftsteller nur noch ein Jahr, acht Monate und sechs Tage zu leben: Die Kugel, die am 24. Mai 1897, dem Fest-, Feier- und Gedenktag für die Schöpfer des slawischen Schrifttums und der bulgarischen Kultur, Kyrill und Method, von einem reaktionären Attentäter abgefeuert wurde und Alekos junges Herz durchbohrte, hatte nicht ihm, sondern seinem Freund, dem demokratischen Abgeordneten Michail Takew, gegolten, den Aleko zum Fest in das kleine Rhodopendorf Radilowo begleitete. Der Schuß löschte Alekos Leben aus. Doch Aleko Konstantinow ging ein in die Unsterblichkeit des Volkes: als Mensch mit lauterem, unbestechlichem Charakter, als talentiert-angriffslustiger Wortführer der Volksmeinung — und als der die Heimat, die Natur, die Berge liebende Begründer der bulgarischen Touristik.

Was aus dem Impuls geworden ist, den Aleko seinen Landsleuten zum Erobern und Erschließen der heimatlichen Bergwelt gegeben hatte, wird mir anderntags Wassil Petrow, Chefredakteur der Touristikverbands-Wochenzeitung „Echo", sagen. Doch ich greife der Sache rasch mal voraus: Nahezu 2,5 Millionen eingeschriebene Mitglieder zählt der Bulgarische Verband für Touristik; er vereint sie in mehr als 1 100 Klubs sowie über 7 000 Sektionen. An organisierten Exkursionen und Wanderungen beteiligen sich jährlich zwischen fünf und sechs Millionen Natur-, Berg- und Wanderfreunde. Die Verbandsmitglieder haben — mit großzügiger Förderung aus dem Staatssäckel — rund 400 Bergbauden, Schutzhütten und Ferienherbergen errichtet, mehr als 25 000 Kilometer Bergwanderwege trassiert und markiert, nahezu 2 000 Höhlen erkundet, und nur weil ich weiß — wie uns Ilja Ehrenburg belehrte —, daß Zahlen niemals des Lesers Freund seien, höre ich auf, noch weitere solcher Zahlen aus dem Notizbuch wiederzugeben ...

Der „Planinarska-pessen"-Chor hat sein Programm derweil für eine kurze Pause unterbrochen. Todor Pankow verkündet per Mikrofon das Nahen des Siegers im Crosslauf vom Tal zum Gipfel. Und schon hastet der Läufer am südöstlichen Hang herauf zum Plateau, passiert das ZIEL-Transparent, hat, so besagt die Zeitmessung, in zwei Stunden und elf Minuten die „klassische Route" Dragalewzi—Bistriza—Schelesniza—Tscherni wrâch bewältigt: die Wegstrecke, über die Aleko Konstantinow und Iwan Wasow mit ihren getreuen Anhängern den Schwarzen Gipfel erstürmt hatten. Beifall empfängt den Sieger.

Wir bleiben am Ziel noch eine Weile stehen, freilich nicht, um auch noch die Nächstankommenden zu erwarten. Vielmehr haben wir gerade hier eine phantastische Aussicht: Vor unseren Augen liegen Rilagebirge und Strumatal. In den Senken hat der Wind auch hier begonnen, die Dunst- und Nebelschleier aufzulösen, trägt sie als wabernde Wolkenfetzen davon. Dort, nach Südwest und West, fallen die Witoscha-Hänge zum Struma-Flußtal ab. Hinter ihm reihen sich die Hügel der Ossigowo-Berge, steigen zu den Höhen auf (irgendwo zwischen ihnen verläuft — von Nord nach Süd — die Grenze zur SFR Jugoslawien). Und in unserem Blick nach Südost und Ost weitet und breitet sich das zerklüftete, den Himmel berührende Rilagebirge. Eindeutig ist jener lange Gebirgseinschnitt zu erkennen, durch den die beiden Iskâr-Quellarme fließen, bevor sie sich vor der Samokower Hochebene vereinigen. Die Gebirgsstadt mutet aus dieser Höhe und Entfernung wie ein kleiner Marktflecken an. Und so überblicken unsere Augen Gebirgsfalte um Gebirgsfalte — bis zum Massiv des Mussala, der allerhöchsten bulgarischen Gipfelmajestät, die mir schroff und abweisend bislang die Audienz verweigert hat. Doch ich bleibe hartnäckig … „Vorwärts, nicht verweilen! Noch ein wenig, noch ein Berg", hatte Aleko Konstantinow seine Freunde einst beflügelt und sie aufgefordert: „Nun schaut euch um! Wenn in diesem Augenblick jemand nach Tirol oder der Schweiz seufzt, dann gebt ihm eins auf den Mund! Seht doch, seht die Schönheiten, seht die Wunder! Wo ist die Müdigkeit bei diesen vielen und wieder neuen Bildern? Vor uns ein Fels, rechts ein Abgrund … Und auf einem Rand von wenigen Zentimetern, die linke Schulter gegen die Felswand gestützt, bewegen wir uns im Gänsemarsch, halten uns hier an einem Stein fest, da an einer Wurzel, dort an einem Grashalm, und schon haben wir das Hindernis überwunden. Wo sind die stolzen Giganten?" fragte Aleko — und sagte: „Zu unseren Füßen! Wo ist das Paradies? — vor unseren Augen!"

Die Mittagszeit bricht an … Weil mich am späten Nachmittag unten in der Stadt Freunde bei sich zu Hause erwarten, brechen wir auf, begleitet vom unermüdlichen Singen der Gebirgswanderer. Je weiter wir uns vom Gipfel entfernen, um so leiser werden die Lieder, die unser Ohr erreichen. Doch in einem bin ich mir absolut gewiß: Aleko und Iwan, oben auf dem Parnaß, sitzen in dieser Stunde vergnügt beisammen, schauen herab zur blauen Erde — und zum Tscherni wrâch, lächeln zufrieden und singen vergnügt mit. Denn sie kennen von den Liedern jede Note, jedes Wort.

ELFTE TOUR
NÖRDLICHES RILA-GEBIRGE

Zu den „Wettermachern" vom Göttergipfel

Die Wälder und Berge haben ihre urewige Ruhe verloren. Auch die Wälder und Berge hoch über Borowez. Der Sommer geht zur Neige, und mir steht, einmal wieder, ein Abschied von dem Land bevor, das mir mit den Jahren recht ans Herz gewachsen ist. Ins „Interflug"-Ticket ist das „O.K." für den Rückflug schon eingetragen. Aber ehe ich zur Heimat starte, bin ich noch einmal ins Gebirge gefahren — mit dem Überland-Linienbus von Sofia rund 70 Kilometer in knapp anderthalb Fahrstunden; es ist aus der Hauptstadt bis nach Borowez sozusagen ein Katzensprung. Die Autobusse verkehren vom Sofioter Busbahnhof Süd mehrmals am Tag.

Weil ich nur eine Nacht bleiben will, drückt mich kein schweres Gepäck. Ich trage es, wie üblich, in das gediegen möblierte, nunmehr schon ältere Hotel „Bor", und zum Mittagessen kehre ich, gleichfalls nach alter Gewohnheit, ins benachbarte Restaurant ein, das bereits Borowez' Gründerzeit gesehen hat, finde neuerlich bestätigt, daß die „bulgarische Küche" dort nach wie vor nicht Auszug gehalten hat, und die nostalgische Reminiszenz stimmt mich zufrieden ...

Dann, von Schkembe tschorba (Kuttelflecken-Suppe) und Sermi (Kohlrculaden mit Fleisch-Reisfüllung) herzhaft gestärkt und von einem Espresso-Kaffee ordentlich aufgemuntert, schlendere ich durch den Ort. Dabei erreiche ich zuletzt die breite Asphaltallee, die vorzeiten als Fahrweg zum hochherrschaftlichen Jagdschloß angelegt worden war. Der durch das Ränkespiel der Großmächte als Herrscher Bulgariens inthronisierte deutschblütige Fürst Ferdinand, Sproß aus dem Adelshaus Sachsen-Coburg und Gotha, hatte es um die Jahrhundertwende bauen lassen, ergänzt durch drei kleinere Palais in der näheren Umgebung (sogar der teutsche Zwirbelbart-Kaiser Wilhelm zwo habe, so weiß die Ortschronik, hier logiert, als der Hohenzoller den Ferdinandschen Rila-Besitzungen die Ehre einer Visite erwies). Das Jagdschloß wie die Palais, ebenso die Sommervillen der Adligen, Hofbeamten und Tschorbadshi — die sich auch sommers im Gebirge in den

Dunstkreis des Erlauchten drängten — übernahm die Volksmacht von den vorherigen Besitzern ohne Dank, weil diese dem Volk ohnehin zuviel schuldeten, und der neue Eigentümer richtete die illustren Bauten als Ferien- oder Kurheime ein. Aus diesem „Grundstein" erwuchs im Verlauf der Jahre Borowez' heutiger Ruf, das bedeutendste und am meisten besuchte Ausflugs-, Ferien- und Höhenkurortzentrum auf der Nordseite des Rilagebirges zu sein.

Borowez leitet seinen Namen von Bor (bulg.: Kiefer) her. Doch die Ferienhäuser und Touristenhotels des Ortes verbergen sich zumeist hinter hochwipfligen, weitausladenden Fichten und Tannen.

Noch jedesmal, wenn ich nach gewisser Zeit erneut nach Borowez kam, war wiederum irgendwas Neues gebaut worden: mal ein neues Hotel, ein neues Café, ein neues Bungalowdorf, ein neuer Lift. So geht's schon seit den 60er Jahren. Nach einer dieser „Besuchspausen" überraschte mich der Ferienort gleich mit vier neuen Touristenhotels, wovon das 2100-Betten-Hotel „Rila" zugleich das größte Berghotel der ganzen Balkanhalbinsel ist. Es hatte die „Balkantourist"-Bettenkapazität in Borowez quasi über Nacht verdreifacht: zwei nebeneinanderstehende, durch einen Zwischentrakt verbundene Gebäude; zehn Stockwerke hoch bis unter ihre Dächer, die jeweils zur Rechten hin großen Sprungschanzen gleichen. Durch die vorgebauten, von feingegliederten Geländern eingefaßten Balkone vermittelt der Superbau den Eindruck zweier riesiger Waben. Das „Rila" steht ein wenig seitwärts, seine unmittelbaren Vorgänger „Ela" und „Mura", die das Aussehen überdimensionaler Finnhütten haben, liegen direkt am Weg, bergan in Richtung zur rauschenden Samokowska Bistriza, dem wilden Gebirgsfluß, den die Quellen und Bergseen des Mussala-Massivs speisen.

Einige hundert Meter vorm Bistriza-Bergeinschnitt, der hier am Rande des Ortes lediglich zwei Waldhänge, weiter oben im Gebirge hingegen die beiden großen Höhenzüge Markudshika und Srednija tschukar voneinander trennt, stehen zwei niedrige, jeweils einstöckige Gebäude: das Haus der Bergwacht sowie die Talstation des Kabinenlifts. Ich lenke meine Schritte zu dem bergbaudenähnlichen, über dem Steinsockel rundum holzverkleideten Haus linkerhand der Straße.

An der Tür, die zu ebener Erde Einlaß gibt, brauche ich nicht zu klingeln, sondern klopfe nur an eines der Fenster daneben. Denn durch die Scheiben sehe ich Iwan Kandilarow, den Leiter der Bergwachtstation, am UKW-Sprechfunkgerät sitzen. Als der neben ihm stehende junge Mann ihn auf mein Klopfen aufmerksam macht, Kandilarow sich umdreht und mich erkennt, reagiert er mit überraschter, freudiger Miene und einer lebhaft-einladenden Geste. Sogleich wird mir von dem jüngeren Spasitel (bulg.: Retter) die Haustür aufgeschlossen. Als ich behutsam ins benachbarte Zimmer eintrete, streckt mir der Bergwacht-Chef wortlos die Hand entgegen, bedeutet mir, Platz zu nehmen, ohne den Dialog mit seinem unsichtbaren Gesprächspartner zu unterbrechen. Das dauert noch ein, zwei Minuten, dann ist der Rapport beendet. Im Handumdrehen ist ein Tee gebraut, dampft in den Gläsern, und das gegenseitige Erzählen beginnt ...

Iwan Kandilarow, bereits seit geraumer Zeit Leiter der Borowezer Station des Kontroll- und Bergrettungsdienstes des Bulgarischen Roten Kreuzes, ist ein landesweit bekannter Alpinist, ein Mann mit sportlicher Figur, redegewandt, kontaktfreudig, spricht gut Russisch, kann sich obendrein in Englisch und Deutsch verständigen. Vor einigen Sommern hat er, als Teilnehmer einer Pamir-Bergsteigerexpedition, innerhalb von acht Tagen die Siebentausender Pik Korshenewskaja und Pik Lenin bezwungen. Die beiden Namen krönen seither in seinem Bergsteigerbuch die lange Liste von Gipfelaufstiegen in Gebirgen der Heimat wie des Auslands ... Das Borowezer Bergwacht-Team (es besteht aus wenigen bediensteten, aber zahlreichen freiwilligen Helfern) habe dieser Tage alle Hände voll zu tun; die Wintertechnik müsse bis zum Feiertag restlos überholt und vollständig einsetzbar sein, sagt Kandilarow. Zur mobilen Technik der Spasiteli gehören, wie ich weiß, verschiedene große und kleine schneegängige Raupenfahrzeuge, und mit dem Feiertag meint der Stationsleiter den 9. September, an den sich nach Landesbrauch der darauffolgende 10. September als zusätzlicher freier Tag anschließt. Noch gut erinnert sich Kandilarow — wie übrigens viele der rund 1 000 bulgarischen Bergwacht-Helfer — an jene dramatische Nacht vom 9. zum 10. September vor einigen Jahren, als sich, am frühen Abend beginnend, vielerorts heftige Gewitter über dem Land entluden: Wolkenbrüche schütteten Wasser wie aus Kannen auf Täler und Hochebenen. Durch die Hochgebirgs- und Gipfellagen aber fegten Stürme, begleitet von ungeheuren Schneemassen. Freilich, nicht zum ersten Mal erlebten es die Bergretter, daß an warmen, sonnigen Spätsommertagen das Wetter plötzlich extrem umschlägt, in den Höhen der Gebirge scharfer Wind, Frost und Schneefall einsetzen. Doch was in eben dieser Nacht geschah, übertraf alles vorher Gekannte.

„Eigentlich zeigt sich das Wetter im September gewöhnlich von der besten

Seite; fast an allen Tagen ist es sonnig, schwach dunstig, mit leichtem Wind. In dieser Zeit reift der Wein, und die Trauben bekommen nochmals viel Sonne und warme Feuchtigkeit. Vor allem die beiden Feiertage bringen uns jedesmal Tausende von Bergausflüglern. Viele von ihnen übernachten oben im Gebirge — die Bergbauden und Schutzhütten sind dann immer bis zum letzten Platz besetzt. Vereinzelt kommt es aber vor, daß Bergwanderer irgendwo beliebig ihr Bergzelt aufschlagen, obwohl das ‚wilde Zelten‘ schon seit langem nicht mehr erlaubt ist ... Am Abend wurden verbreitet Gewitter gemeldet, und in der Ferne zeigte sich Wetterleuchten. Daraufhin fragten wir bei den Meteorologen auf dem Mussala an und hörten, daß die Temperatur in den letzten Stunden rasch gefallen wäre und der Gipfel vollkommen in Nebel gehüllt sei. Damit waren wir vorgewarnt. Ich war besonders deshalb ein wenig beunruhigt, weil ich wußte, daß zwei junge Alpinisten an den Felsen des Dodow wrâch kletterten, dachte mir aber: Die beiden haben sicher gesehen, welches Wetter auf sie zukommt, sind beizeiten abgestiegen oder haben sich in der Wand gut gesichert. Es begann auch bei uns zu regnen, allerdings ohne Blitz und Donner; der Wind frischte auf. Regen und Wind verstärkten sich, und kurz vor Mitternacht meldeten ringsum alle Berghütten: Sturm, Schneefall, Frost. Da lösten wir Alarm aus. Bei den Hütten begann man die Nebelglocken zu schlagen und nach verstreuten Bergwanderern zu suchen. Aber nirgendwo schienen noch welche draußen zu sein; sie hatten offenbar in den Bauden oder Schutzhütten am Abend rechtzeitig Quartier gefunden. Von den beiden Bergsteigern jedoch gab es keinerlei Lebenszeichen ... Der Rettungshubschrauber startete in der Morgendämmerung. Einen der Jungen bargen wir aus den Felsen; er war zu Tode erschöpft, aber heil und gesund. Den anderen hatte der Schneesturm aus der Wand gerissen ...“ Iwan Kandilarow beendet seinen Bericht, zuckt die Schultern, sagt resigniert: „Sowas erschüttert dich. Aber was willst du machen? Das ist eben deine Arbeit, und du weißt, daß die Berge nicht ohne Gefahr sind.“ Gleich fügt er noch resümierend hinzu: „Innerhalb weniger Stunden waren die Hochlagen aller bulgarischen Gebirge, von 2 000 Metern aufwärts, total eingeschneit; bei der Mussala-Baude lag der Schnee über 30 Zentimeter hoch.“

Die meisten Einsätze bringe den Spasiteli der Winter, die schwersten jedoch der Sommer, denn dann wimmle es im Borowezer Bergwacht-Aktionsgebiet — das sich über eine vorwiegend alpine, rund 400 Quadratkilometer große Gebirgsregion erstreckt — von Bergwanderern und Bergsteigern. Die Hauptursachen nahezu aller Berg- oder Skiunfälle seien: Selbstüberschätzung, Wagehalsigkeit, Leichtsinn. Insbesondere die „Flachländer" — darunter vor allem auch Urlauber aus der DDR — würden den Männern in den roten Overalls die meisten Sorgen bereiten. Während jeder Wintersaison der letzten Jahre seien sie gezwungen gewesen, jeweils zwischen 80 und 100 Verletzte allein mit Knochenbrüchen von den Pisten zu holen, und wenn die Skisaison ihren Höhepunkt hat, von Anfang Januar bis Anfang März, müßten sie jeden Tag mit drei, vier Hilfseinsätzen rechnen. Dann kommt der Bergwacht-Chef, weil er mir an einem Beispiel die tragischen Folgen purer Leichtfertigkeit verdeutlichen will, auf ein Ereignis zu sprechen, das vor einiger Zeit im Sommer geschah: „Eine Gruppe junger Bergwanderer aus der DDR überstieg den Kamm des Gebirges — vom Rila-Kloster nach Maljowiza. Das ist eine von rund 30 größeren Routen in unserer Gebirgsgegend. Die Tour ist anfangs, herauf über die steilen Südhänge, zwar anstrengend, aber nirgendwo gefährlich. Der Weg wird viel begangen. Man kann überall gut auf ihm laufen. Da schlug auf einmal das Wetter um: Dichte Wolken hüllten die Berge ein. Ein junges Pärchen hatte sich nicht diszipliniert an die Gruppe gehalten, und nun irrten die beiden im dicken Nebel umher. Schon die Bergwanderer selber hatten die Suche nach ihnen aufgenommen — aber ohne Erfolg. Es wurde Nacht … Inzwischen waren wir alarmiert worden, suchten mit Lampen und Fackeln bis zum Morgen. Den Jungen fanden wir zuerst, tot. Beinahe 400 Meter abseits vom Weg war er in die Tiefe gestürzt. Seine Freundin war noch drei Kilometer weiter gekommen, war durch den Nebel — und vielleicht sogar durch die Nacht — gelaufen, bis auch sie abstürzte und ebenfalls den Tod fand."

Iwan Kandilarow läßt es damit bewenden. Er möchte, so sagt er, von solchen Traurigkeiten nicht noch mehr erzählen. „Die Berge sind schön. Wir wollen, daß immer mehr Menschen die Schönheit des Gebirges mit ganzer Freude erleben und sich von der wunderbaren Bergwelt begeistern lassen. Doch die Berge gebieten auch Respekt. Wer ihre Gefahren unterschätzt, wer sie gar leichtfertig ignoriert, kann es bitter büßen", setzt der erfahrene Alpinist und Bergretter als Schlußpunkt hinter seine Gedanken, lenkt vom Thema weg, indem er dazu auffordert: „Na, laß uns lieber von was anderem reden …"

Dies scheint mir der geeignete Augenblick, um mich beim Chef der Bergwacht nach Rumen Rumenow zu erkundigen, dem ich erstmals begegnete, als seinerzeit in Borowez der Kabinenlift zur Jastrebez-Höhe gebaut wurde. „Oh,

Rumen Rumenow!" wiederholt Kandilarow mit lachend-erhobener Stimme den Namen des rastlosen, wackeren Bergfreundes. „Rumen ist noch ein ‚Treppchen' höher gestiegen, leitet nun alle Technik von ‚Balkantourist' in Borowez. Übrigens wollte er um vier Uhr bei mir vorbeikommen. Ich erwarte ihn jeden Moment ..." Und da, als hätte der Genannte nur auf das Stichwort gewartet, stößt Rumen lärmend die Tür auf, fegt wie ein Wirbelwind in den Raum, sprudelt einen Schwall von Sätzen hervor, die weder Punkt noch Komma zu haben scheinen, und schickt sich an, gleich wieder davonzueilen. Doch als ich mich aus meiner Ecke bemerkbar mache und er mich erkennt, verharrt er im Schritt, kommt mit ausgestreckten Händen auf mich zu, und wir begrüßen uns beide mit gegenseitiger Freude über das unverhoffte Wiedersehen. Auf meine Frage, wie es ihm gehe und was er mache, antwortet er mit seiner markanten, ewig heiseren Stimme: „Mir geht's bestens! Und was werde ich wohl anderes machen: Wir bauen mal wieder einen neuen Lift! Doch morgen, hörst du, werden wir nicht arbeiten, sondern feiern — mit Tschewerme und viel Wein. Komm unbedingt vorbei! Wir feiern den 9. September im voraus. Denn an den Feiertagen haben die meisten Männer bei den Lifts zu tun. Das schöne Wetter bringt bestimmt wieder einen großen Ansturm ..." Kaum hat er die Einladung ausgesprochen, wieselt Rumen auch schon zur Tür hinaus ...

Abends, nach der TV-Zeitgeschehen-Sendung, habe ich von der Telefonzelle im Hotelfoyer aus Nikolai in Sofia angerufen. Denn Nikolai, der mir ein Freund ist schon seit den Tagen unserer jungen Jahre, will, so ist es verabredet, diesen Tag vor meinem nahenden Heimflug mit mir im Rila verbringen.

„Hast du den Wetterbericht gesehen?" hat mich Nikolai mit fröhlich-aufgeregter Stimme als erstes gefragt, und als ich das bejaht habe, hat er munter drauflos kommandiert: „Also, dann ist alles klar! Ich komme morgen zum Frühstück. Zieh dich richtig für die Berge an. Wir gehen auf den Mussala!"

Ja, Nikolai hat tatsächlich „gehen" gesagt, nicht steigen, wie es — eingedenk der Höhe des höchsten Gipfels auf der Balkanhalbinsel zweifellos angebrachter gewesen wäre. Meinen zaghaften Einwand, ob wir diese Idee, so Knall und Fall entsprungen, nicht besser nochmals überdenken sollten, hat Nikolai mit dem Satz kurzweg in den Wind geblasen: „Hör mal, das ist unsere Chance, vielleicht zum letzten Mal überhaupt. Bei diesem Prachtwetter nicht zu gehen wäre eine Sünde, die uns der Himmel niemals verzeihen wird ..." Gegen die beschworene

Drohung der himmlischen Allmacht habe ich dann auch weiter nichts mehr vorbringen können.

Nun, am Morgen, während ich — von Hut bis Schuh zum Gipfelaufstieg zünftig gerüstet — beim Kellner soeben das Frühstück bestelle, kreuzt Nikolai, pünktlich wie es seine Art ist, im Hotel-Restaurant auf, gibt dem Kellner selber seine Wünsche kund, und wir frühstücken gemeinsam — handfest und ausgiebig. Dann steigen wir in Nikolais kleine rote Limousine, deren altersschwacher Motor bei jedem Gaspedaldruck stöhnt und schnauft ... An der Bergwacht-Station halten wir für einige Minuten. Iwan Kandilarow ist indessen nicht im Haus. Der Spasitel vom Dienst bemüht sich dennoch, zu den Meteorologen auf dem Mussala eine UKW-Verbindung herzustellen, was ihm allerdings nicht gelingt. „Kann sein, daß sie gerade ihre Meldungen durchgeben. Da arbeitet ihr Gerät auf einem anderen Kanal", sagt er. Der Last von Nikolais schwerer Fototasche und meiner überflüssigen Pfunde ansichtig, verspricht uns der Bergretter indes: „Ich werde es später nochmals versuchen und sagen, daß ihr unterwegs seid. Vielleicht kann euch einer der Meteorologen zum Eissee entgegenkommen. Das wäre besser, denn das letzte Stück nach oben ist kein Spaziergang. Na, ihr werdet's ja sehen ..."

In der Talstation des Kabinenlifts gibt es, weil es zum einen wochentags, zum anderen nicht mehr zeitig am Morgen ist, keine lange Schlange. Eine der roten, sechssitzigen Gondeln rumpelt heran, nimmt uns auf. Wir sitzen in ihr beide allein, schweben — über die Asphaltallee hinweg — zu einer breiten, anfangs noch sanft, schon bald aber steil ansteigenden Waldschneise. Durch sie geht es bergwärts, zunächst in Ast-, schließlich in Wipfelhöhe hoher Nadelbäume. Die Bergfahrt in solcher Liftgondel ist bei weitem weniger „naturnah" als auf einem Liftsessel. Man fühlt sich in der Plastkabine zwar sicher ein-, doch von der umgebenden Natur irgendwie auch abgeschlossen. Unsere Gondel schaukelt über kahle, gelbgraue, vielfach zerklüftete Felszacken. Gleich dahinter erblicken wir unter uns die schroffen Abgründe einer tiefen Schlucht. Ohne daß wir weiter auf sie geachtet haben, schweben wir ins Dunkel der Zwischenstation, werden auf unserem Sitz ein wenig durchgerüttelt, weil die Gondel die Führungsspur durchfährt. Kurzer Halt, schon geht es weiter. Und in diesem Moment sagt Nikolai zu mir: „Weißt du noch ..."

Ja, Nikolai, und ob ich es noch weiß! Alles, vom ersten Tag an!

Um darüber ein wenig mehr zu reden, muß ich freilich alles der Reihe nach erzählen:

Es war an einem Tag Mitte Juni, zur Zeit der Kirschernte in den Tälern, als wir nach Borowez fuhren (Alfred, Bildreporterfreund aus der Heimat, war der Dritte im Bunde). Alle drei waren wir dazumal bedenklich ungeübt, unerfahren in den Bergen. Doch nichts Geringeres hatten wir uns vorgenommen als im schwungvollen Anlauf den Mussala zu erstürmen. „Wenn ihr gut bis zur Mussala-Baude kommt, könnt ihr es schaffen! Oberhalb der Hütte ist der Schnee noch fest. Und auf dem Winterweg zum Gipfel geht ihr immer am Drahtseil entlang", hatte uns jemand gesagt.

Anderntags, früh am Morgen, brachen wir auf: unser Ziel, den Gipfel mit der Wetterwarte immerfort geistig vor Augen. Durch Kiefern- und Lärchenwald stiegen wir wohl an die drei Stunden. Am Waltschowo mosttsche (Waltschos Brücklein) führt der Bergweg von der linken Bistriza-Uferseite hinüber zur rechten, und abrupt wechselt bei der Brücke und dem Quellbrunnen auch die Vegetationszone: lockerer Hochwald hüben, dichtes Latschenkiefergebüsch drüben ... Ein steiler, steiniger Pfad brachte uns weiter aufwärts. Vor wenigen Schritten noch hatten wir auf dem grünen Wiesendreieck am Wasser viele hundert blaue Krokusse blühen gesehen. Nunmehr aber stapften wir durch verharschten, brüchigen Schnee. Das war vorerst nur beschwerlich, wurde jedoch, je höher wir kamen, mehr und mehr zur Strapaze. Kniehoch lag nun der Schnee; wir brachen bei jedem Schritt tief ein, und auf einmal spürten wir, daß wir unterm Schnee in Schmelzwasserlachen traten. Doch wir gaben nicht auf. Nur immer weiter, weiter! war unser Gedanke: zuerst bis zur Hütte, und dann hinauf bis zum Gipfel! Wo das Latschenkiefergebüsch in verfilztes Knieholzgestrüpp übergeht (sommers zeigt sich dort — vorm Ende des Trogtals — eine blumenbunte, üppiggrüne Hochalm), setzten wir uns, von der Tortur erschöpft, auf große, moosfeuchte Steine, zogen die Schuhe aus, streiften die Socken ab, streckten die nassen, eiskalten Füße in die Sonne. Als diese halbwegs trocken, einigermaßen erwärmt waren, schlüpften wir wieder in die Schuhe, verstauten die ausgewrungenen Socken in den Taschen — und wandten uns resigniert retour. Ade, du schöner Gipfeltraum!

Noch ein zweites Mal, und bei diesem Aufstieg mit einem berggewohnten Begleiter, zeigte mir die Mussala-Majestät am Ende wiederum die „kalte Schulter". Wir waren, erneut auf dem Bergweg entlang der Bistriza, ohne Hindernisse bis zur Mussala-Baude gekommen — knapp fünf Stunden hatten wir bei glühender Hitze eines späten Julitages dazu gebraucht. Doch als wir in der Hütte beim

Mittagessen saßen, fielen auf einmal Dunstschleier ins Kar, wallten hin zu den Felswänden, und als wir hinauf zum Gipfel blickten, sahen wir, daß sich der Erhabene eine dicke Wolkendecke überstreifte — bis auf weiteres versagte er jedem den Empfang.

Ein drittes Mal eröffnete sich mir noch eine Hoffnung, gemeinsam mit Nikolai zum Gipfel aufzusteigen, und die Jastrebez-Höhe hatten wir bereits erreicht. Das war zu jener Zeit, als die Bergstation des Kabinenlifts ihre ersten Konturen gewann. Auf dem größten Teil der Wegstrecke waren wir in der Kabine eines Raupenfahrzeugs gefahren; den kleinen Rest bis zum Höhenplateau bewältigten wir schließlich zu Fuß. Die Hütte im Bergkessel und der Gipfel unter den Wolken schienen uns zum Greifen nah. Aber der Fortgang des Unternehmens scheiterte am Ende, weil vom Witoscha und der Samokower Hochebene her grollend ein Gewitter aufzog und dies den Piloten des Hubschraubers, der Montage-Großteile nach Jastrebez gebracht hatte, dazu bewog, eilends hinab ins Tal zu fliegen. Den einsetzenden Schnurregen überstanden wir trocken in einer Holzhütte der Liftbauer ...

Zu ihnen, die an den jahrmillionenlangen Schlaf der Berge rührten, waren wir einige Tage zuvor — Mitte August — schon einmal gefahren. Dabei hatten wir seit der frühen Stunde des Arbeitsbeginns wieder und wieder vergebens an der Türklinke der kleinen Bauleiterbude gerüttelt, die am Ende des Bauplatzes stand, wo der Stahlskelettbau der unteren Liftstation bereits Gestalt angenommen hatte. Die ersten Gondeln waren eingetroffen, wurden von ausländischen Monteuren zur Stationsplattform hochgehievt; doch keiner der Männer vermochte uns zu sagen, wo wir den Bauleiter aufspüren könnten. Da kam ein Alter, dessen Gesicht ein weißer, buschiger Schnauzbart zierte, den Fahrweg zur Baustelle entlang. Ihn fragten wir nach Rumen Rumenow, dem Leiter des Liftbaus. Dem Alten huschte ein verschmitztes Lächeln übers faltige Gesicht, als er sagte: „Ach, Leute, da könnt ihr 'nen ganzen Urlaub nehmen, wenn ihr den finden wollt!"

Dann, endlich — es war schon zeitiger Nachmittag —, geriet uns der so lange Gesuchte zufällig übern Weg: Wir saßen auf der Terrasse des Restaurants „Moskwa" (es dient seit Jahren den Borowezer Bauleuten als Kantine). Ein sandgrauer Toyota-Jeep stoppte mit quietschenden Bremsen. Zwei Männer stiegen aus ... Der Kellner kam zu uns an den Tisch gerannt, zeigte auf den Fahrer des Jeeps: „Rumen!" Schwarzer Wuschelkopf, kurze Hosen, kräftige, sportliche Gestalt. Wir warfen die Bestecke scheppernd auf die Teller, sprangen auf. Der Jeep war längst gestartet. Wir rannten zu Nikolais Wagen, jagten dem Toyota hinterher, erreichten ihn kurz vor einem Weg in den Wald. „Steigt ein", sagte der Bauleiter, „unterwegs gibt's fürs Reden Zeit!" Unterwegs — das bedeutete: Rütteln und Schütteln, hoch durch den Bergwald, auf atemberaubendem Weg. Der Jeepmotor jaulte, die Federn stöhnten, die Stoßdämpfer ächzten. Kurve um Kurve, steil abfallende Hänge, beängstigende Abgründe. Ständig wechselte Rumenow die Gänge, tiefe Fahrspuren, Bodenwellen und Bodensenkungen zwangen ihn zu dauerndem Schalten. „Haltet euch gut fest!" sagte er strahlend, „sonst habt ihr nachher zu viel blaue Flecke!"

Noch einige enge Krümmungen des Weges; zuletzt lichtete sich der dunkle Tann, und auf einem ebenen, künstlich erweiterten Plateau rollte der Jeep aus. Stahlmasten mit breitgereckten Armen reihten sich in der abgeholzten Waldschneise talwärts und bergwärts. Kabeltrommeln, Stahlrohre, Stahlträger … Preßlufthämmer ratterten, nagten am Fels; ein Betonmischer rumpelte, zwei Dieselaggregate blubberten. Eisenflechter und Betonierer waren bei der Arbeit. Rumen ging zu einem rohgezimmerten Tisch, der im Schatten unter Bäumen seitwärts des Baugeschehens stand. Ein Meister hatte darauf Zeichnungen ausgebreitet und wollte mit dem Bauleiter irgendein Problem erörtern … Wir waren auf dem Bauplatz der mittleren Liftstation. Die 513 Meter Höhenunterschied, gerechnet von der Talstation in Borowez, hatten wir in knapp zwanzigminütiger Jeepfahrt hinter uns gebracht. Die Passagiere des neuen Lifts würden künftig nur noch die Hälfte der Zeit brauchen. Und noch einiges mehr erfuhren wir — zum Beispiel, daß die Lifttrasse exakt 4 830 Meter mißt, zwischen der mittleren und der Bergstation 40 Masten das armdicke Stahlseil führen, daß die 173 Gondeln 1 200 Personen pro Stunde befördern können …

Sprach Rumen Rumenow über den Lift, über die 120 Borowezer Liftbauer, die Schüler-„Brigadiri" während der Ferienwochen und die Helfer an jedem Wochenende, dann zeigte er sich voller Mitteilsamkeit. Doch sein Wortfluß stockte, lenkten wir die Rede auf ihn: den Meister des Sports, Wintersport-Olympioniken von Innsbruck und Sapporo, Ski-Champion und Gewinner begehrter nationaler und internationaler Pokale.

„Laßt nur, das ist alles Vergangenheit!" wehrte er ab. Lediglich die Frage, wie es dazu gekommen war, daß er zum Chef solch kühnen Liftbaus wurde (dieser war seinerzeit der erste Kabinenlift im bulgarischen Hochgebirge und ist bis jetzt der höchste in die Berge hinauf), beantwortete er. „Na ja, das ist reiner Zufall. Ich bin Ingenieur für Forstmaschinentechnik, habe vorher mehrere Ablauflifte für den Holztransport gebaut. Das nächste waren zwei Ski-Schlepplifte auf den Markudshika-Pisten. Ich kenne doch hier jeden Hügel, jeden Hang …" An all das hat mich Nikolai vorhin durch seine Frage erinnert: „Weißt du noch?"

Nunmehr schweben wir schon der Bergstation entgegen. Das Gebirgsbild hat sich vollkommen verändert; der Hochwald ist hinter uns zurückgeblieben. Krüppelkiefern und Latschenkniehölz bewuchern die Hänge. Eine hohe, kärglich bewachsene Bergwand ragt vor unseren Augen auf — der Rücken der Jastrebez-Höhe.

Reichlich 20 Minuten sind seit unserem Start vergangen. Zu Fuß hätten wir drei, vier Stunden eines kraftzehrenden Aufstiegs nötig gehabt. Die Gondel hält. Wir steigen aus, und nach einigen Schritten stehen wir auf der Höhe des Plateaus: 2 363 Meter über dem Meer, nein, sogar noch höher, denn die Bergstation, an der wir die NN-Markierung gesehen haben, liegt einige Meter unter unserem Stand- und Blickpunkt. Wir schauen uns um in der Runde, und in meiner Phantasie verschmelzen zwei Bilder miteinander: eine kahle, vom Krüppelwuchs befreite, mit trockenem Wurzelholz übersäte Plateaufläche; nacktes, erodiertes, schichtweise gelagertes Felsgestein. Und über allem ein dunkelgrüner MI 8-Hubschrauber, der einen der Stations-Stützmasten herauf nach Jastrebez geflogen hat, ihn auf dem Plateau absetzt — und darüber das heutige Bild: das Stationsgebäude; rote Liftgondeln, die zu ihm her-, von ihm wegschweben. Immer neue Fahrgäste bringen sie herauf ins Gebirge. Die Bergwanderer haben's, wie wir, äußerst bequem gehabt, um die Höhendifferenz von 1 045 Metern zu überwinden. Doch wir haben noch die lebhafte Erinnerung daran, welche Mühen und Strapazen das sich wehrende, widerspenstige Gebirge den Liftbauern abgefordert hat — Männern wie Rumen Rumenow.

Mal zeigt sich uns die Mussala-Baude, fernhin als kleines unscheinbares Gebäude, verloren im Bergkessel unter den gefurchten, zerklüfteten Wänden der Gipfelkette des Rila-Kamms; mal verbirgt sie sich unseren Blicken hinter nahen Felsenvorsprüngen. Denn der Weg, der vom Jastrebez-Plateau mit der Liftstation und den beiden Jastrebez-Bauden — der alten wie der neuen — zur Hütte an den beiden unteren Mussala-Seen führt, steigt und fällt im wiederholten Wechsel; er zieht sich entlang der oberen Hänge des Markudshika-Bergrückens und ist breit genug, daß kleinere, geländegängige Fahrzeuge ihn befahren können. Die zinkgrauen Masten mehrerer Ski-Schlepplifte — samt deren Umlaufgerüsten im Bistriza-Flußgrund zur Linken — erinnern an das Skifahrer-Gewimmel winters auf den Markudshika-Pisten. Der steinbesäte, geröllgesäumte Weg, dem weder Baum noch Strauch irgendwo Schatten geben, liegt in der prallen Sonne, die uns vom blauen Himmel erbarmungslos entgegensticht. Das treibt uns beim Dahinwandern, obwohl es kaum Kraft kostet, reichlich Schweiß aus den Poren ...

Hinter einer Krümmung des Weges, der sich an dieser Stelle neigt, um bald in einer ausholenden Schleife einen Hangvorsprung zu umgehen, sehen wir eine Karawane von sieben Bergpferden auf uns zu kommen. Ihnen reitet auf dem Leittier der Karawanenführer voran. Als uns der Reiter erreicht, zügelt er sein Pferd, und es entspinnt sich ein kurzer Disput. Er heiße Wlado, sagt uns der Gebirgler. Wettergebräunt ist sein Gesicht, gelichtet und weiß sein Haar, und wir schätzen, daß er in unserem Alter sein mag. Mehrmals in der Woche hole er von der Liftstation den Proviant für die Bergbauden-Küche, erzählt Wlado. Früher habe er mit seinen Pferdchen stets bis runter nach Borowez reiten müssen. Das sei immer ein ganzer Tagesritt gewesen. Seit es den Lift gebe, hätten er und die Pferde es leichter. „Ist ja bloß noch ein kurzer Spaziergang", meint er, „aber eins fehlt mir: Ich komme zu selten mit den Leuten im Ort zusammen. Den ganzen Sommer lang erfahre ich dadurch nicht mehr so richtig, was unten geschieht."

„Dobâr pât" — „Guten Weg", wünschen wir dem Karawanenführer, marschieren weiter, und nach einer halben Stunde erreichen wir die Karschwelle, auf der sich die Mussala-Baude erhebt. Wir treffen just zur rechten Zeit ein: Die ersten Portionen Mittagessen werden gerade ausgereicht; es gibt Bob tschorba (Bohnensuppe) und Swinsko sâs sele (Schweinefleisch mit Kraut). Und obwohl wir nicht, wie die übrigen Gäste — die in Gruppen unterwegs sind —, das Essen vorbestellt haben, bekommen auch wir unsere vollgefüllten Teller als Wegstärkung; der Preis dafür ist, gemessen an den üblichen Restaurantpreisen, kaum der Rede wert ...

Auf der mit schütterem Gras und samenstieligem Moos bewachsenen Wiese zwischen Hütte und Seeufer hängt — mehrreihig an langen, gespannten Leinen — frischgewaschene Bettwäsche zum Trocknen in Sonne und Bergwind. Der Mussala-Baudenkomplex, der aus dem großen zweistöckigen, 1930 errichteten Steingebäude, einem älteren, bereits fünf Jahre zuvor entstandenen hölzernen Bau sowie zwei größeren barackenähnlichen Bungalows besteht, bietet in Gemeinschaftsquartieren 120 Bergwanderern Obdach. An dem langen rohgezimmerten Tisch, der vorm Eingang zur Haupthütte zum Verweilen einlädt, kommen wir mit Wioleta, die mich in meiner Muttersprache anredet, ins Gespräch; sie sei Textilarbeiterin, hätte Freunde in Halle, habe deshalb in Abendkursen Deutsch gelernt. Zu der Gruppe des Dimitroffgrader Touristikklubs „Hebrus" (benannt nach dem römischen Namen für Bulgariens geschichtsträchtigen Strom Mariza) gehörten 23 Wanderfreunde. Erst heute früh seien sie in Borowez angekommen; zwei Wochen würden sie durchs Rila-Gebirge wandern — bis zum Rila-Kloster.

„Morgen, beim ersten Sonnenstrahl, beginnt unser Marsch", sagt Wioleta. „Und dann gleich über den Mussala hinweg?" frage ich skeptisch. „Natürlich!" antwortet das Mädchen mit selbstbewußtem Nachdruck in der Stimme. „Die meisten von uns wandern jeden Sommer in den Bergen. Da macht uns auch der Mussala keine weichen Knie!"

Feste Knie und flotte Füße werden ebenso wir für den Aufstieg brauchen! Der schwarz auf weiß gegebenen Zusage des Wegweisers, der das Erreichen des Gipfels innerhalb von zwei Stunden verspricht, mißtraue ich in gewohnter Weise, zumal mir obendrein bewußt ist, daß wir unser Vorhaben ausgerechnet in der ärgsten Mittagsglut verwirklichen wollen (und es bei weitem richtiger gewesen wäre, nach einer geruhsamen Nacht in der Mussala-Baude am kühlen Morgen gipfelan aufzubrechen). Unser Ziel — die Wetterstation hochoben auf dem höchsten Punkt des Gipfels — fest im Blick, begeben wir uns auf den Weg. Es ist ein Pfad nur, der, beginnend bei der Hütte, zunächst am nördlichen Seeufer entlangführt, dann nach Südwesten abbiegt und alsbald seine Tücken zeigt: steil und vielgekrümmt windet er sich über die Karschwelle oberhalb des Sees hangauf. Doch von ihrer Höhe entschädigt uns der reizvolle Blick hinab auf den Baudenkomplex und die beiden Unterseen für die gehabte erste Mühe.

Zur Rechten reckt sich, den Menschen im Tal allezeit seine breite Brust zeigend, der Deno kühn ins Himmelsblau. Nikolai erzählt mir, wodurch der Berg ehedem zu seinem Namen gekommen ist: Er sei der einzige von den Gipfeln beim Mussala, der sich den Leuten von Samokow in seiner ganzen, breitbrüstigen Größe zeige. Und wenn die Sonne morgens über dem Gebirge aufsteige, hülle sie ihn als ersten in Licht. „Der Deno bringt den Tag!" sage man schon seit alter Zeit in Samokow (der Name wie das Wortspiel wurzeln im bulgarischen *den* = Tag).

Auch uns zeigt sich der Deno, wie der Himmel und das Wetter überhaupt, von der strahlendsten Seite. Die Sonne steht im Zenit, brennt unbarmherzig auf die Felswände und die kahle Geröllwüste des oberen Bergkessels herab, durch den wir uns Schritt für Schritt der Mussala-Majestät nähern, die uns Ströme von Schweiß als ersten Tribut abfordert. Doch wir sind vehement entschlossen, uns heute — und endlich! — die Audienz beim „Göttlichen" zu erzwingen: Mussala (türkisch: Musalla) — Weg zu Gott, und, o Gott, welche Strapaze bei dieser Sonnenglut!

An einer größeren, grünschimmernden Lache, die sich auf der Karte als dritter Mussala-See ausgibt, sind wir vorbeigekommen, gehen am vierten vorüber und erreichen das hohe, von Gras und Moos begrünte Ufer des fünften, ringsum von Geröllwällen umschlossenen Mussala-Sees, dem als einzigem von ihnen ein eigener Name zuteil wurde: Alekowo esero — Aleko-See, benannt nach dem Gipfel über ihm, der wiederum seinerseits den Namen Aleko Konstantinows rühmt. Von hier aus erblicke man den Mussala-Gipfel in seiner ganzen Schönheit, gleichzeitig spiegele er sich im Wasser des Sees, hat uns der gedruckte Bergtourenführer versprochen. Und tatsächlich, Gipfel wie See erfüllen für uns, dank der Sonne über ihnen, das gegebene Versprechen. Aber nur kurz können wir uns des reizvollen Zusammenspiels erfreuen, denn wir müssen weiter, weiter ...

Das flache Dreieck eines breitgerieften grauen Daches überragt die Geröllblöcke der obersten Felsenterrasse; rechterhand — und ein wenig oberhalb von ihm — ist ein winziges Steingebäude zu erkennen: Es sind die neue und die alte Schutzhütte am Ledeno esero, dem Eissee. Noch bevor wir sie und den See erreichen, sehen wir, daß sich unterm Nordhang der Trionite-Felszacken (Die Sägen) ein großes Schneefeld durch die weite Mulde breitet, die sich beim Zusammenprall zweier riesiger Geröllhalden des Mussala sowie des ihm benachbarten Dimitroff-Gipfels gebildet hat: Schnee am Eissee, dem höchstgelegenen Gebirgssee auf der Balkanhalbinsel, unterhalb ihres allerhöchsten Gipfels! Ob dieses Schneefeld wohl jemals taut? Immerhin: es speist den See, sogar jetzt noch, vorm Ende eines glutheißen Sommers. Weil uns der Bergtourenführer darüber unterrichtet hat, daß in der Rinne, durch die der Eissee sein Wasser dem Aleko-See weiterreicht, sich uns die allerletzte Gelegenheit bietet, unseren Wasservorrat aufzufrischen, füllen wir die Trinkflaschen hoch bis an den Rand.

An der neuen Eissee-Schutzhütte, die durch ihre originelle Konstruktion — gebaut aus schräggestellten Dreieckswänden, die zugleich als Dächer dienen — das Aussehen eines großen Zeltes hat, sind einige junge Männer bei einem Stapel Bauhölzern beschäftigt. Ein Mann mittleren Alters, hochgewachsen wie Nikolai, steht bei ihnen. Als der Mann bemerkt, daß wir vom Gipfelpfad auf den Weg zur Hütte abgebogen sind, kommt er auf uns zu, heißt uns mit Handschlag und einem „Dobre doschli!" willkommen und stellt sich vor: „Jordanow!" Danach sagt er, daß er uns schon seit einer Weile beobachtet habe und daß es ihm nichts ausgemacht hätte, zur Hütte abzusteigen, weil er zu dieser Stunde gerade wachfrei sei. Wortlos greift sich Jordanow, der Meteorologe vom Mussala, unsere Taschen, legt sich deren Tragriemen kreuzweise über Brust und Schultern. Uns ist es irgendwie peinlich, ihn nicht nur zur Rolle des Gipfellotsen genötigt zu haben, sondern auch noch als „Packesel" zu mißbrauchen, und das geben wir ihm unumwunden zu verstehen. Aber er winkt ab: „Ich bin ans Buckeln gewöhnt, mir macht's nichts aus — und für Sie ist's beim Aufstieg leichter! Chaide!"

Nur allzu gern hätten wir am See, von dessen glatter, blaugrüner Wasserfläche ein Hauch von Kühle ausgeht, noch einige Augenblicke verweilt, um zu verschnaufen und für den Rest des Aufstiegs neue Kräfte zu sammeln. Jedoch: „Der Mussala, der stolze Zar aller Gipfel, Berge, Felsen, Höhen, Kegel, Kronen, Kuppen und sonstigen Erhebungen, die sich in Bulgariens Himmel recken" (wie Iwan Wasow ihn einmal beschrieb), hat uns schon mit einem seiner „Boten" begrüßt, und dieser geht uns leichten, flinken Schrittes voraus ...

Von Norden, von Westen und Süden haben wir den Mussala vordem schon gesehen. Von der Jastrebez-Höhe oder dem Markudshika-Rücken aus zeigt er sich in Form einer Pyramide, aus der Tiefe des Mariza-Seen-Kessels oder des Beli-Iskâr-Trogtals in Gestalt einer Kuppel. Von allen den drei Seiten wirkt er, sein zumeist wolkenumwehtes Haupt bis zum Himmelsrand erhebend, stolz und unnahbar. Anders auf seiner östlichen Seite. Hier gibt er sich, sieht man ihn von weitem, recht zugänglich und wirkt irgendwie harmlos: als langgestreckter, zweihöckriger Bergrücken. Doch nun, da seine gefalteten, zerklüfteten, von Steinlawinen und Geröllhalden übersäten Hänge uns vor Augen sind, gebietet er höchsten Respekt, so daß uns vorm Vollenden unseres Unternehmens durchaus zwiespältige Gefühle beschleichen.

Aber schon steigen wir über seine vorgestreckte, nordöstliche untere Flanke. Wladislaw Jordanow ist stehengeblieben, hat uns vorbeigelassen, hält sich von nun an ständig dicht hinter uns. Er ermuntert uns mit Erzählen, gibt darauf acht, daß wir uns auf dem höllisch abschüssigen, stellenweise nah am Abgrund entlangführenden Gipfelpfad eng an die Felsen halten, um an ihnen jederzeit eine Stütze, notfalls einen Halt zu finden. Auf diese Weise bringt uns der Diensthabende Leiter der Mussala-Wetterstation immer höher hinauf und immer näher dem „Göttergipfel", lotst er uns — hinweg über den Nordhang — sicher durch die Djawolskija uleij, die Teufelsrinne. Die zusehends größer werdende graue Silhouette des kompakten, einstöckigen Meteorologie-Gebäudes wirkt für uns wie ein Magnet.

Eine weitere halbe Stunde mag vergangen sein, da scheint uns das Schwerste geschafft. Der Pfad windet sich zwischen Felsblöcken über einen höckrigen Grat, klettert weiter zur Höhe — längs der Krone des Westhangs. Das vielkantige Geröll und die vielformigen Felsblöcke, die den Pfad einengen, rücken mehr und mehr zur Seite. Der Gipfelsteig verflacht, verbreitert sich zum Weg. Von hier ab sind es nur noch ein paar Schritte — und schon stehen wir vor dem Obelisk, der den Gipfel des Mussala krönt.

Der „Gipfelstein" besteht aus zwei übereinandergefügten, gemauerten Vierkantblöcken; der obere, kleinere trägt ein pyramidenförmiges, an den vier Seiten leicht überhängendes Dach. Das ganze Bauwerk ist von einer Metallgitterkonstruktion umgeben, die es vor Blitzeinschlägen schützt. Auf einer Tafel ist die exakte Gipfelhöhe eingraviert: 2 915,40 Meter ü.d.M. Als ich das lese, den Obelisk zum Greifen nah, möchte ich ihn am liebsten vor Freude umarmen. Denn ich habe den Gipfel endlich erreicht — heute, beim vierten Versuch.

Der Wetterwarten-Hausherr hat uns in die Stationsküche geführt, wo er sich zunächst als emsige „Hausfrau" betätigt, Holzscheite und Kienspäne in den eisernen Kochherd steckt, Feuer entfacht und einen kleinen Teekessel voll Wasser auf die Herdplatte stellt. Während wir unseren Gastgeber bei seinen Handgriffen beobachten, vergesse ich für einen Moment, wo diese Küche, die mit einem aus der Mode gekommenen, großen Geschirrschrank, einem rechteckigen Tisch und vier älteren Stühlen möbliert ist, steht: hoch über allen bulgarischen Bergen und Gipfeln, höher noch als der altgriechische „Göttersitz" Olymp.

Aus dem Nachbarzimmer hören wir — weil die Türen von Küche und Dienstraum, die beide zum Flur führen, geöffnet sind — zuweilen eine scheppernde, verzerrte Stimme aus dem Lautsprecher des UKW-Sprechfunkgeräts und, abwechselnd mit ihr, eine hohe heisere Stimme. Das sei Ognjan Petkow, sein Partner, der die jüngsten Beobachtungen der Wetterdienstzentrale in Sofia melde. Sobald sein Kollege die Arbeit beendet habe, würde er rüberkommen, sagt Wladislaw Jordanow.

Währenddessen hat der Stationschef den Tee aufgebrüht, dessen würziger Duft uns beim Eingießen die Nasen umfächelt. Die Gebirgler nennen die Mischung Babina duschiza, Großmutterseelchen; ihr besonderes Aroma käme von den winzigen, grün geernteten und getrockneten Samenzapfen des Latschenknieholzes, erzählt der Hausherr. Als Petkow, ein Mann von kleiner, schmächtiger Statur, mit einem schwarzen buschigen Bart und weit zum Hinterkopf hin gelichtetem Haar, dann bei uns sitzt, erfahren wir einiges über den Dienst und den Alltag der „Wettermacher" vom Göttergipfel: „Vier Wochen haben wir Tag und Nacht Dienst, wechseln uns bei den Wachen ab. Dann kommt die Ablösung. Ob die Kollegen der anderen ‚Schicht' aber wirklich kommen können, hängt vom Wetter ab. Das spielt uns sehr oft böse Streiche, besonders im späten Frühjahr und im zeitigen Herbst. Viele Wochen im Jahr leben wir buchstäblich in den Wolken — oder über ihnen. Am Ende des Winters droht vielfach Lawinengefahr, und da gibt's weder ein Runter- noch ein Raufkommen. Doch wir sind an das alles gewöhnt. Die Wetterlaunen gehören zu unserer Arbeit, unserem Leben. Schwerer ist es für die Familien, die in Sofia auf uns warten."

Die Station habe 1982 das 50. Jubiläum ihres Bestehens begangen, und aus der Erinnerung manches Alten, der einst beim Bau dabei gewesen war, weiß Jordanow: „Die Steine gab der Berg, aber alles andere Baumaterial wurde hauptsächlich auf dem Rücken der Bauleute herauf zum Gipfel gebuckelt."

Was ihn, den Stationsleiter, bewogen habe, sich diesen einsamen Posten zu suchen (den er, wie wir vorher schon erfahren haben, bereits länger als ein Jahrzehnt versieht), möchten wir wissen. „Erstens, ich liebe die Berge. Zweitens, so einsam, wie Sie glauben, ist es hier oben nicht", antwortet er. „Vor allem im Hochsommer ist der Gipfel von früh bis spät belebt … Schlägt das Wetter plötzlich um, finden die Bergwanderer, ob sommers oder winters, bei uns eine Notunterkunft. Dann erfüllt unsere Wetterwarte zugleich die Aufgabe einer Schutzhütte. Wir Meteorologen sind übrigens Helfer des Bergrettungsdienstes … In der Station arbeiten wir jeweils zu zweit. Alle drei Stunden nehmen wir Beobachtungen vor, übermitteln die Daten der Zentrale. Damit werden sie Bestandteil der weltweiten Wetterbeobachtung. Es gibt in Bulgarien fünf solcher Gipfelposten der Meteorologie. Sollten Sie nächstens mal wieder einen Wetterbericht lesen, ihn hören oder sehen, dann können Sie an uns vom Mussala denken."

Nikolai blickt verstohlen zur Uhr. Auch mir scheint es, daß wir inzwischen schon allzu lange bei den Männern auf dem Gipfel sind. Es wird höchste Zeit abzusteigen, zumal wir ohnehin wissen, daß die Liftleute heute nachmittag ihren Feiertag vorausfeiern, folglich alle Borowezer Lifts seit der Mittagszeit stillstehen (wir möchten unbedingt noch beim letzten Tageslicht in Borowez eintreffen, was uns dann allerdings — fünf Stunden nach dem Beginn unseres Abstiegs — erst im tiefsten Dunkel gelingt).

Schleunigst brechen wir auf, zunächst jedoch zu einem kurzen, raschen Rundgang übers Gipfelplateau. Als wir aus der Tür des Stationsgebäudes treten, das von einem großflächigen Metallgitter-Raster — mit gespanntem Maschendraht dazwischen — vor Blitzschlägen und magnetischen Stürmen geschützt wird, stürzen vier junge, verschwitzte Bergwanderer auf uns zu. Es sind Landsleute von mir und sie fragen nach Wasser. „So geht's den ganzen Tag! Die Leute müssen doch wissen, daß es auf dem Mussala keine Wasserstelle gibt!" knurrt der Stationsleiter, zu uns gewandt — und vertröstet die Bergfreunde, einige Augenblicke zu warten. Derweil führt er uns zu den Meßanlagen, zeigt uns auch die Rohrleitung, mittels derer die Gipfelmänner Wasser aus dem Eissee pumpen, sowie den Transport-Seillift, der ihnen, herauf vom Iskâr-Tal, notwendige Versorgungsgüter wie Lebensmittel und Heizmaterial zum Gipfel bringt. Und wir begreifen: Hart ist das Leben der höchsten Bewohner der Balkanhalbinsel in dieser rauhen, unwirtlichen Bergwelt. Muß sich da nicht einer geradezu sehnen nach grünen Auen, blauem Meer? Deshalb frage ich den „Gipfelherrn", wo er gewöhnlich seine dienstfreie Zeit oder seine Ferien verbringt. Er lächelt, als er sagt: „Sie werden es womöglich nicht glauben. Aber kaum bin ich daheim, fahre ich mit meiner Familie in die Berge. Vor kurzem erst haben wir zwei Wochen lang das Piringebirge durchwandert ..." Na, wenn das kein Enthusiasmus ist!

Er wolle uns auf dem Rückweg noch ein Stück begleiten, schlägt uns der „Wahlbruder" des Wettergottes vor. Und er meint, es wäre für uns leichter, wenn wir bis zum Eissee über den Winterweg abstiegen, dieser sei zwar ein wenig beschwerlicher, doch dafür erheblich sicherer, weil wir uns jederzeit am stahlträgergeführten Drahtseil festhalten könnten.

Wo der Winterweg beginnt, bei einer Art Felsentor auf dem Grat der Nordostflanke, verabschieden wir uns von Wladislaw Jordanow. Ein beiderseitiges Winken noch, und wir „seilen" uns vom Gipfel ab ...

Nun sind wir allein, hangeln uns und steigen abwärts über einen Trampelpfad, den — vorwiegend bis zu Brust- und Schulterhöhe — zerklüftetes Felsengewirr und davon abgespaltene, kolossale Felsbrocken säumen. Aber in dieser natürlichen „Rinne" fühlen wir uns sicher. Hier empfinden wir kaum noch den gähnenden Abgrund wie beim Aufstieg über den Sommerweg. Hier, wo die Hände sich zumeist an das dicke Drahtseil halten, geraten die Füße nicht ins Rutschen — und wenn: ohne irgendeine Gefahr … Der Gipfel liegt hinter uns — ein erfüllter Wunschtraum! Nikolai beginnt mir zu erzählen, wie er, damals 27jährig, zum ersten und bis heute einzigen Male über diesen Winterweg zum Mussala hinauf — und auf ihm wieder abgestiegen war. Seither sind mehr als 30 Jahre verstrichen, und der Freund weiß wie ich, daß es für uns beide einen neuerlichen Aufstieg zum „Göttergipfel", einen nochmaligen Abstieg vom Mussala wohl kaum geben wird … Bergrücken und Gipfelkronen, Gebirgskessel und Felsenschluchten, Bergseen und Gebirgsflüsse ringsum, haben uns, als wir vorhin vom Mussala-Gipfel herabgeblickt haben, zu Füßen gelegen: alle Gebirge, Täler — das ganze Land …

Wir erreichen den unteren Grat der nordöstlichen Gipfelflanke, die den kleineren Kessel des Eissees von dem größeren Kessel der oberen Mussala-Seen trennt. Am Rande der obersten Felsenschwelle des Mussala-Kars bleiben wir stehen und schauen. In den weiten, terrassenartig abgestuften Bergkessel zur Linken, den an seiner Westseite die Gipfel Besimennija und Aleko überragen, flutet die Sonne mit gleißendem Licht, läßt die blaugrünen Wasserflächen der beiden Seen zu Füßen der Gipfel gleich einem glänzenden, zum Himmel blickenden Augenpaar aufleuchten. Vom engen Bergrund zur Rechten aber, dessen Grund der Wasserspiegel des Eissees ausfüllt, schwarz wie der Schlund eines Trichters, hat die sinkende Sonne schon ihren Blick abgewandt und breitet über die Wand des Jireček, östlich vis à vis vom Mussala, den Schatten des Göttergipfels. Irgendwo in der Ferne, versteckt im Bergwald, ahnen wir das Ziel unseres Gipfel- und Gebirgsabstieges, Borowez, und in dem Spalt, der zwischen blauem Himmel und grünem Land in die kahlen, steilwandigen Bergrücken schneidet, erblicken wir einen Ausschnitt von den Tälern zwischen Bistriza und Mariza. Und in diesem Moment höre ich Nikolai sagen, er spricht es mehr zu sich selbst als zu mir, was Iwan Wasow beim Blick von ähnlichen Gebirgshöhen einst gesagt hatte und das jedem natur- und heimatliebenden Bulgaren stets im Gedächtnis, deshalb auch, gleichfühlend, leicht auf den Lippen ist: „O Vaterland, wie bist du schön. Wie sehr verdienst du unsere Liebe!" Nikolai hat es natürlich in seiner Sprache gesagt. Doch ich habe ihn verstanden, nicke ihm zu und sage: „Ja, wie schön!"